二元产权视角下公司治理秩序演进问题研究

刘 鑫/著

吉林大学出版社

·长春·

图书在版编目（CIP）数据

二元产权视角下公司治理秩序演进问题研究 / 刘鑫著. -- 长春：吉林大学出版社, 2022.11
ISBN 978-7-5692-9970-0

Ⅰ.①二… Ⅱ.①刘… Ⅲ.①公司—企业管理—研究—中国 Ⅳ.①F279.246

中国版本图书馆CIP数据核字(2022)第037210号

书　　名：二元产权视角下公司治理秩序演进问题研究
　　　　　ERYUAN CHANQUAN SHIJIAO XIA GONGSI ZHILI ZHIXU YANJIN WENTI YANJIU

作　　者：刘　鑫 著
策划编辑：黄国彬
责任编辑：马宁徽
责任校对：田茂生
装帧设计：刘　丹
出版发行：吉林大学出版社
社　　址：长春市人民大街4059号
邮政编码：130021
发行电话：0431-89580028/29/21
网　　址：http://www.jlup.com.cn
电子邮箱：jldxcbs@sina.com
印　　刷：天津和萱印刷有限公司
开　　本：787mm×1092mm　　1/16
印　　张：13
字　　数：210千字
版　　次：2023年5月　第1版
印　　次：2023年5月　第1次
书　　号：ISBN 978-7-5692-9970-0
定　　价：68.00元

版权所有　翻印必究

前　言

　　本书选择以二元产权为视角，协议力量不对等为主线，利益冲突为动因，运用博弈分析方法，从价值维度与历史维度研究公司治理秩序演进问题，意在突破公司法理解的经济性与法律性的思维框架，将社会与政治变量引入研究之中，为探寻公司治理秩序演进的"中国模式"提供可借鉴的思路。该书论述聚焦于三个方面：二元产权主体互动冲突的化解与公司治理秩序的演进，二元产权主体不对等博弈中公司治理秩序演进的微观进程，以及国家权力介入二元产权主体权力配置过程中，公司治理秩序演进的宏观进程。全书分为五章。

　　第1章"二元产权视角下公司治理秩序演进问题的提出"。该章以确立理论前提与理清研究思路为主要内容。公司制度的移植与颁布呈现出极为红火的景象，但实证考察表明：多数公司名归而实不至，"有制度，无秩序"的现象发人深省，令人思考。本书认为制度的有效性根源于秩序，而秩序的形成是基于人们互动的行为规范。为此本书意在从产权主体"人"的互动行为中析理公司治理秩序演进规律。笔者在私法层面将公司治理秩序界定为私人秩序与公共秩序，并将演进局部知识观、渐进理性观、二分心智模型作为研究的前提假设，其目的在于将秩序视为个体在追求私人利益的过程中，面对利益协调与合作问题而形成的一种能够稳定人们预期和信念的规则体系，博弈分析方法为本书研究的主要方法。此章中笔者梳理了产权、交易与契约三者的关系，解析产权契约形成的脉络，为本书纵深研究奠定基础。

　　第2章"二元产权视角下公司治理秩序演进研究的理论基础"。该章主要包括二元产权理论评述、公司本质诸说评述与公司治理秩序理论追思三个组成部分。本章论述的重点为公司的协议契约说与公司治理秩序的分配本质论。事实上，如果仅以关系契约理论诠释公司契约，分析"力道"尤显不足：第一，仍不能深入公司各利益主体的"思想"中，推测他们彼此间的"判断"与相应策略的"选择"；第二，无法解析二元产权主体面对"利益分配"时，公司治理秩序如何作用于他们的策略选择，以及由此反映出的公司自治微观机理。为此，笔者提出基于企业产权契约理论与公司关系契约理论的"公司协议契约说"，借此将协议力量不对等问题逐步纳入公司治理秩序演进研究过程之中。本书指出公司治理秩序是否有效，主要取决于那些在分配上有利于能够行使自身策略优势的行为人的治理秩序是否具有效率，无效率可能不是因为公司行为人的无能，而是出于他们的自利——对于能够给予他们更多个人收益的低效率治理秩序选择的追求。在这里，笔者所要强调的是公司治理秩序分配结果的重要性，即基于分配的公司治理秩序的自发形成过程。

第3章"二元产权视角下公司治理秩序演进的'梦魇'与'反思'"。该章以元社会秩序为背景，解析二元产权配置属性，比较与梳理产权主体行为策略选择利益理念的学理基础，意在揭示协议力量不对等博弈的必然性，以及人们基于历史信息与价值信息进行的理性选择，为提出二维信息空间不对等博弈分析框架作以铺垫。公司治理秩序演进中，二元产权主体利益分配冲突不可避免，没有二者的冲突，也就没有演进的动力，为此笔者在二维坐标系中，运用二维信息空间不对等博弈分析框架，以美国、日本、东南亚家族公司治理模式为样本，比较分析世界家族企业由股权集中治理模式，渐进过渡至股权分散治理模式的差异化路径选择，透视二元产权主体互动地位的不对等类型，剖析二元产权主体互动"梦魇"的形成机理。笔者在该章通过对秩序演进"进化论"理性主义的再思考，以证实基于制度差别利益演进路径的适宜性。

第4章"二元产权视角下公司治理秩序演进的博弈分析"。该章第一部分以艾思特、肖特、谢林的演化博弈理论为基础，将化解非利益冲突的协调型（战略）失序和利益冲突的合作型（战略）失序，作为协议力量不对等主体面对差异化利益分配时所追求的目标。法学对于策略人行为的价值判断是基于"人性"的本质，而人性本质多隐藏于经济学视域与社会学视域，笔者结合二维视域中"人性"的特质，确定二维信息空间不对等博弈分析框架。在第二部分中，笔者借助制度分散形成与变迁理论，将二元产权主体利益分配冲突和力量不对等性融入于公司治理秩序自发形成的博弈过程之中，解析制约公司治理秩序分散形成的条件。并在第三部分具体阐述，二元产权主体分散博弈中获得彼此的承诺，当意识到遵守承诺是他们对于其他人行动的最好回应时，彼此会逐渐形成制度化的欲望，扩展进程便由此发生。制度化成为公司二元产权主体对行动策略规则的确认过程。第四部分的重点在于刻画公司治理秩序的演进环节，即当二元产权主体进行不对等博弈时，不断产生冲突，规则的稳定性受到威胁，虽然秩序本身具有很强的弹性区间，但如果博弈冲突跨越临界点，此时均衡结果的改变将启动公司治理秩序的演进程序。

第5章"国家权力介入与公司治理秩序的稳定与演进"。该章第一部分结合二元产权主体的行为选择，解析信息、动机与权力三大要素对公司治理秩序稳态的威胁机理。当公司治理秩序的稳定性与有效性受到威胁时，二元产权主体试图引入国家权力，以此建立起为他们带来分配优势的制度约束。笔者在第二部分中，比较欧洲的社会民主主义模式与美国的平民主义模式，从价值维度解析产权主体联盟组织冲突中国家如何通过改变产权主体联盟协议力量，获取国家利益，并同时扮演推动公司治理秩序演进的角色。该章第三部分从历史维度分析权力转移对于公司治理秩序演进的推动作用，并着力运用理念、家族商业集团、法律、政治等历史性信息元素，析理各国差异化的公司治理秩序。笔者认为在差异化历史信息元素的作用下，二元产权主体协议力量的改变，将推动公司权力的转移与再分配，引发各自收益预期的变化，这种变化将直接挑战现有公司治理秩序的稳定性，并不断为其演进注入持续的动力。

中国现行的公司法是引进的制度，而非本土的制度，其自身不仅难以获得本土内在秩序资源的支持，有时甚至遭到其排斥。"有引进的制度，无西方的秩序"使得中国公司法缺乏坚实的根基，虽然中国采用了部分西方式的公司法规，但实际效果有限，原因就在于此。针对中国公司法规体系存在的现实问题，本书选择产权、协议力量、制度的差别性利益等关键词，并将其贯穿于公司治理秩序演进问题研究的始终。虽然在行文中很少涉及关于中国公司治理秩序演进之论述，但却意在中国，这几个关键词已在中国公司从萌生至今的发展"里程碑"上，刻上了深深的"印记"，挥之不去。事实上，由下至上演进而形成的公司治理秩序，才能真正为中国公司法的完善提供更具说服力，更具适宜化的参照范本。

目 录

1 二元产权视角下公司治理秩序演进问题的提出 …………… 1
   1.1 问题的源起 …………………………………………… 1
   1.2 基本假设 ……………………………………………… 3
   1.3 研究的主要方法 …………………………………… 11
   1.4 基本理论前提的综述 ……………………………… 14
   1.5 本书的主要创新 …………………………………… 29

2 二元产权视角下公司治理秩序演进研究的理论基础 …… 30
   2.1 二元产权理论评述 ………………………………… 30
   2.2 公司本质诸说的评述 ……………………………… 36
   2.3 公司治理秩序理论的追思 ………………………… 47
   2.4 小结 ………………………………………………… 59

3 二元产权视角下公司治理秩序演进的"梦魇"与"反思" …… 60
   3.1 公司治理秩序演进之二元产权互动"梦魇"的形成 ………… 60
   3.2 公司治理秩序演进之二元产权互动"梦魇"的化解 ………… 74
   3.3 公司治理秩序演进路径的反思 …………………… 91
   3.4 小结 ………………………………………………… 103

4 二元产权视角下公司治理秩序演进的博弈分析 ············ 105
4.1 公司治理秩序演进博弈分析框架的解析 ············ 105
4.2 公司治理秩序内生于二元产权主体不对等性博弈 ············ 113
4.3 二元产权视角下公司治理秩序的博弈性制度化 ············ 126
4.4 二元产权视角下公司治理秩序的博弈性演进 ············ 133
4.5 小结 ············ 140

5 国家权力介入与公司治理秩序的稳定与演进 ············ 141
5.1 公司治理秩序稳定性威胁因素分析 ············ 141
5.2 利益冲突加速公司治理秩序演进的价值维度解析 ············ 151
5.3 权力转移推动公司治理秩序演进的历史维度解析 ············ 164
5.4 小结 ············ 177

结论 ············ 178

参考文献 ············ 181

1 二元产权视角下公司治理秩序演进问题的提出

1.1 问题的源起

寻求经济利益最大化是现代公司的核心目标,公司集合了大量分散的物质资本与人力资本,并通过物质资本所有者与人力资本所有者之间的有效合作与互动,不断推动其发展与演变。在公司发展与演变过程中,有限责任制度、两权分离模式和公司治理机制成为现代公司制度的三大基石。伴随投资主体多元化和法人财产权的确立,两权分离下的"代理人经营风险"随之产生,当公司规模逐渐扩大,其力量对外足以威胁社会公正和秩序时,且公司内部在权力之争、利益冲突不断加剧的情况下,公司、第三方与政府的关系变得越来越复杂,公司治理也适应此需要而产生。英、美国家的股份公司因其发展较早且较为发达,于20世纪70年代,首先开始关注公司治理问题,并展开讨论,在80年代之后,泡沫经济及由此产生的经济危机问题、敌意收购接管和公司重组问题、公司治理中严重内部人控制问题引发日、德、英、美与经济转轨国家将公司治理作为国家政策的焦点,公司治理也由此成为世界性的研究和实践课题。在经济全球化、贸易一体化的趋势下,公司这一企业形态已通过自身的资源配置,及其利益相关者的投资收益,影响国家的资源配置和经济增长,各国和国际经济组织已经意识到,对公司治理的关注与讨论成为把控未来世界经济走向的关键,由此在全球范围内,掀起了公司治理运动浪潮。[1]

中国借助WTO制度框架,逐步开放国内市场,这给中国公司的法律制

---

[1] 于群:《上市公司治理的法学视角》,人民出版社2008年版,第1~2页。

度带来了新的挑战，即便WTO规则并未规定各国必须完善公司法律，以有效调整与限制市场主体，但伴随着市场开放程度的提升，提供一个运作较为完善的资本市场已成为当务之急，因为只有这样，才能激发国内外投资者的热情，树立企业信心，不断吸收各国资本要素，保护投资者利益，提高上市公司质量，实现公司可持续发展，保障金融体系稳定发展。因此，我国在经济转轨过程中，要想全面融入全球化经济发展，必须顺应趋势，不断完善公司制度。[①]为此可以通过移植，不断更新公司制度，虽然这种方式看似容易且便利，但现实表明，多数公司治理结构和运行机制并未通过制度移植得到根本改变，甚至与传统国有企业或家族企业治理水平无异，距离现代公司制度依然有较大差距，尚未达成实质性公司制度的创新。资本投入书写公司神话方式的破灭，公司控制股东违背其他股东意愿，侵占与使用上市公司资金，上市公司违规担保等现实问题不断提醒着我们，公司制的推行，一旦走错了方向与路径，极易使公司成为侵吞财产、汲取资金的"圈钱机器"，这些始料未及的问题不断引起广大学者与企业管理者的思考，为何现代企业制度没有通过公司立法，在现实中得到有效执行呢？现代企业制度需要通过何种路径与方式得以有效"落地"？具备何种品格的正式制度才能成功地转化为企业运行机制的实践形态？上述"三问"不断呼唤着对公司治理相关理论的深入研究。

公司制度的实践需要相应理论的支撑，从现有文献梳理来看，学者们分别运用契约理论、机构理论和法律框架理论来阐述公司本质。其中源自罗马法的契约理论指出公司是个人的集合和契约；而机构理论则认为公司的本质是机构，即法定的组织；法律框架理论则提出公司是涵盖内部关系和外部关系的组织，而对利益的平衡和保护是法律的主要功能。正确处理公司自治、政府干预和利益相关者保护三者的关系，是上述三种理论运用于法律之中的集中反映。新修正的《公司法》虽然确立了公司自主和自治精神，但并不意味着放松监管。[②]现在问题有二：一是如何在自治精神前提下，有效平衡公司治理主体间利益，协调治理主体之间的行为策略，在认

---

① 于群：《上市公司治理的法学视角》，人民出版社2008年版，第3页。
② 于群：《上市公司治理的法学视角》，人民出版社2008年版，第3页。

可彼此行为策略的基础上，形成符合各自预期利益分配的秩序，以实现秩序的"稳态"。二是伴随着公司治理主体协议力量的变化，如何形成治理主体之间新的互动格局，助推公司治理秩序不断演进，当然，此过程中作为规制公司治理主体的法律供给者政府，如何为公司治理主体提供行之有效的法律补救，以实现公司治理主体利益分配的高水平均衡。面对这样两个具体而又现实的问题，笔者为避免分析的重复性，突出本书分析框架之"冲突"性特点，使其研究成果更具普适性。本书将以公司的物质资本产权主体与人力资本产权主体为研究对象，以制度差别性利益分配理论为基础，以二元产权主体利益分配格局变化为主线，解析惯例利益与行动利益二维利益向量中，二元产权主体之间形成的非一致性冲突。在二元产权主体不对等博弈背景下，描绘出公司治理秩序形成与演进的本质，揭示公司治理秩序利益分配的"本源"，进而将其作为正确处理公司自治代理问题的重新理解，政府干预和利益相关者保护三者关系的"内核"，指导公司治理实践活动。

1.2 基本假设

1.2.1 社会秩序的法律视角

社会秩序包括元社会秩序、私人秩序和公共秩序。组织则包括社团、企业和政府等拟人或法人主体，以及非自然人的社会主体。意识形态、伦理等制度因素，已经包含在社会秩序的共同文化信念和组织的文化之中。这种区分，有利于更好地梳理制度中自然的自发秩序与有意设计的"人为秩序"之间的区别与联系，从而清晰地析理出经济过程中的治理机制和演进方式。本书研究对象为公司治理秩序，企业（公司）仅是与自然人共同参与社会秩序的一个"主体"，更确切地说，是一个契约组合。若基于法律视角，社会秩序可概括为公法与私法，事实上早在罗马法时期，就已将法律区分为公法和私法，这是大陆法系的传统分类。根据查士丁尼时期的《罗马法大全》中的《学说汇编》记载，罗马法学家乌尔比安曾指出：

"公法是关于罗马国家的规定，私法是关于个人利益的规定。"①查士丁尼的《法学总论》第一卷第一篇第四条写道："罗马法包括公法和私法。"②公法是以权力服从为基础的，国家或政府为公法一方或双方主体，受到强制性规范的制约，主体的权利义务是没有选择余地的，必须遵守，意在实现对公共的利益、集体的利益、社会的利益的保障。私法则是以"意思自治"为基础，当事人为一方或双方主体，赋予平等主体以广泛自由，其目的在于私人利益得到保障与实现。

公法与私法的区别在于：利益保护重心存在差异，维护公共利益即"公益"为公法实施的主要目的，而"私益"存在于私法对于个人或私人利益保护之中。调整社会关系存在差异，国家与公民之间、政府与社会之间的各种关系主要依靠公法来调整，这其中包括政治关系、行政关系及诉讼关系等。平等主体之间的财产关系和人身关系依靠私法来调整，私法主要是对私人之间的民商事关系的调整。公法严守"权力法定"的定律，是以权力为核心；私法适用"权利推定"的逻辑，是以权利为核心。"国家或政府干预"为公法奉行的理念，"意思自治"是私法遵循的原则。政治国家为公法作用的空间，市民社会是私法功能发挥的范域。

市场经济的法律基础在于私法自治，私法自治原则是在19世纪经济学的自由经济思想与罗马法个人主义概念的影响下，得以逐渐形成并确立的。罗马法将整个法律世界视为个人以自由意志所缔结契约的总和。将社会个人抽象为法律上自由平等的人格，其结果，在财产上把一切人抽象地当作权利主体，假设财产所有人是能够完全自由决定其意志行为之人。③作为法律上抽象的权利主体，公司团体具有自由平等之人格及自由意志之主张，其意思自治受到法律的尊重，公司可以以自己的名义进行私法活动。在英美法系中，并没有公法和私法的划分，但确奉行国家对公司不能随意干预的原则，在这样原则下，一些美国学者甚至认为，公司法只能是授权

---

① 江平、米健：《罗马法基础》，中国政法大学出版社1991年版，第9页。
② 刘全德：《西方法律思想史》，中国政法大学出版社1997年版，第32页。
③ 王红一：《公司法功能与结构法社会学分析——公司立法问题研究》，北京大学出版社2002年版，第87页。

性和任意性的法律。①笔者在本书中主要在私法层面对公司治理的私人秩序与公共秩序加以分析。

1.2.2 秩序演进的局部知识观与渐进理性观

哈耶克基于两种不同性质的无知提出了一般性无知与必然无知的局部知识观②,尤其主张社会的各个领域当中的"必然无知"。一方面,即便某些特定事实对于行动是有益处的,但对于这些特定事实的知识,行动者也是处于一种无知状态。另一方面,人们在社会领域中继承和积累包括工具、传统习惯、制度等在内的知识时,会处于无知状态,而且这种无知状态是无法克服的。哈耶克在《自由秩序原理》第二章开篇便指出:"苏格拉底认为,承认我们的无知,乃是开启智慧之母。苏氏的此一名言对于我们理解和认识社会有着深刻的意义,甚至可以说是我们理解社会的首要条件;我们渐渐认识到,人对于诸多有助于实现其目标的力量往往处于必然的无知状态之中。社会生活之所以能够给人以益处,大多基于如下的事实,即个人能从其所未认识到的其他人的知识中获益;这一状况在较为发达的社会(亦即我们所谓的'文明'社会)中尤为明显。我们因此可以说,文明始于个人在追求目标时能够使用较其本人所拥有的更多的知识,始于个人能够从其本人并不拥有的知识中获益并超越其无知的限度。"③哈耶克认为:"由于我们关于自然的知识的增长会恒久地向我们展现新的无知领域,所以我们依据这种知识而建构起来的文明亦会日呈复杂和繁复,而这也就当然会对我们在知识上理解和领悟世界时造成新的障碍。人类的

---

① Frank H.Easterbrook and Daniel R. Fischel, The Corporate Contract, Columbia Law Review Vol.89, p.1418.

② 一般性无知是行动者关于事实知识范围方面的无知,更多地表现为知识、经验等的有限或缺乏,可以在一段时期内通过行动者的学习、实践或付出其他代价等方式加以克服,不会妨碍"知道如何"遵循社会行为规则的行动者正常行事。另一类是哈耶克所谓的必然无知(necessary ignorance),这种无知是行动者因对未来处于无知或其行动的非意图后果处于无知的一种状态,它与一般的无知性质不同,它根本无法克服,而只能应对。在这两种形式的无知当中,哈耶克所强调的最为重要的无知形式便是那种"必然无知"。

③ [英]哈耶克:《自由秩序原理(上)》,邓正来译,北京:生活.读书.新知三联书店1997年版,第19页。

知识愈多,那么每一个个人的心智从中所能汲取的知识份额亦就愈小。我们的文明程度愈高,那么每一个个人对文明运行所依凭的事实亦就一定知之愈少。知识的分工特性,当会扩大个人的必然无知的范围,亦即使个人对这种知识中的大部分知识必然处于无知的状态。"①

哈耶克承传了18、19世纪英国人对理性的谦逊和谨慎态度,形成了人之渐进理性观念。秉持对理性的谦逊和谨慎态度,在英国人心中,人是缺乏理性的,且易犯错误,并不是具有高度的理性和智慧的动物。人们习惯于将社会现象认识中的成就,归功于人类知识和理性力量,认为人类知识和理性力量在认识社会现象过程中,起到决定作用,但事实上,这些社会成就恰恰是源于时间延续中许多人的经验积累。体现在社会生活中的人的理性有限性,必然导致历史中人的知识的有限性,捍卫理性是难以通过人的有限理性达成的,英国传统的经验主义、怀疑论在社会理论上所映现出的人的理性是不完善的信念。哈耶克的人之渐进理性观念,在学理上与波普尔的演进认识论、现代哲学阐释学等理论,有着内在契合之处。强调社会行动中人的必然无知,是哈耶克社会理论的知识论基础。但人们会根据自发秩序的一般性词义,解读"自发秩序"观念,将其理解成一种"自然"或"自足"的状态,事实上,将哈耶克的观点视作"自然主义"或"无政府主义"式的放任自由,就是结合这种理解的逻辑展开的。哈耶克的理论在结合这种理解的逻辑展开时,易被误认为是一种非理性主义的理论,其理论观点突显非理性特征。实际上,哈耶克关于人的有限理性观念并不是非理性主义的观念,他更不想贬斥理性的观念,"理性主义"的万能论和建基于其上的"设计"社会发展的欲求,才是哈耶克极力反对的焦点。哈耶克的理论观点在于,"理性主义"不能主宰自身,人的理性不及因素和人之无知必然存在。在深层哲学预设中,哈耶克自由主义中的反唯理主义要素与理性主义要素之间存有一种内在张力,仅仅从自发秩序认识上解析哈耶克的理性有限观念,难以协调其非理性特征的论点与其高度理性的新自由主义思想之间的关系。在西方,"人之理性有限"思想的演化

---

① [英]哈耶克:《自由秩序原理(上)》,邓正来译,北京:生活·读书·新知三联书店1997年版,第25页。

过程中，他们推崇理性时同样追求"自由"，在日常社会生活中，西方人常常会贬抑非理性，但事实上，理性、非理性二者都是人类生存的工具。"人并不能理智地胜任一切"。"人类理性较之作为探索特定的局部需要和问题的工具而言，远不足以成为构造和预测全世界系统的一般均衡模型或者创造一种包罗一切时代的所有变量的宏大总模型工具，从隐含在主观预期效用理论的理性模型的那种奥林匹亚山神般的图景中，我几乎见不到多少有益之处。"[1]这些"理性有限"的思想早在柏拉图哲学那里已经得到论说，却很少有人将此种观点解读为非理性主义。身处现代的哈耶克，虽然与古人存在着解释学意义上的历史间距，但就某种实质性的观点而言，结论似乎是一致的：理性是文明进步的导向，非理性是历史前进不可或缺的"质料"和内驱力。[2]

哈耶克把秩序界定为"这样一种事态，其间，无数且各种各样的要素之间的相互关系是极为紧密的，所以我们可以从对整体中的某个空间部分或某个时间部分所作的了解中学会对其余部分做出正确的预期，或者至少是学会做出颇有希望被证明为正确的预期"[3]。哈耶克在《宪政自由》中写道："所谓社会秩序，在本质上便意味着个人的行动是由成功的预期指导的，这也即是说，人们不仅可以有效地使用他们的知识，而且还能够极有信心地预见到他们能从其他人那里获得的合作。"[4]在这里，哈耶克把秩序界定为社会生活中的一种一贯性和恒常性。哈耶克提出"自发社会秩序理念"，是为了解决如何实现人们在社会尤其是市场活动中的知识的运用和信息的利用问题，亦即为了"解释整个经济活动的秩序是如何实现的：在这个过程中运用了大量知识，然而这些知识并非集中于一个人的头脑之中，而是作为无数的不同个人的分立知识的方式存在着。"[5]他把自发秩序理解为社会成员在相互交往中所保持的并非他们有意建构的一种行动状态，一种在他们的行动和交往中所表现出来的常规性和划一性。哈耶克反

---

[1] 转引自张雄：《市场经济中的非理性世界》，立信会计出版社1995年版，第19页。
[2] 张文喜：《对哈耶克的"理性有限"观和"自发秩序"观的解读》，载《社会科学家》1999年第1期。
[3] ［英］哈耶克：《法律、立法与自由》，邓正来等译，中国大百科全书出版社2000年版，第54页。
[4] Hayek, The Constitution of Liberty, University of Chicago Press, 1960, P.160.
[5] Hayek, Studies in Philosophy, Politics, and Economics, University of Chicago Press, 1967, P.92.

对人为设计和建构的秩序和安排，认为人为建构秩序最终会窒息个人的自由，消弭自发秩序，走向专制和暴政。哈耶克以上的秩序界定与信念主张植根于本书的基本前提假设：渐进理性观与局部知识观。

1.2.3 二分心智模型的假定[①]

个体知识由三部分组成：基因知识、文化知识和原子知识（个体分立知识）。与这三种知识相对应，学习分为三个水平：生物进化、文化进化和个体习得。生物进化是一个漫长的选择过程，本书第二章会对其加以分析，笔者在这里不做详述。直接的个体习得表现为通过试错过程，形成经验的积累，这将是一个艰难而漫长的过程。如果个体知识完全靠直接获得，达到我们今天的文明状态是不可想象的。

正是心智共享使得个体可以通过相互交流，借助间接经验知识学习，迅速地增长自己的个体知识。这种心智共享促进了理论知识和实践知识的积累与传承，使得文化演进得以实现，我们的文明得以进步。个体习得的演进与交流，导致文化的演进既包括理论知识的积累与演进（波普的世界Ⅲ），也包括实践知识的传承与积淀，实践知识凝结在一种社会事态之中，这种社会事态就是社会秩序。而波普的世界Ⅲ则把我们社会事态中的许多规则提炼与凝结而成为理论，它本身是这种社会事态变迁的结果和保存。无论是理论知识还是实践知识，都是一个演进的过程，前者在科学家的试错和交流中进行，后者在个体相互交流改进中进行。因而，二者都包含着一个集体学习的过程，由此所导致的文化也是一个演进的过程。哈耶克的文化演进理论认为，文明的进步就是知识的增长和积累，"知识"一词本身就"包括所有人类凝结了先前经验的环境适应"[②]。这里，知识不仅包括有意识的、显现的个体知识，可以陈述交流的科学生活等知识、并且还包括了"我们的习惯和技能，我们的情感态度，我们的工具，和我们的制度——所有……通过选择淘汰所形成并积累的过去经历的适应状态"[③]。哈耶克这里的知识既是文明，也是社会秩序本身。社会秩序包括了我们的

[①] 惠双民：《社会秩序的经济分析》，北京大学出版社2010年版，第7, 33, 44页

[②] Hayek, The Constitution of Liberty, University of Chicago Press, 1960, P.26.

[③] Hayek, The Constitution of Liberty, University of Chicago Press, 1960, P.26.

个体习得、文化演进以及二者共同构成的不断演进的社会事态。

知识的三个组成部分和心智共享理论，共同构成了二分心智模型。所谓二分心智模型，是指由于个体原子知识的存在和不断创新，且不能为其他个体所享有，因而形成个体自身的独立性、个体自我知识、个体自我信念和行为选择等个体知识与行动；另一方面，由于个体间的共同环境和心智共享，形成一种个体间局部或整体共同的认知、共同信念和集体行动等背景取向型社会资本；二者之间相互影响、自发生成。正是二分心智模型导致了个体习得和文化演进各自独立存在又相互影响，使得社会中的个体自身的独立性、个体自我知识、个体自我信念和行为选择的形成；个体间的局部知识和共同知识、个体的社会性、共同信念和集体行动得以生成；文化得以生发与演进。这种知识形成观和心智共享理论决定了对个体选择的自由与对个体信念的尊重和保障是知识积累和文化演进的源泉，是社会秩序的基石和演进的源泉。共同知识、共同信念以及集体行动都源于个体的知识、个体间的心智共享与认同，且随着其创新变迁而发生变革和演进。窒息个体的自由选择，禁锢人们的自由探索，就是暴殄社会的灵魂，最终将陷入蛮荒与蒙昧。正如波普所说，"一旦压制理性和真理，我们必定随着全人类的最残忍和最残暴的毁灭而告终。"[1]青木昌彦的二分心智模型假定认为，任何社会活动都包含信息加工与处理的因素。[2]这意味着在社会活动中，个体参与人运用一定的智力程序或认知机制，推断环境状态，预测行动结果，以及为解决问题而做出决策。这些智力程序由一系列"规则"构成，通常采用"如果……就……"的形式。这些规则是大脑经过长期试错、修改、总结积累而成的，并以一定的排序加以组织，然后依认知的情景而"启动"。心智模型由两个规则构成：一种是认知规则，被参与人用来根据接收的信息数据形成有关认知环境的解释性判断；另一种是决策规则，被用来将解释性判断转化成相关行动变量的选择。从个人心智程序的角度看，心智模型的两个规则的内在组织原则分为两类，一类是参与人仅接受和处理与自己相关的有关事态的信息，形成认知与决策，做出

---

[1] [英]波普：《开放的社会及其敌人》，郑一明等译，中国社会科学出版社1999年版，第381页。
[2] [日]青木昌彦：《比较制度分析》，周黎安译，上海远东出版社2001年版，第136页。

自己的行为选择,我们称之为个人型心智程序,相应地,将运用这类个人心智类型的个人能力和技能视作个人型认知和个体知识;另一类是参与人对于共同面对的系统性环境部分,相互协同他们的观察,并构建一个共同的决策基础。参与人有效运用这种心智程序的技能可称为背景取向型认知或共同知识人力资产,任何人的实际心智模式在不同程度上都既是个人型的,又是背景取向型的。参与交易的契约人主体,必然要对主体与外部环境、事态间的信息进行认知和决策,以选择适合自我利益的行为。

这种个体行为、心智模型、知识形成的假定,决定了有限理性个体行为假定;决定了渐进理性的方法论取向和开放的社会观思想路径,为我们理解社会秩序是一个自发生成、不断型构、渐进变迁的开放的社会事态与相应规则提供知识基础。个体知识是形成个体信念的基础,个体信念决定个体的选择和规则及其自我实施。个人根据自己个体的知识,形成个体的一种行动信念,这种个体信念塑造了一种个人规则,如个体的行为习惯。个人规则或个人的行为习惯正是构成社会秩序的原子和基石。共同知识是形成共同信念的基础,共同信念决定共同的认知和制度安排及其自我实施。个体间的共同知识,形成所有个体对社会的一种共同信念,这种共同信念促使个体形成一种共识,共同遵从一定的社会秩序,构建一定的社会制度安排。这种共同的信念最终使得个体间逐渐生成一种秩序,这包括自发的私人秩序和人为构建的公共秩序。从我们的个体行为、心智模型和知识形成的假定来看,个体规则、自发私人秩序和人为公共秩序,就它们是个体行为和知识的内在的必然结果而言,它们是自然的,也是自发的。正如休谟所言,虽然这些规则是人为的,"然而称这些规则为自然法则,用语也并非不当,如果我们所谓'自然的'一词是指任何一个物类所共有的东西而言,或者甚至如果我们把这个词限于专指与那个物类所不可分离的事物而言。"①

---

① [英]休谟:《人性论》,关文运译,商务印书馆1996年版,第524页。

1.2.4 交易为最基本分析单位

公司不同于自治城市、行会、慈善机构，它是为实现经济目标而组建的联合体，并可以在商业活动中取得相应收益。在商业活动中，所有权意味着预期获利的权利，此过程中，必然存在着冲突、依存与秩序，而经济学中能够具备冲突、依存与秩序三项原则的基本单位就是交易。交易能够使相互依存各方，在某种秩序运行下，化解利益冲突，实现"共赢"。康芒斯把交易分为三类：买卖的交易、管理的交易和限额的交易。康芒斯指出，"最终的活动单位……必须包括三个原则：冲突、相互依赖和秩序。这个单位就是交易"。而治理意在减少冲突、实现相互的收益。当商品或服务在技术可分的临界处发生转移时，一个交易就发生了。交易成本概念在罗纳德·科斯1937年发表的《企业的性质》一文中早已提出，但之所以长时间"引而不用"，是因为交易成本缺乏可度量性。后来威廉姆森区分了交易的维度：资产专用性、不确定性和交易的频率，使得交易成本的分析具有可操作性。人们之间的每一次交易都要达成一个契约，即人们是参与交易的契约人。由于有限理性，机会主义存在，所以契约必然是不完全的。因此，事前的完全契约设计成为不可能，必须强调契约事后治理的重要性，也就是说，秩序对于交易的治理有着契约设计不可替代的作用。

1.3 研究的主要方法

1.3.1 秩序博弈分析历史的"追忆"

本书所采用的博弈分析方法，源于艾思德、肖特、谢林、萨格登以及格利弗等经济学家对于秩序的博弈分析和探讨。艾思德在《社会的纽带：社会秩序研究》一书中，较系统地对社会秩序进行了经济的博弈分析。他在该书引言中写道："休谟在其著作《人性论》的摘要中说，因果关系是宇宙自然凝固统一在一起的黏合剂。维系自然界秩序的是一类事件不可避

---

① 康芒斯著，于树生译，《制度经济学》，商务印书馆，1997，第4页。

免另一类事件的发生。在这本书中，我将考察社会中秩序维系的条件。那使得社会得以维系，避免陷入分裂成混乱与战争的因素是什么呢？这是一个最重大的问题，没有比它更重要的了。"①艾思德在此书导言中说道："我将讨论有关社会秩序的两种概念：那种稳定、规则、可预期的行为模式和那种合作的行为模式。"②其中存在两类非秩序状况：第一类，稳定预期缺失的非秩序，此时即便经济主体之间无利益冲突，但由于各经济主体要面对多重均衡，使得稳定预期难以形成，无法达成博弈均衡，引发经济失序。此类经济失序状况，需要通过社会规范提供可预期的聚焦加以解决。第二类是经济主体之间利益冲突，引致合作缺乏的非秩序状态，该状态将最终导致社会秩序的"公地悲剧"。艾思德运用了理性选择理论和社会规范理论两种主要工具解析了上述问题。谢林对于社会秩序的博弈分析的研究作出了巨大贡献，特别是关于社会中的各种战略分析集中体现在他的《冲突的战略》一书中，他在《冲突的战略》中关于协调战略与合作战略及其均衡的区分与研究，直接影响了后来学者针对社会秩序博弈分析的探讨。美国纽约大学的经济学教授肖特，采用渐进理性观的演进博弈方法分析社会秩序，其对自发秩序的形成机制，进行了系统博弈分析。在肖特教授《社会制度的经济理论》一书中，他运用渐进理性观的演进博弈分析方法，解析多重均衡引发的协调博弈与"囚徒困境"式的非合作博弈，并借助这两类博弈过程，分析了社会秩序的形成与演进。以上三位经济学家均采用博弈论分析来研究社会秩序问题，都认识到社会秩序中存在非利益冲突的协调型（战略）失序（协调性问题）和利益冲突的合作型（战略）失序（囚徒困境问题），并分析和提出了这两种失序的解决办法与方式。③

1.3.2 拟采用的博弈思想

公司中技术、资本、管理者、劳动等要素之间彼此合作，共同创造要素合作剩余，如何分配剩余呢？自然要通过谈判分割剩余，并在此过程中实现分配的均衡，而在分割谈判过程中，要素所有者之间将会形成非合

---

① Jon Elster, The Cement of Society: A Study of Social Order, Cambridge University Press, 1989, P.1.
② Jon Elster, The Cement of Society: A Study of Social Order, Cambridge University Press, 1989, P.1.
③ 惠双民：《社会秩序的经济分析》，北京大学出版社2010年版，第16, 17页。

作博弈与合作博弈。但无论要素所有者之间的谈判处于哪类博弈状态，都将对公司治理秩序的演进产生影响。事实证明，若公司中参与谈判者是以个体理性追求利益最大化为目的，在不受约束或者约束低效的情况下，非合作博弈是非常可能出现的结果，而促使参与者之间由非合作博弈向合作博弈转变，达成博弈均衡，提升公司运营效率的关键，在于参与者谈判过程中，以及其行为相互作用过程中，当事人之间是否能够达成有约束力的协议。非合作博弈过程中，参与者决策源于可观察的自我利益实现的可能性，参与者之间尚未形成具有约束力的协议。当然，即便事前沟通达成了协议，但如果参与者之间的协议没有实施的可能，或者实施也无约束力时，同样会导致非合作博弈。而在合作博弈过程中，参与者之间的协议能够得到完全的实施，且具有约束力，当事人选择的结果可能实现各方的"共赢"。如果合作带来的收益并不足以使参与者履行协议，就需要通过制度、仲裁者等外在机制，在促进协议有效实施的同时，实现合作收益。现实中，参与各方信息交流和行动协调的目的在于选择适合的策略。传统合作博弈强调的是团体理性而非个体理性，两个或两个以上成员组成的团队，若团队成员具有共同的、相互依赖的目标，当每个成员为实现共同目标而一起行动时，各自可能会放弃自身的效用函数，而达成一个全新的、用于团队成员集体行为的效用函数，此时就会自动形成团队成员之间合作博弈的关系。[①]

传统合作博弈理论强调团体理性，且博弈各方目标之间相互依赖，具体表现为博弈各方彼此之间沟通与合作的动力，源于博弈各方自身目标的实现，依赖于对方目标的达成。而博弈各方目标的相互关系具体可以分为合作、竞争与独立三种。当博弈各方目标的实现是彼此关联、相互促进的，具体表现为一方目标的实现，有利于其他各方目标实现时，此目标则被称为合作性目标。当博弈各方清晰各自目标具有合作性时，参与者就会相互信任、相互促进、相互合作。与合作性目标恰恰相反，竞争性目标是指博弈参与者之间目标实现的结果表现为要么你赢我输，要么你多我少，因此博弈各方为了自己的目标会采取策略维护自身的利益，且不愿意看到

[①] 陈赤平：《公司治理的契约分析》，中国经济出版社2006年版，第41~43页。

其他人比自己更加成功，当博弈各方具有竞争性目标时，彼此之间将难以形成合作博弈关系。而博弈参与者所持有的目标为独立性目标时，他们彼此认为其他人采取何种策略与自己的目标并不相关，各主体只关心自己的目标是否能够实现，以及如何实现，并不会去关注其他主体的策略选择。[①]笔者对传统博弈思想中的观点进行再思考，传统合作博弈思想中，对基于"竞争目标"与"独立目标"条件下实现博弈性合作的否定有待商榷，事实上传统合作博弈思想是以博弈各方协议力量均等为条件而得出的结论，但现实并非如此。公司中二元产权主体的协议力量常常是不均等的，此时基于"竞争目标"与"独立目标"的博弈性合作就很有可能实现，而且笔者认为，公司经营中合作博弈中强调集体理性固然重要，但不能不切合实际地将其放大，很多时候董事与股东之间，职业经理与员工之间，面对诸多问题时，并不是同时持有集体理性，而此时的公司经营仍然处于合作共赢状态，并推动着公司治理秩序的演进。因此本书中，笔者将基于制度差别性利益分配理论，分析协议力量不对等产权主体，面对"竞争目标"与"独立目标"时，鉴于制度利益分配的差异，如何综合历史信息与价值信息，采取适当策略，实现合作性博弈，并在很大的博弈均衡集中，得到唯一的纳什均衡，进而化解公司中二元产权主体非利益冲突的协调型（战略）失序（协调性问题）和利益冲突的合作型（战略）失序（囚徒困境问题）。

1.4 基本理论前提的综述[②]

深入理解公司治理秩序必须理清产权、交易与契约之间的关系。本书以二元产权视角解析公司治理秩序的演进问题，源于对产权理论的洞悉。什么是产权？不同学者有不同的产权定义。对产权理论文献的梳理，将会引导我们加深对产权本质的理解，进而理清产权、交易与契约之间的

[①] 陈赤平：《公司治理的契约分析》，中国经济出版社2006年版，第41~43页。

[②] 郭金林：《企业产权契约与公司治理结构——演进与创新》，经济管理出版社2002年版，第21~77页。

关系。

1.4.1 产权理论的洞悉

《新帕尔格雷夫经济学词典》收录了阿尔钦关于产权的经典定义。阿尔钦认为:"产权是一个社会强制实施的选择一种经济品的使用的权利。"①阿尔钦关于产权的定义认为人们拥有的产权需要通过强制手段来保障才能得以实施,这种权利可以给予人们对经济品的使用权,使对经济品使用的自由选择性成为可能。菲吕博顿、配杰威齐从产权对激励与经济行为的影响角度给产权下的经典定义是,"产权不是指人与物之间的关系,而是指由物的存在及关于它们的使用所引起的人们之间相互认可的行为关系"②。强调产权制度的核心内容是以特定的和可以预期的方式配置和使用资源,且这种方式得到了人们的认可。菲吕博顿在《新制度经济学》中,更为明确地将产权定义表述为:"产权是由人们接受的、由物的存在引起的、与物的使用有关的人与人之间的行为关系。产权安排实际上规定了人在与他人的相互交往中必须遵守的与物有关的行为规范,违背这种行为规范的人必须为此付出代价。因此,产权具有价值,它必须以一种社会所认可的方式强制实施。"③斯密德从人类的相互依赖性的角度,把产权定义为:"产权说明的是与一种资源或任何行动路线有关的人与人之间的关系。"④著名产权经济学家德姆塞茨对产权的定义是:"产权是一种社会工具,其重要性就是在于它们能帮助一个人形成他与其他人进行交易时的合理预期。""产权包括一个人或其他人受益或受损的权利。""产权是界定人们如何受益或如何受损,因而谁必须向谁提供补偿以使他修正人们所采取的行动。""产权的一个主要功能是引导人们实现外部性较大的内在

---

① 《新帕尔格雷夫经济学词典》第三卷,经济科学出版社1992年版,第1101页。
② [美]科斯、阿尔钦、诺斯等:《财产权利与制度变迁》,刘守英等译,上海三联书店1994年版,第204页。
③ [美]菲吕博顿、瑞切特:《新制度经济学》,孙经纬译,上海财经大学出版社1998年版,第2页。
④ [美]菲吕博顿、瑞切特:《新制度经济学》,孙经纬译,上海财经大学出版社1998年版,第2页。

化的激励。"①德姆塞茨主要强调产权是一种受益受损的权利,强调产权的功能是激励人们实现外部性较大的内在化。

产权的概念是从所有权概念发展而来的。穆勒对所有权的定义是:"所有权包括按契约取得财产的自由。……所有权只包含以下各种权利,即每个人对自身才能所能生产的物品、对用它们在公平交易中换得的物品所享有的权利以及他自愿将这些物品给予他人和他人接受并享用它们的权利。"②此定义指出当人们拥有物品的所有权时,便可以获得自由使用该物品的权利。在康芒斯看来,所有权概念是财产权观念进步的结果。康芒斯对于所有权的定义强调它的制度因素,强调所有权意味着对于交易预期的权利,从西方学者关于所有权的经典定义来看,所有权确定的是物品最终归属,是一种排他性的独占权,且这种独占权是不需要依赖其他权利,而形成的独立存在的财产权利。法兰西民法典是这样定义所有权的:"财产权就是以法律所允许的最独断的方式处理事物的权利。"产权是一种比所有权更为广泛的财产权利。在英文翻译中,所有权(ownership)是以单数形式出现的。而产权实质上是"权利束",它包括且可以分解成占有权、使用权、受益权与处分权等在内的权利集合,所有权强调物品所有者对自己财产的支配,而产权强调的是财产所有者之间能够达成共识且可预期的行为关系,表现为人们有权利用自己的财产使他人权益受损。

马克思、恩格斯等经典作家并未使用"产权"这个词,更多强调所有权概念,马克思曾经指出:"垄断就是财产所有权。"③且所有权的性质与内容取决于所有制的性质与内容,所有制的法律表现形态就是所有权,所有权决定了它的排他性的独占权。所有权的私人占有性质是由所有制的私有性质决定的,虽然马克思在所有权定义中强调占有权,但并不是说,马克思将所有权等同于占有权,而是认为所有权包括占有权、使用权、收益权与处分权等各项权能,且各项权能是可以分解的。马克思早于钱德勒指

---

① [美]科斯、阿尔钦、诺斯等:《财产权利与制度变迁》,刘守英等译,上海三联书店1994年版,第98页。
② [英]穆勒:《政治经济学原理》(上),赵荣潜、桑炳彦、朱泱译,胡企林、朱泱校,商务印书馆1991年版,第245~247页。
③ 《马克思恩格斯全集》第1卷,人民出版社1956年版,第613页。

出资本的所有权与控制权是可以分离的，"资本所有权这样一来就同现实再生产过程中的职能完全分离，正像这种职能在经理身上同资本所有权完全分离一样"①。由此可见，马克思已在事实上解析了股份公司所引发的资本所有权与控制权的分离问题。因此，我们可以从广义与狭义两个方面理解马克思关于所有权的界定，马克思的狭义所有权是指占有权；而马克思的广义所有权与产权经济学家对产权的定义相类似，包括占有权、使用权、支配权与处分权等权利。而可交易性是现代产权与所有权相区别的根本所在，市场经济的资源配置效率受到交易效率的影响，产权则是一种可促进交易，实现资源高效配置的工具，现代产权交易制度构成市场经济的基本制度，市场经济主体之间的产权交易是借助微观制度的契约关系达成的。

1.4.2 多元交易行为推动产权的转让

康芒斯认为："我们的交易的经济学始终是所有权的转移。"②交易中存在两种所有权的转移，一种是实物或服务等商品的转移，另一种是对预期给付承诺的转移。康芒斯认为，关于实物或服务交易的研究，更加关注过去的劳动，而对预期给付承诺的研究，则更加关注制度。从康芒斯的论述中可以看到，人们拥有所有权，意味着其能够获取预期未来的利益，当然在这个过程中，所有权主体之间存在着冲突、依存。在康芒斯看来，所有权利益取得的单位是交易，而交易是基于某种秩序而进行的，且交易又是经济主体之间相互依存的单位，冲突、依存和秩序三项原则包含于交易之中，而此种交易并不是实物意义上的物品交换，而是个人之间对实物的未来所有的转让和取得。多元交易行为体现为买卖的交易行为、管理的交易行为和限额的交易行为。买卖的交易是以法律平等为原则，人们之间自愿转移财富所有权的活动。管理的交易根据法律上的上级命令来创造财富，而限额的交易则按照上级命令来分派财富的负担和利益。多元交易的本质是权利的转让。德姆塞茨明确指出："只注重分析价格机制，我们就无暇顾及被买卖的到底是什么了。被买卖的商品价格能达到多大，完全取

---

① 《马克思恩格斯选集》第22卷，人民出版社1995年版，第517页。
② [美]康芒斯：《制度经济学》（上），于树生译，商务印书馆1994年版，第130页。

决于这些权利在经济上能否得到实现。"①当收益伴随着权利结构的变化而增加时，人们就会试图改变原有权利结构，通过多元化的交易，推动产权的转让，若离开了产权，对交易的认识则会停留在物与物的交换之上。

1.4.3 契约的本质：交易的微观制度

康芒斯将多元交易行为区分为买卖的交易行为、管理的交易行为和限额的交易行为，并将这三种交易行为与市场制度、企业制度和政府制度相对应，但在这个过程中，康芒斯没有区分契约和制度，虽然他谈到了契约，但对交易之中的契约并未重视，更未把契约作为交易的微观制度进行分析。平乔维奇在《产权经济中》对契约进行定义："契约是人们用以寻找、辨别和商讨交易机会的工具。在所有权激励人们去寻找对其资产最具生产力的使用方法的同时，缔约自由降低了辨别成本。"②思拉恩·埃格特森在《新制度经济学》一书中对契约在交易中的作用进行了论述："转移或让渡消费品、服务或生产性资产的产权，无论是暂时的还是长久的，都是通过契约方式来完成，契约规定了交换的条款。"③他还强调契约概念在新制度经济学中的核心地位："契约的概念是新制度经济学的核心，契约条件确定转让的是什么样的权利及转让的条件是什么。"④新制度经济学的集大成者威廉姆森从交易的不确定性、交易的频率与交易资产的专用性出发，详细研究了契约与交易的关系，指出其交易成本经济学的核心是有效匹配契约关系与交易类型，意在降低交易费用，其核心概念是契约为交易的微观规制结构，但威廉姆森的契约观却忽视了产权。诺斯也明确指出，契约是一种微观性的制度。社会学家塔尔科特·帕森斯与尼尔·斯梅尔瑟在《经济与社会》一书中，对契约的定义是："合同构成经济的基本交换

---

① [美]德姆塞茨：《所有权、控制与企业》，段毅才译，经济科学出版社1999年版，第36页。
② [南]平乔维奇：《产权经济学》，蒋琳琦译，张军校，经济科学出版社1999年版，第32页。
③ [冰]思拉恩·埃格特森：《新制度经济学》，吴经邦、李耀、朱寒松、王志宏译，商务印书馆1996年版，第44页。
④ [冰]思拉恩·埃格特森：《新制度经济学》，吴经邦、李耀、朱寒松、王志宏译，商务印书馆1996年版，第44页。

过程的体制框架。因此，合同是市场结构的体制基础。"①而法学家们从现代契约关系的角度给契约的定义是："所谓契约，不过是有关规划将来交换的过程的当事人之间的各种关系。"②总结制度经济学家、现代法学家与社会学家对契约的界定，可以给契约下一个定义："契约是交易当事人之间在自由、平等、公正等原则基础上签订的转让权利的规则。契约的本质是交易的微观制度。其中，交易的本质内涵也由康芒斯所强调的所有权的转让扩大到产权，甚至一般权利。"③契约与制度相比较，契约带有更多私人与自由性质，制度包含更多的公共与强制成分。相比较契约，制度没有选择性，而契约具有较大的选择性。契约形成后，是允许再谈判的，而制度作为公共选择的结果，一旦形成，是不允许私人再谈判的。

1.4.4 产权契约理论框架的形成

威廉姆森比较产权理论、代理理论与交易费用理论的差异时指出，新制度经济学④自诞生之日起，学者是分开研究产权经济学中的产权理论与交易费用经济学中的契约理论的，由于产权经济学对组织的简单化分析，并未深刻解析组织为缺乏效率的产权交易提供契约的系统化作用。科斯提出界定产权对于企业制度的运行非常重要，通过权利界定，才能借助市场实现权利的转让和重组。阿尔钦和德姆塞茨等产权经济学家建立了现代产权理论，其核心是"理顺产权"，他们拓展了科斯的思想，认为理顺产权后，通过市场将资源配置到价格高的用途上是没有问题的。而制度经济学家威廉姆森认为产权经济学的缺陷在于忽视了组织在产权界定中的作用。他指出："交易成本经济学认为，无论产权是否能被清楚界定，是否能被法庭理解和有效地实施，它们都是有问题的。事实上，正是由于产权有问题，才有非市场形式的组织，它们的目的和作用是为在产权的这三个方面

---

① [美]塔尔科特·帕森斯、尼尔·斯梅尔瑟:《经济与社会》，刘进、林午、李新、吴予译，华夏出版社1989年版，第92页。
② [美]麦克尼尔:《新社会契约论》，雷喜宁、潘勤译，中国政法大学出版社1994年版，第4页。
③ 郭金林:《企业产权契约与公司治理结构》，经济管理出版社2002年版，第30页。
④ 郭金林:《企业产权契约与公司治理结构》，经济管理出版社2002年版，第32~35页。

中的任何一个方面或所有方面上缺乏效率的交易提供合同的完整性。"[1]针对产权经济学研究中存在的缺陷,威廉姆森提出了交易费用经济学的契约理论与代理理论,契约理论与代理理论的相同之处在于将产权看作是给定的,而不同点在于以下两个方面:一是代理理论强调事前契约的激励,假定在事前的激励协议中,规定契约各方所有相关的契约订立行动,而交易费用经济学的契约理论则认为,因为人的有限理性、信息不对称等原因,无论如何,复杂契约是不可能完全的,有关契约订立诸多细节问题无法在事前加以确定,而且面对人的机会主义等问题,必须在契约执行过程中,提供事后治理措施加以解决,因此代理理论强调事前的激励一致性,契约理论强调事后的治理结构。二是替代关系不同。代理理论假定代理人比委托人更厌恶风险,因而它所要解决的是激励强度与有效率的风险分担之间的替代。支持代理理论的学者认为代理人比委托人更加讨厌风险,因此代理理论所要解决的是如何通过适当的激励,以确保代理人能够承担有效率的风险,即激励与风险分担之间的替代,而支持交易费用经济学契约理论的学者则假定风险是中性的,不存在有效率的风险分担的情况,他们认为应通过激励实现交易双方彼此之间的合作,意在促使交易与治理结构的结合相一致,表现为激励强度与双边适用性之间的替代关系,威廉姆森契约理论的主要缺陷是忽视了产权界定的重要性。

由上述分析可得,产权经济学的缺陷在于忽视了组织在产权界定中的作用。而交易费用经济学又忽视了产权的界定,因此学者们意识到有必要融合产权理论与交易成本契约理论,为此,哈特和莫尔从契约不完全性出发,提出若给予各方契约再谈判的预期,那么各方在初始契约中自然会考虑最初条款的修正问题。这样一来,订立契约的过程中便形成了一种机制,使各方在对成本收益的预期中,相信修正条款可以弥补初始契约的不完全性。他们强调即便有事前激励,但事前激励契约也要充分考虑事后由于契约不完全而需要修正的情况。哈特认为由于不完全性契约和关系专用投资导致的套牢问题,被称为产权套牢模型,这是一种对缔约后机会主义的担心。哈特认为套牢问题是不能通过长期契约与收益分享契约得到有效

---

[1] [美]菲吕博顿、瑞切特:《新制度经济学》,孙经纬译,上海财经大学出版社1998年版,第131页。

解决的。而明确谁拥有剩余控制权是化解套牢问题的最好办法，在哈特看来，所谓产权契约，指的是在契约中明确界定实物资产的所有权结构。但可以看到，哈特所持观点仍然围绕非人力资本所有者拥有剩余控制权展开。事实上，哈特认为影响最优产权契约达成的主要因素为不完全契约、信息不对称与有限理性。

根据产权、契约与交易关系的考察，特别是新制度经济学研究过程中对产权理论与契约理论的解析，可得出所谓产权契约是指各产权主体之间在产权交易过程中按照自愿、平等与公正等契约原则，就产权的界定、调整、分配、转让与履行等达成的契约关系。产权契约的订立是各产权主体当事人按照契约的平等与公正等原则，就产权安排改变等问题，相互之间进行的讨价还价及协商等谈判活动。应该说，产权契约在一切契约关系中是根本的契约关系。人们之间产权交易的契约关系，都体现或隐含于相互交换的活动所发生的契约关系之中，产权契约同样存在完整性与不完整性的问题，当然，产权契约按照交易的规制结构不同，可以分为市场产权契约与企业产权契约两类。

1.4.5 企业契约性质的回顾、述评与探究

1.4.5.1 企业契约性质的回顾

新古典经济学研究过程中，企业长期作为"黑箱"或"空匣子"，被看成是投入与产出的生产函数，企业内部的制度因素并未纳入研究视野，与此不同，基于科斯的交易费用理论的企业契约理论开创了现代企业理论的先河，第一次揭示了企业契约的性质，自此，企业被认为是一个契约的联结，而不仅仅是一个生产函数。科斯基于交易费用说明企业是如何产生的，构成了企业契约性质的交易费用理论的核心，他的观点认为企业的出现在于交易费用的节约，由于市场中存在着诸多契约，因此契约的协调需要价格机制，而价格机制参与调节是有成本的，市场被企业替代，在于节约了交易费用。而张五常基于科斯的企业契约性质的交易费用理论指出，企业契约与市场契约是两种形式契约的彼此替代。

阿尔钦、德姆塞茨没有运用风险与交易费用理论解释企业契约性质，而是结合新古典经济学中分工与专业化协作过程中出现的难以计量问题，

针对企业团队成员之间利益冲突，提出企业契约的团队生产理论，他们的基本观点包括：一是企业是一个契约，通过该契约实现团队合作生产，在生产中团队合作并不是雇佣契约关系，也不存在权威关系。二是支持这种团队理论假设有两个。"通过团队组织实现的合作往往比通过非人格化市场个人努力的关系实现的合作生产率更高，以及团队组织涉及到了团队成员对团队成功或失败责任的衡量与分解问题。"①企业的出现在于测度或确定团队成员的费用。三是阿尔钦、德姆塞茨强调团队中信息不对称与成员偷懒等机会主义行为，可依赖企业监督加以避免。四是最优的企业契约为古典企业的剩余索取权与监督权统一的产权安排。他们认为解决团队偷懒问题需要引入外在的监督者。而要激励外在监督者履行监督职责，最优的企业契约是将剩余索取权赋予这个监督者。

不同于阿尔钦和德姆塞茨的企业契约性质的团队生产或联合投入的观点，詹森、麦克林基于企业契约性质的委托代理理论认为，"阿尔钦和德姆塞茨有关联合投入生产的观点太窄了，以至存在误导。契约关系是企业的本质，不仅对雇员来说是如此，而且对供给者、顾客和信贷者等来说也是如此。所有的契约都存在代理费用和监督问题；也就是说联合生产只能解释与企业有关的个人行为的一小部分。"②企业"只是法律假设的一种形式，可作为个人间契约关系的一个连结，并且也是以存在着组织的资产和现金流量可分割的剩余要求权为其特征，这种要求权一般不需要其他缔约个人的允许就可被售出。企业的这一定义尽管没有实质内容，可他强调的是企业和其他组织的契约本质"③。詹森、麦克林强调企业不是个体的简单合作，相互抵触的个人关系存在于企业之中，并可能是形成利益冲突的契约关系。因此，他们认为"企业行为很像一个市场行为"。詹森、麦克林将代理关系视为一种契约，继而归结为企业契约关系。为降低代理人违背委托人而引致的道德风险，一方面委托人可以激励和监控代理人，另一方

---

① [美]德姆塞茨：《企业经济学》，梁小民译，中国社会科学出版社1999年版，第20页。
② [美]詹森、麦克林：《企业理论：管理行为、代理成本与所有权结构》，载陈郁：《所有权、控制权与激励》，上海三联书店1998年版，第8页。
③ [美]詹森、麦克林：《企业理论：管理行为、代理成本与所有权结构》，载陈郁：《所有权、控制权与激励》，上海三联书店1998年版，第8页。

面代理人可以通过资源的担保，以保证其不损害委托人的利益。詹森、麦克林的委托代理理论代表早期的委托代理理论。

基于詹森、麦克林的委托代理理论，企业契约的融资结构理论逐渐趋于成熟，企业的融资结构又可称为企业的资本结构，是指企业各项资金来源的比例及不同的组合情况，如债权与股权的比例。企业的融资契约成本与企业的市场价值直接受到企业资本结构的影响，企业治理结构同样受到融资结构的影响，具体表现为经理、股东和债权所有者之间的契约关系受到融资结构影响。企业融资结构理论包括企业融资结构的激励理论、企业融资结构的信号传递理论、企业融资契约的控制权理论。企业融资结构的激励理论强调融资结构与经营者行为之间的关系，并指出当所有权与控制权分离时，会引起经理人员的工作努力水平的变化和其他行为选择，经理人员的这些行为和选择将会影响企业市场价值与收益水平。从这种意义来看，融资结构是一种激励机制，能够提升经理人员工作努力水平，使其作出有利于企业的行为选择。企业融资结构的激励理论的主要代表理论与模型有詹森和麦克林的代理成本理论、格罗斯曼和哈特的担保理论、哈里斯和拉维吾的债务缓和模型、戴蒙德和海什里弗-塞克尔的声誉模型等，都用激励模型解释企业的融资决策。企业融资结构的信号传递理论代表人物为罗斯和海因克尔、利兰和派尔、迈尔斯和梅杰拉夫，他们以信息非对称性为基础指出，内部人和外部人掌握企业真实价值或投资机会的信息是存在差别的，因此融资结构所体现的债务比例、内部人持股比例、投资信号能够起到传递信息、示意优劣的作用。融资结构的设计可以增加信息的提供，提升企业投资决策的效率。他们认为，外部股权融资在逆向选择的作用下，存在严重问题。为此，他们提出融资先后循序理论，即融资先通过内部资金进行，然后再通过低风险的债券，最后不得不采用股票。企业融资契约的控制权理论代表人物为阿洪和博尔顿、哈里斯和拉维吾、斯达尔兹、伊斯瑞尔，他们研究了企业财产控制权，强调剩余控制权是融资理论的基础，而剩余控制权又是以不完全契约为前提的，并指出购买股票和债券是两种不同的财产控制权的来源，购买股票可获得企业的投票权，而作为债权人只有在企业破产后才具有投票权，将企业的所有权分配给股东是股票融资的意义，当企业不能按约定偿还贷款，债权人就获得了企业的控制权。阿洪-博尔顿模型论证了融资方式的不同将导致剩余控制权的转移。其理论实际上表明，企业经理与投资者之间存在冲突时，若契约是完全的，通过签定契约，冲突是可以得到解决的，但如果契约是不完全的，企业剩余控制权的分配是非常重要的。阿洪-博尔顿模型包括三种情况：如果企业融资方式是发放带有投票权的股票，即普通股，则投资者股东掌握剩余控制权；如果企业融资方式是发行不带有投票权的股票，即优先股，则企业家拥有剩余控制权；如果企业融资方式是发行债券，则企业家拥有剩余控制权，前提是他能够按期偿债，否则，剩余控制权转移到债权人手中。哈里斯和拉维吾考察了投票权的经理控制、企业的负债-股权比例及兼并机制三者之间的关系，提出了哈里斯和拉维吾模型。他们指出，经理持股获取收益的同时，可以通过控制企业本身获得收益。企业价值取决于兼并竞争的结果，而这种结果反过来又由经理的所有权份额决定。这样就存在一种取舍：一方面在职经理掌握控制权概率随着经理人员持有股份的增多而增大，相应收益也会增大；另一方面如果在职人员所占股份过多，企业价值及经理人员的股份价值又会随之减少。最优的所有权份额在于其是否能够权衡经理人员控制权带来的收益与自有股份的资本价值的损失。因为融资结构决定了经理的股份，所以这种权衡实际上是一种融资结构理论。斯达尔兹模型则证明了企业价值最初随着经理股份的增加而增大，随后变小。因此，根据斯达尔兹模型，经理所占股份应选择在企业最大价值的点上。企业可以通过增大负债比例增加经理持有的股份。因此，兼并目标的负债水平是最大化外部投资者股份价值的最优负债水平。兼并的可能性与目标企业的负债-股权比负相关，兼并溢价与该比例正相关。

1.4.5.2 企业契约性质的述评

科斯及张五常分析了要素契约的交易费用，提出了要素契约论，但没有揭示要素所有者之间签订契约的内容，德姆塞茨为突破这一局限，运用新古典经济学的观点，解析企业契约的团队生产性质。[①] 委托代理理论将企业契约看作风险与激励的替代，从委托人与代理人之间契约内容定义企业契约，但委托代理理论视企业契约性质的委托代理契约为完全契约，没

---

① 郭金林：《企业产权契约与公司治理结构》，经济管理出版社2020年版，第58页。

1 二元产权视角下公司治理秩序演进问题的提出

有区分企业契约与市场契约的差别。企业契约的融资结构理论重点研究了非人力资本所有者之间的契约状态,忽视了人力资本所有者之间的契约状态,并未将人力资本所有者,特别是将生产者的人力资本纳入企业契约研究的视野。[①]

自科斯第一次揭示了企业的契约性质之后,学者们分别从不同视角理解企业契约并加以解释。但由于学者们对企业契约的研究,并未将企业产权融入其中,这样一来,企业契约的根本性质无法得到深刻认识。事实上,企业契约的根本性质在于中心签约人(可以是企业家)以及具有特定产权主体的企业参与者之间关于企业剩余产权配置的契约,这才是企业产权契约的本质内涵之所在。企业参与者向企业投入要素时,必须对要素拥有明确的产权,各个要素产权主体参与签订企业契约,通过配置企业所有权,实现产权创造与分配。企业契约和企业制度存续期内,投入要素的特定产权归属相对明确,边界也是明确的,特定产权是企业形成的前提。现实问题是我们不能把企业产权归结为特定产权的简单加总,而忽视了动态、状态依存的剩余产权。企业剩余产权是指企业契约中尚没有明确规定的产权,企业剩余产权包括剩余索取权与剩余控制权。契约的不完全性是剩余索取权与剩余控制权存在的原因。不同于相对稳定的产权,企业所有权是一种"状态依存所有权",企业所有权的状态依存表现为不同的企业经营状态下,对应着不同的企业产权契约。也就是说,在不同的企业经营状态下,企业的剩余索取权与剩余控制权的归属是不同的。剩余索取权是相对于固定收益权而言的,指的是企业收入扣除所有固定的契约支付的余额的要求权。在固定的或特定收益权实现之前,企业剩余索取者什么也得不到,即剩余是不确定的。剩余控制权是契约中没有特别规定的决策权。哈特、张维迎等论证了把企业剩余控制权与剩余索取权集中对称配置给非人力资本所有者的企业产权契约具有最优性。[②]杨瑞龙、周业安认为这种正常状态并不是指经理完全支配企业的状态,而是企业的利益相关者的剩余索取权可能得到全部实现的同时,并可能通过各种途径实现其剩余控制权

---

① 郭金林:《企业产权契约与公司治理结构》,经济管理出版社2002年版,第58页。
② 郭金林:《企业产权契约与公司治理结构》,经济管理出版社2002年版,第69页。

的状态,①此时,经理的决策是听取了利益相关者的意见后作出的。实际上,企业所有权分散对称分布的状态就是杨瑞龙、周业安所强调的正常状态。②动态的状态储存理论是企业所有权分散对称配置的理论基础。如果一个时期的企业参与人的既得利益状态决定于一个企业所有权的最初产权契约,当其中的利益相关者的专用性资产价值升值时,最初的企业所有权也要随之作出改变。企业所有权的边际调整将通过企业产权契约的调整,以实现企业所有权配置达到最优状态。而最优性企业产权契约调整是通过剩余索取权与剩余控制权在企业利益相关者之间分散对称配置而实现的,杨瑞龙等学者论证了这一点。③

1.4.5.3 企业契约性质的探究

以企业家为中心签约人,非人力资本所有者与人力资本所有者之间形成合作的契约为企业契约。当这个中心签约人既是企业家又是资本家时,是一个古典企业契约;当这个中心签约人既是企业家又是职业企业家时,是一个现代企业契约。签订企业契约的前提是企业参与者拥有边界清晰的特定产权,而企业产权实质上是剩余产权,它包括剩余所取权与剩余控制权。综合上述,企业产权契约的本质是以企业家为中心签约人,具有特定产权的企业参与者们签订契约成立企业,再通过配置企业剩余产权,以实现产权的创造与分配的契约。因此,企业产权契约的本质是剩余所取权与剩余控制权的配置。这其中的特定产权在法律或契约明确规定上是相对稳定的、静态的,而企业所有权则是状态依存的、动态的。企业剩余产权的创造与分配决定于状态依存的企业所有权契约。实际上,企业产权界定与配置是一个动态博弈过程。产权契约一经达成,会形成一个相对明晰的、在一定时期相对稳定的产权安排。但是,由于企业信息、履约条件变化与交易资产特性的改变,现实中的产权契约并不仅仅是已经明确的或特定产权契约,而且还包括未被界定的剩余产权。人们追求剩余产权,实现经济

---

① 杨瑞龙、周业安:《一个关于企业所有权安排的规范性分析框架及其理论含义》,载《经济研究》1997年第7期。

② 杨瑞龙、周业安:《论利益相关者合作逻辑下的企业共同治理机制》,载《中国工业经济》1998年第1期。

③ 郭金林:《企业产权契约与公司治理结构》,经济管理出版社2002年版,第67~70页。

行为收益的最大化,是推动经济进步的主要动因。那么在企业契约中,剩余产权又是如何划分的呢?划分的依据是什么呢?难道"企业属于资本家"如同"资本雇佣劳动"一样,是一个永恒的命题吗?企业里难道只有一个资本(及其所有权)吗?事实上,回答这些问题是本书研究最初的源动力。

古典企业里,企业的物质资本所有者、管理者和企业家由一人担当。非人力资本与人力资本所有者合体的现象,促成了经济学上笼统的"资本"概念。资本家代表了笼统古典资本的人格化。在古典企业里,资本家身兼多职,他并不需要与自己签订契约,以规定、限制与激励自己完成财务管理、经营管理等任务,因为所有承担这些任务的角色都是他自己。身兼多职的资本家拥有古典企业的传统认识便由此产生,甚至在有些行业延续至今,事实上在经济发展的早期阶段,由于资本相对稀缺,过分强调企业的财务资本,而常常忽视企业家的人力资本,并没有对人力资本与非人力资本加以区分。著名经济史学家布劳代尔指出,在以往任何一个经济时代都有"一些钱财找不到投入的场所"(Bruadel,1977)。换言之,即使在古代,创造财富核心动力在于人类的劳动及其创造力,因此对于企业而言,稀缺的仍然是企业家的人力资本,而不是财务资本。不过,处于物质资本的所有者与企业家人力资本的所有者"一身二任"的时代,看到这一点实属不易。[①]

伴随着现代企业的发展,身兼多职的资本家已难以应对,甚至成为企业发展的桎梏,此时企业家人力资本从企业资本中脱颖而出,成为核心动力,不断推动企业的发展。20世纪30年代,在公司股权极其分散的条件下,拥有人力资本的经理人控制了这些企业的大部分资产,这是伯勒和米斯观测200家美国最大的非金融公司时得出的结论(Berleand & Means,1933)。伯勒和米斯称此为美国企业制度史上的一场"经理革命",职业经理的人力资本的力量在这个过程中突显出来,形成了"与所有权相分离的经济权势"。斯蒂格勒和弗里德曼指出,企业的股东通过买卖股票行使其产权,其所依赖的是自己财务资本的完全产权和控制权;经理买卖自己的知识和能力获取收益,其所依赖的是对自己管理知识的完全产权和支配

[①] 周其仁:《产权与制度变迁》,社会科学文献出版社2002年版,第89页。

权。"所有权与经营权的分离"并不是股份公司合约的本质,其本质是财务资本和经理人力资本及其所有权之间的复杂合约。[①]至此,现代企业制度的理解过程中引入了关于人力资本及其产权的理论思考。伴随着现代企业组织的成长,市场经营范围的扩大,交易内容与形式的复杂化,从企业资本分离出来的企业家管理、组织等才能成为决定企业未来生存的关键,这使得企业家与经理人力资本的独立不仅在经济上有利可图,而且成为企业谋求发展的必然结果。人力资本的独立实质上是分工法则在企业组织演进中的体现。古典"资本家"逐渐一分为二:一方面是单纯的非人力资本所有者,另一方面是企业家(管理者)人力资本的所有者。在这个过程里,单纯的非人力资本日益显示出它们"消极货币"的本性。[②]

现代股份公司中人力资本相对地位的急剧上升,纯粹财务资本地位重要性的下降,引起企业产权结构的重大变化,一方面分工的细化促进了人力资本专门化程度的不断提升,功能的发挥和利用使得人力资本要素成为可交易的要素进入企业合约,企业契约在人力资本与非人力资本之间的交易与合作中不断变迁,且这种变迁越来越精巧和复杂。另一方面,超越"古典企业"时代,现代企业契约中各种人力资本及其所有权的竞争与合作,促成了多种多样的新组合和新形式。现代企业保持竞争力和生产力的中心问题在于如何调动人力资本的积极性,发展"激励性契约",充分动员企业中的人力资本,进而有效地利用企业的财务资本。前文谈到,剩余产权(剩余索取权与剩余控制权)的界定是相对的,这其中的剩余索取权与剩余控制权的配置是一个动态的博弈过程。很显然,剩余产权的动态界定,确实可以有效解决企业人力资本的激励问题,但实施起来却很困难,一方面,当"剩余索取权"以企业资产所有权的形式,而不是以现金形式支付给企业家时,"资本化"的企业家人力资本在市值上如何与"剩余控制权"划等号?两者市值的相等只有在事后看才是真实的。另一方面,基于企业家预期不同,在职业经理人控制的公司里,他有权拒绝任何替代剩余控制权回报的安排。当然可能有的职业经理人偏好于"现得利"的回报

---

① Stigle, G, and C. Friedman, 1983, "The Literature of Economics, The Case of Berle and Means," Journal of law and Economics, 26: 237~268.
② 周其仁:《产权与制度变迁》,社会科学文献出版社2002年版,第90~91页。

方式[①]。如何激励公司中的人力资本？人力资本与物质资本所有者到底在想些什么呢？是什么在左右着他们？笔者思考到这里，感觉到大千世界里并不存在永恒的利益，唯一永恒的只有个体的策略选择，更确切地说，只有人的判断是永恒的，而恰恰是当企业中二元产权主体签订不完全产权契约时，公司治理秩序为产权主体的判断提供了预期的可能与行动的力量。因此，笔者以"二元产权视角下公司治理秩序演进问题研究"为本书题目。事实上现实公司运营中，二元产权主体协议力量是不对等的，而剩余产权的界定是在二元产权主体之间不对等的动态博弈中形成的，这种博弈是基于不完全的"历史信息"与"价值信息"的获取。笔者在本书中论述的关键为，制度差别性利益分配前提下，协议力量不断变化的二元产权主体，如何通过互动，推动公司治理秩序不断演进。希望本书能够为企业产权理论与公司自治理论搭建一座"桥梁"，为公司自治实践提供一种新的思路。

1.5 本书的主要创新

本书的可能创新之处主要表现为以下三个方面。

创新一：研究方法创新。基于制度差别性利益分配理论，刻画公司治理过程中，协议力量不对等的二元产权主体的动态博弈。

创新二：研究角度创新。立足于微观层面与宏观层面，分别从分配优势与冲突角度解析公司治理秩序稳定与演进的动因。

创新三：研究思路创新。基于二分心智模型，将公司自治思想之精髓，通过博弈论的方法，注入公司治理结构之中，集中力量研究公司治理结构"骨架"应具备的自组织之"灵魂"，分析这种自组织"灵魂"的运行机理，解析其中的规律，并将制度经济学的演进分析理路植入公司法学的分析之中，形成二者之间的互补。

---

① 周其仁：《产权与制度变迁》，社会科学文献出版社2002年版，第106~107页。

2 二元产权视角下公司治理秩序演进研究的理论基础

2.1 二元产权理论评述[①]

物质资本产权与人力资本产权构成了二元产权。实物资本、货币资本和证券资本等财产的权利为物质资本产权；那些不能与载体分离独立，且必须依附于人身之上的人力资本财产权利为人力资本产权。物质资本产权来源于先占、特权、投资、劳动和受赠等方式；而人力资本产权主要通过投资来获得。

2.1.1 物质资本产权的来源

当某一主体第一个占有没有被主张所有权的财产而获得财产权利时，那么该主体便通过先占方式获得了物质资本产权。当然，只有在社会认可或法律承认的条件下，物质资本产权的先占才能得到确认。人们通过先占获得物质资本产权的形式不仅在远古部落早已有之，而且在现代社会也是基本方式之一。物质资本产权先占获得方式得到了各国法律的普遍承认。通过先占方式获得物质资本产权，一方面体现了主体之间机会均等的公平机制，另一方面能够节约交易成本。物质资本产权的先占是有条件的，在先占过程中，主体之间不能相互阻碍，也不能因为先占而破坏资源的可持续利用。

主体运用自己的特有权力而获得财产权利时，那么该主体便通过特权

[①] 年志远：《二元产权经济学研究》，经济科学出版社2008年版，第17~35页。

方式获得了物质资本产权。物质资本产权是利用特权而得的,即权力滋生出来的权利,因此不需要直接付出成本。而以市场为中介,更可以合理利用资源,以投资方式获得物质资本产权,如通过生产投资、商业投资、风险投资、科技开发投资、资本运营投资、证券投资等方式获得物质资本产权,主体运营资源或资本过程中获得的利润是物质资本产权获取的来源,这不仅为市场其他主体提供了产权或服务,而且满足了市场上其他主体的需要。来源于劳动的物质资本产权,是指通过劳动而获得的财产权利。以劳动方式获得财产,可以不断激发人们劳动的热情,当劳动作为财产的重要来源时,伴随着劳动投入量的提升,社会财富的积累数量也不断增加,进而推动人类社会的进步。受赠同样是获得物质资本产权的重要方式,当主体接受他人赠与或遗产而获得财产权利,便拥有了物质资本产权,受赠的物质资本产权与通过先占、特权、投资和劳动等方式获得的物质资本产权不同,受赠获得的物质资本产权是他人既有的产权,而没有创造新的产权,是一种间接和被动获得产权的形式。

2.1.2 人力资本产权的来源

接受学习与培训、医疗与保健和干中学等投资方式是人力资本产权的主要来源,人力资本投资主要包括个人投资(包括其家庭成员)与多个投资者(两个或两个以上)进行投资,个人投资是指投资者自己投入智力、体力、精力和时间的同时,投入物资资本等。此时,投资形成的人力资本产权则完全归属于他个人。但无论是个人投资,还是多个投资者投资,必须有个人的配合才能达成,因此多个投资者投资,形成人力资本产权时,应由个人或他人共同完成,全体投资者也要共同分享人力资本产权。个人、企业和政府等成为人力资本产权投资的主体,追求未来个体与家族的利益是个人投资的目的,但并不是说个人投资是追求利润最大化,而是追求整体效用或收益最大化。个人投资与企业投资均是功利性投资。人力资本产权的个人投资在于个体的自主选择,当然人力资本市场的供求状况会对个体选择产生非常大的影响。而企业是以实现利润最大化为目的,并通过专业技能教育和培训对人力资本进行投资,企业对人力资本投资虽然可以降低市场的不确定性,但确要常常面对违约的风险。因此,在人力资本投资前，明确企业与个人的责权利是非常必要的。投资于人力资本存在较大风险，人力资本产权不同于物质资本产权，它是一种"活的产权"，在利益的驱使下，人力资本载体极易发生流动，即便不发生流动，其发挥作用的大小也是不确定的，受外界环境与主观因素的影响，人力资本产权所有者或其投资者的想法、志向、目标都可能不断变化，一旦出现不履约现象，人力资本产权投资目标就难以实现，特别是非载体投资者的投资收益不仅难以回收，而且无法达到使用人力资本的目标，事实上，非载体投资者都希望获得较高的人力资本投资价值。

现在问题是人力资本产权投资先于人力资本的使用，在使用过程中，人力资本载体能否履约并实现预期目的是不明确的，如果人力资本产权投资预期高于其投资价值，受损的必然是人力资本产权投资者，然而，人力资本产权投资收益有一定的期限，如果预期不当，投资就会面临相应的市场风险。社会经济作为物质资本产权与人力资本产权的结构体，若要确保与促进其发展，必须通过不断创造物质资本产权与人力资本产权，以提升物质资本财产与人力资本财产的存量，而此过程中，保证它们来源渠道的畅通成为关键，尤其是要保证特权渠道、投资渠道和劳动渠道的畅通。

2.1.3 二元产权的构成

二元产权构成的含义分为两个方面：一方面，物质资本产权与人力资本产权为二元产权的构成要素；另一方面，物质资本产权与人力资本产权所涵盖的具体内容。产权理论中的产权即为物质资本产权，是指人们围绕或通过物质财产而形成的经济权利关系。英文中产权（property-rights）一词之所以是一个复数名词，意在指明财产是完全的权利，是权利的集合，具体表现为一组权利所构成的权利束。而权利束包括的具体权能有哪些，学者们所持观点则各不相同。"马克思没有把财产权看作是单一的权利，而是看作是一组权利的结合体。即除了所有权，马克思还研究了占有权、使用权、支配权、经营权、索取权、继承权和不可侵犯权等一系列权利。"[①]西方学者认为，产权"是指存在于任何客体之中或之上的完全权

---

① 吴易风：《马克思的产权理论与国有企业产权改革》，载《中国社会科学》1995年第1期。

利，它包括所有权、使用权、出借权、转让权、用尽权、消费权和其他有关权利"。①我国学者黄少安认为，"完整的产权，不是单项的权利，而是一组权利或一个权力体系。""这一组权利一般可以分为四项：狭义所有权或归属权、占有权、支配权、使用权"。②颜鹏飞认为，"产权包括所有权、使用权、收益权、处分权、转让权、抵押权等"③。罗能生认为，"产权至少包括四个方面的基本权利"，即财产的占有权、财产的使用权、财产的收益权和财产的转让权。④王金柱认为，"产权是一种排他性权利，是一组权利束，包括所有权、使用权、转让权、处置权和收益权等"⑤。本书的物质资本产权包括物质资本所有权权能、物质资本占有权权能、物质资本使用权权能、物质资本收益权权能、物质资本处置权权能。

人力资本产权是指人们围绕或通过人力资本财产而形成的经济权利关系。人力资本产权主体是指与人力资本财产相关的经济责任、权力、利益的承担者。作为一种经济权利，人力资本产权与物质资本产权应共同参与社会的生产过程、分配过程以及消费过程。黄乾认为，"人力资本产权是一组权利束，包括人力资本所有权、支配权、处置权、使用权和收益权等，上述权项形成人力资本产权的权能结构"⑥。刘志标认为，"人力资本产权是人力资本市场交易中的行为关系，它包括人力资本的所有权及其派生出来的使用权、支配权和收益权等一系列权利的总和，是制约人们行使这些权利的规则"⑦。李建民认为，"所谓人力资本产权就是人力资本的所有关系、占有关系、支配关系、利得关系及处置关系，即存在于人体之内、具有经济价值的知识、技能乃至健康水平的所有权"⑧。郭东杰认为，

---

① 《新帕尔格雷夫经济学大辞典》（第3卷），经济科学出版社1997年版，第1099页。
② 黄少安：《产权经济学导论》，经济科学出版社2004年版，第66页。
③ 颜鹏飞：《现代产权经济学评述》，摘自何秉孟：《产权理论与国有企业改革——兼评科斯产权理论》，社会科学文献出版社2005年版，第76~77页。
④ 罗能生：《产权的伦理维度》，人民出版社2004年版，第43页。
⑤ 王金柱：《双产权制度论》，商务印书馆2005年版，第10页。
⑥ 黄乾：《高新技术企业人力资本与物质资本产权交易制度创新研究》，经济科学出版社2004年版，第27页。
⑦ 刘志标：《建立与人力资本产权相符的报酬制度》，载《商业时代》2004年第12期。
⑧ 转引自王金柱：《双产权制度论》，商务印书馆2005年版，第38页。

"人力资本产权作为经济当事人的权利并非是一项单一的权利，而是一组权利束，包括人力资本所有权、支配权、使用权、处置权和收益权等"①。孔宪香认为，"人力资本产权由人力资本所有权、使用权、收益权和处置权等权能构成"②。笔者比较赞同年志远教授的观点，他认为人力资本产权应由所有权权能、占有权权能、实际使用权权能、法权使用权权能、收益权权能、实际处置权权能和法权处置权权能等权能构成。③

综上所述，通过比较人力资本产权与物质资本产权的构成，可以看到，二者存在相同之处，也存在不同之处。相同之处在于人力资本产权与物质资本产权均包括所有权权能、占有权权能和收益权权能。而不同之处在于物质资本财产可以由非所有人占有，表现为占有权权能与所有权权能的分离，而人力资本只能依附于承载者的身体，与承载者的身体无法分离，因此人力资本财产只能由承载者天然独自占有。收益权权能是指财产权利主体或他人由于占有、使用和处置财产而取得经济利益的权利，或是当财产作为资本使用时，财产权利主体拥有参与利润分配、获取投资收益的权利。人力资本产权与物质资本产权二者都拥有收益权能，但不同之处在于物质资本产权含有使用权权能和处置权权能，由于人力资本产权与承载者的身体无法分离，因此人力资本产权包括实际使用权权能、法权使用权权能、实际处置权权能和法权处置权权能，人力资本承载者独享实际使用权权能，是人力资本唯一实际使用者。法权使用权权能，是指投资者依法支配人力资本承载者，实现人力资本付于使用的权力。在双方签订的合约和法律法规约束下，人力资本所有者和非所有者均可以行使法权使用权权能。当人力资本投资主体仅仅为承载者本人时，法权使用权权能与实际使用权权能都归属于承载者；当人力资本投资由承载者和非承载者合作完成时，投资者即便是非人力资本承担者，他也同样拥有人力资本法权使用权，此时人力资本法权使用权权能归属于投资者，而不是承载者本人。法权使用权权能是基于投资或交易产生的间接权力和支配权力。实际使用权权能是由承载者天然享有的直接权力和操作权力；实际处置权权能作为承

---

① 郭东杰：《公司治理与劳动关系研究》，浙江大学出版社2006年版，第56页。
② 孔宪香：《论人力资本产权的权能界定及其意义》，载《理论学刊》2006年第8期。
③ 年志远：《人力资本产权与国有企业所有权安排》，经济科学出版社2004年版，第29页。

载者实际处置人力资本的权力只能归属承载者，且由承载者行使；法权处置权权能是通过投资者依法支配人力资本承载者，以拥有处置人力资本的权力，它既可以由承载者行使，也可以由非承载者行使。

2.1.4 二元产权的交易[①]

就物质资本产权而言，其所有者进行交易时，可以是完整的产权交易，也可以是不完整的产权交易，即残缺的产权交易。所有者之间实现的全部物质资本产权权能的交易与转移，称为完整的产权交易，若部分物质资本产权权能发生交易和转移时，则称为不完整产权交易。当完整物质资本产权交易完成后，其所有者不再拥有物质资本产权，通过让渡全部物质资本产权，而获得货币或其他物质财富，物质资本产权连同物质资本一同归属于物质资本购买者，而不再归属于原所有者；当物质资本残缺产权交易完成后，所有者与物质资本虽然发生了分离，但只是物质资本产权的部分权能，其中包括占有权权能、使用权权能和处置权权能的暂时让渡与转移。物质资本产权连同物质资本仍然归属于原所有者。

在不同的社会形态中，完整的产权交易与残缺的产权交易存在于物质资本与人力资本产权所有者之间。奴隶社会中，奴隶主拥有奴隶完整的人力资本产权，可以任意买卖奴隶，此时，可以交易完整的物质资本产权与人力资本产权，当产权交易完成后，卖者不再拥有人力资本产权，而获得了货币或其他物质财富，人力资本产权与其载体让渡与转移给了买者，人力资本与所有者发生了完全分离，买者获得奴隶的全部人力资本产权权能。现代社会中，完整的人力资本产权交易是不可能存在于物质资本与人力资本产权所有者之间的，二者之间只存在残缺的产权交易。因为在法治社会中，人力资本产权主体是不可以在交易与让渡权能过程中失去人身自由的，法律是不允许的，当然人力资本所有权权能、占有权权能、实际使用权权能和实际处置权权能不能脱离载体而存在，只能依附于人的身体而存在，人力资本的非载体投资者参与交易与让渡过程中，只能获得人力资本法权使用权权能、收益权权能和法权处置权权能，此时人力资本载体始

---

① 年志远：《二元产权经济学研究》，经济科学出版社2008年版，第48~49页。

终控制着人力资本，并没有发生人力资本实际使用权权能与实际处置权权能的转移。

相比较，物质资本产权购买者承担的风险较小，无论是完整的物质资本产权交易还是不完整的物质资本产权交易，这是因为物质资本产权交易中，物质资本可以与所有者分离，交易结束后各方可以立刻获得相应的回报。但是物质资本产权与人力资本产权交易时，由于人力资本不能与其载体分离，交易结束后，买方只是在形式上拥有了人力资本法权使用权权能和处置权权能，但实质上人力资本的卖方仍然控制着其承载的人力资本的占有权权能、实际使用权权能和实际处置权权能，受个人与环境等诸多因素的影响，卖方可随时违约不"兑现"，或者有选择的、留有余地的"兑现"。

2.2 公司本质诸说的评述

公司在社会中扮演的角色越来越重要，人们对公司本质的认识无论从深度和广度上都在不断地增强，并出现了分歧，衍生出了诸多公司学说，并不是哪一本专著就能证明其真伪的（或者根本就没有真正的真伪），笔者希望通过对各学说的梳理与比较，以求站在巨人肩膀之上，提出个人的拙见。

2.2.1 股东营利工具说[1]

该主张可谓关于公司本质最古老、最朴素的认识，其观点典型地反映在学者的论述当中："尽管我们的形式（form）是公司，但我们实际的态度是合伙。……我们并不认为公司本身是公司财产的最终所有者，相反，我们把公司视为股东利用来拥有这些财产的渠道（conduit）"[2]，"在一个私有财产制度下的自由企业中，公司经营者是公司所有者的雇员，他向

---
[1] 段威：《公司治理模式论》，法律出版社2007年版，第12、13页。
[2] Lawrence A. Cunningham, Compilation, The Essays of Warren Buffett: Lessons for Corporate American, 19 Cardozo L. Rev 1, 29 (1997).

雇主承担直接的责任。这个责任就是按照雇主的意愿经营公司——一般而言，即是在符合社会基本规则基础上尽可能多地赚钱。"①公司的股东营利工具说，意在将公司作为股东营利的工具，并由股东与经营者共同创设，公司创设与经营的唯一目的在于为股东谋得更大的利益，可以忽略不计其他经济主体的利益，也不需要承担额外的社会责任。

股东营利工具说从股东设立公司的动机、公司得以产生的根源入手，指出股东是公司存在的必要前提，离开股东对营利目的的追求，公司存在的价值及其必要性和可能性将不复存在，反向而言，公司就是股东为追求利润而设，公司的目的就是追求股东利润最大化，并由此确定了公司经营者经营行为的方向、目标与标准。当然，股东营利工具说反映了股东最初成立公司的动机，从整体上或根本上抓住了公司的本质，符合股东成立公司的最初目的，但是如果公司成立后，股东若仍然视公司为谋取自身利益为唯一目的，而完全忽视雇员、供应商、消费者等有关各方利益，那么在权利"社会化"色彩日益浓厚，当事人自由意志受到限制的今天，尤显"不合时宜"。而且，如果股东始终秉持股东营利工具说的单向度思维定式，其自身的意志与目标也是难以实现的，显而易见，公司成立后，相关的各方利益能否实现，直接关系到公司自身的实际营利能力，是不能被忽视的。这也恰恰是股东营利工具说受到诸多学者诟病与抨击，而很少被人全盘接受的主要原因。

2.2.2　企业自体理论②

德国学者Walther Rathenau 1918年指出，在经济上、法律上及社会上，企业本身具有固有性及继续性价值，且这种价值不以股东意志为出发点，甚至与股东没有任何关系，更不会因股东变动而变动，因此应将企业视为一个独立法益，优先于股东利益来保护。③本质上，企业自体理论的核心观

---

① Milton Friedman, The social Responsibility of Business Is to Increase Its Profits, N. Y. Times, Sept.13, 1970, 6(Magazine), p.32.
② 段威:《公司治理模式论》，法律出版社2007年版，第13~15页。
③ 王志诚:《论公司员工参与经营机关之法理基础》，载王保树主编:《商事法论集》(第3卷)，法律出版社1999年版，第154~157页。

点为企业自体利益的实现,而非资本家对利润的追求以及满足股东们的自私利益,即超越股东利益的企业法人的生产效率的实现,才是公司活动的目的。此种利益代表着民族乃至全人类的利益,因为全人类的共同繁荣和经济进步依赖于企业的生产效率。事实上,公司治理机构所管控的经营,不应在自私的营利动机驱使下,以损害企业效率及其社会职能为代价来追求私利,为此,公司经营应从股东之手,移向独立于股东之外的经营机构,且这些经营机构能够客观地衡量企业要求。[1]

企业自体理论注意到企业的独立性、社会性与公众性,强调公司并非仅为股东一己之私利服务,在社会生活中,公司扮演着日益重要的服务角色,尤其对于那些甚至已"脱离"股东、债权人等,"独立"存在而又自行运转的经济庞然大物来说,愈发显现其合理性。因此,德国及日本的学者们就企业自体理论的观点展开热烈讨论,且学者们经常以企业自体理论为理论依据,设计公司法乃至于企业法诸多制度。在英美国家,也有学者认为,公司通过有效运营,根据其现在及将来利润的衡量,表现出其具有自身独立的利益(an independent interest of its own)。[2]尽管企业自体理论存在其某些方面的合理性,但自从其在德国产生,即受到学者强有力的批判[3]:其一,企业为一社团,企业利益与社员利益并非如该理论所言那般根本对立,且即使存在利益对立性,该理论也没有给出解决之道;其二,根据企业自体理论,公司利益的独断权力归经营者所享有,公司经营者决定了股东利益,股东完全依从于经营者,这样一来,股东与公司经营者之间的利益冲突被突显出来,违反了市场经济基本原则,最终很可能给公司的可持续发展带来致命的打击。

---

[1] Rathenau, Die Neue Wirtschaft, Berlin, 1925, p. 121 et seq. 转引自刘俊海:《股份有限公司股东权的保护》,法律出版社2004年修订版,第396页。

[2] Martin Lipton and Steven A. Rosenblum, A New System of Corporate Governance: The Quinquennial Election of Directors, 58 U. Chi.L.Rev.197(Winter, 1991)。

[3] 王志诚:《论公司员工参与经营机关之法理基础》,载王保树主编:《商事法论集》(第3卷),法律出版社1999年版,第157~158页。

2.2.3 利益相关者学说[①]

该说认为雇员、社区、原材料供应商、消费者等都对公司有所贡献，其也和公司的成功、治理等有很深的利害关系。换言之，公司影响这些利益相关者的身家性命。而且，整个国家民族经济都和公司保持长期稳定繁荣直接息息相关。[②]根据利益相关者学说，公司经营必须兼顾各方利益而不能偏颇，这其中的利益相关者包括股东、经营者、雇员、债权人乃至公司所在社区，通过制定相应的法律与法规，一方面，在公司经营活动中，保护各方利益的同时，给予其追求自身利益的积极性措施，另一方面，要为利益相关者提供防止自身利益受损的手段，即要惩罚损害利益相关者的行为。以公司雇员为例，英国公司法大师高尔就认为，雇员是公司必不可少的一部分，与公司所有者的股东相比，雇员在更高程度上为公司工作。[③]更有学者指出，共同决定倡导者（enthusiasts of co-determination）甚至认为雇员应该将其影响扩大到公司的投资、市场计划、产出量决定等一般事项方面。[④]我国有很多学者提出，应运用公司利益相关者学说的观点，重构我国的公司法人治理结构。[⑤]

利益相关者学说注意到公司股东、公司经营者、雇员、债权人乃至公司所在社区都对公司有所贡献，并受其深刻影响，无疑是正确的。但要求公司经营者在经营决策时可以或必须体现除股东外其他利益相关者的利益，则有失妥当。因为一方面，公司经营决策时，往往通过"财富的再分配"（reallocation of wealth）的方式，以实现其他利益相关者的利益，而平衡各种利益相关者间关系的工作，应属于政治决定（political decisions），

---

① 段威：《公司治理模式论》，法律出版社2007年版，第16~18页。

② Martin Lipton and Steven A. Rosenblum, A New System of Corporate Governance: The Quinquennial Election of Directors, 58 U. Chi.L.Rev.191 (Winter, 1991).

③ L. Gower, The Principles of Modern Company Law, 3rd ed., 1969, pp.10-11.

④ Schauer, Critique of Co-Determination, in Workers Control (G. Hunnius ed.1973), p.215.See Oliver Williamson, Corporate Governance, 93 Yale L. J.1205 (June, 1984).

⑤ 马俊驹、聂德宗：《公司法人治理结构的比较与重构》，载王保树主编：《商事法论集》（第5卷），法律出版社2000年版，第166页。

由公司经营者承担并不适宜,①即使在美国,绝大多数的公司实际经营者也反对利益相关者学说;②另一方面,"如果管理人员首要职责是作为股东们的受托人,运用他们所控制的资源为股东谋取利益,他们的行为在很大程度上就会受到约束,从而也就不会去滥用权力,以获取这种或那种特殊的利益。反之,当管理者在决策中不仅要考虑公众或社会利益,还要支持有益的事业和社会福利,此时大企业的管理者将会拥有无法控制的权力,"③详言之,利益相关者学说及相关立法,必将颠覆股东在投资时对于其所有利益(ownership interests)将受到法律保护并通过一定方式得以增值的期望,④并给股东反对公司经营者经营决策的能力造成极大的损害。⑤当然,股东外其他利益相关者的利益并非被否定,但其不应该通过修正(tinkering with)公司治理制度来保护,而应该通过劳动法、消费者保护法以及为社会公益目的征税等途径得以实现。⑥

2.2.4 公司的法人本质说⑦

公司的法人本质学说结合了不同时代的特点及相应的主题,形成了三种具有代表性的学说,其中包括法人拟制说、法人实在说和法人否认说。这三种学说以差异化的视角,针对个人与团体的价值、团体是否具有价值上的独立性等问题,秉承不同的立场,据此得出了各自的结论。

---

① Note, Takeover Dangers and Non-shareholder: Who should Be My Brother' Keeper? 1 Colum. Bus. L.Rev.301, 326-39(1988).

② Abbass F. Alkhafaji, A Stakeholder Approach to Corporate Governance(Connecticut: Quorum, 1989), pp.43-46.转引自刘连煜:《公司治理与公司社会责任》,中国政法大学出版社2001年版,第124~125页。

③ F. V. Hayek, A New Statement of the Liberal Principles of Justice and Political Economy, Vol.Ⅲ, Routledge and Kegan Paul, 1982, P.82.

④ Lynda J. Oswald, Shareholders v. Stakeholders: Evaluating Corporate Constituency Statutes Under the Takings Clause, 24 Iowa J.Corp.L.13(Fall, 1998).

⑤ Eric.W. Orts, Beyond Shareholders: Interpreting Corporate Constituency Statutes, 61 Geo.Wash. L.Rev.44(1992).

⑥ George W.Dent, JR., Toward Unifying Ownership and Control in the Public Corporation, 1989 Wis.L.Rev.889-90(September, 1989/October, 1989).

⑦ 蔡立东:《公司自治论》,北京大学出版社2006年版,第48~56页。

2 二元产权视角下公司治理秩序演进研究的理论基础

萨维尼是法人拟制说的代表人物，其中法人拟制说的基本主张体现在他关于法人本质的观点之中。他认为法律承认伦理人结果时，自然人成为权利主体，而当法律规定将某种团体类比成自然人拟制的结果时，法人取得了人格，法人是"纯粹的拟制物"，其实体基础是"人为创造的组织"。①也即法律人格与自然人伦理人格相统一，但观念上具有人格的法人不是社会现实中的实体，其性质上为法律所拟制之人。基于法人拟制说，法人的权利能力得到了认可，但法人的行为能力却得不到承认，这是因为法人拟制说否认了团体的意思能力，只能由法人机关的自然人代理或代表法人的行为。法人和法人机关是代理与被代理的关系，而不是一体的关系。由机关的自然人来代表法人，与法定代理人或授权代理人的代理行为，其方式是一样的。②

法人实在说对法人拟制说提出了质疑，该学说主张作为事实性存在的团队，具备条件成为权利主体，客观存在的法人是团体性独立实体，法人被赋予法律人格的基础和决定性因素，就在于这种事实性的存在。如果要解决法人的权利主体资格问题，赋予法人以行为能力，就必须以法人实在说为基础，其学说逻辑体现为，法人要承受法人机关的行为效果，并不是法人机关的自然人代理或代表法人的行为，而应理解为法人自身从事行为的结果，只是这种行为是通过法人机关来达成的，即机关的行为就是法人的行为。③法人实在说内部分为两类，第一类为"有机体说"，第二类为"组织体说"。基尔克（Cierke）为"有机体说"的代表学者，他分析团体组织构造之后，指出社会生活中，人们结合形成的团体存在内在统一性，团体意思不同于个人意思的总和，因此团队作为对内、对外都实际表现出来的"联合人"，本质上与生物人一样，为有机体，它是一种由自然人联合而成的、现实的肉体和精神统一体，是"某种统一的、固定的共同意思的载体"，它区分于其成员，具备了真实的主体性与独立性，构成了"现

---

① 参见龙卫球：《民法总论》，中国法制出版社2001年版，第360页以下。
② Flume, AT, IBd., 2 Teil, S. 397f. 参见龙卫球：《民法总论》，中国法制出版社2001年版，第362页。
③ 参见［德］博伊庭：《德国公司法中的代表理论》，载《民商法论丛》第13卷，法律出版社2000年版，第534页注释13。

实的整体人"。①"组织体说"的代表学者有法国的米休德（Michoud）、撒莱斯（Saleills）等人，他们认为，法人具有团体利益，该利益与其成员利益并不相同，因此需要形成组织机构，以表达和实现其意志和利益，事实上，恰恰是因为社会现实中，存在如自然人一样稳固而独立的共同体或团体，这样的共同体或团体适合于成为权利主体，法律才规定了团体人格，也就是说，法人是实在而拥有独立结构的，其实体基础是适合于成为权利义务主体的组织体。②因此，法人无论在法律世界，还是在现实世界，都与自然人在实体基础上具有一定的相似之处，法人实在说所包含的"有机体说"与"组织体说"之间并无分歧，均把法人看作实在的现实基础的产物，也都承认法人的实体构造是其成为权利主体的原因，只是强调的主要理由略有不同，"有机体说"强调法人的独立意思是根本，而"组织体说"认为法人的独立组织才是关键。

法人否认说主张法人是假设的主体，或者说仅仅是单一化法律关系的技术设计。与法人拟制说、法人实在说不同，法人否认说认为法律上只有自然人才具有人格，并没有在个人和财产之外的独立的团队化法人人格的存在，法人或为财产，或为自然人，法人只是多数个人与财产的集合，别无他物，因此，法人否认说从根本上否认法人人格的存在。布林兹（Brinz）作为法人否认说的拥护者主张"目的财产说"，认为法人是为一定目的而组成的目的财产。法人所拥有的权力，实际上不属于任何人，这些财产受目的之约束，系因目的而存在。耶林（Jhering）等提出"受益者主体说"，认为事实上权利主体是那些能够享受法人实际利益的自然人，如社团法人中的社员（股东等），财团法人团体中的接受财团赠与者。基于实用的理由，许多受益于法人的个人仅系以思考的方式被看作是一个整体。赫德尔等则倡导"管理人主体说"，认为财产的主体是团体中实际管理财产的自然人，如依章程为管理而任命的董事会，法人仅仅是存在的财

---

① 参见[德]博伊庭：《德国公司法中的代表理论》，载《民商法论丛》第13卷，法律出版社2000年版，第537页以下。
② 参见郑玉波：《民法总则》，台湾三民书局1979年版，第121页。

2 二元产权视角下公司治理秩序演进研究的理论基础

产,这些财产为管理者而存在着。[①]上述论述中可以看到,法人否认说强调实际利益的归属,基于社会实证角度,揭开了法人的神秘面纱,展现了法律形式上由法人控制的财产利益的最终归属。法人否认说指出法人只是个人与财产的结合,否认了法人人格的存在,指出形式上属于法人自身的权利与义务(主要是财产),即法律赋予团体的人格,实际上属于特定的个人,并以此达到特定的目的,法人否认说运用法社会学方法研究法人本质,揭示了法人所体现的社会利益关系,使人们对法人内部的利益冲突有了更深刻的认识,为设计法律机制以调和法人内部的利益冲突提供了理论支持。

2.2.5 公司契约说[②]

公司契约理论主张,公司是管理者、股东、雇员、债权人(包括供应商、消费者、债券持有人、银行等)自愿采取文字的和口头的、显性的和隐性的、明示的和默示的合同,各经济主体在共同议定的合同条款约束下结合起来并安排各种交易,因此公司就是一系列明示或默示的契约联结。"公司作为法人的所谓'人格'只不过是为了方便起见,它本身并非现实的人"[③]。

参与各方为何选择以合同束的方式组成公司,波斯纳认为有两种方法组织生产,第一种方法是企业家分别与不同的人订立契约,以实现零部件的供给、零部件的装配及其成品的销售。第二种方法是企业家雇佣这些人,这些人在企业家的指导下完成以上这些任务,而这些人就成了他的雇员。第一种企业家分别与不同的人订立契约的组织生产方法,存在于契约法的传统领域中;而第二种企业家雇佣的组织生产方法,存在于雇主——雇员法之下。第一种方法的本质是,企业家分别与多个生产方进行谈判并达成协议,意在规定价格、数量、质量、交货日期、信用条件和承揽人履

[①] 参见郑玉波:《民法总则》,台湾三民书局1979年版,第110页以下。黄立:《民法总则》,中国政法大学出版社2002年版,第109页以下。

[②] 罗培新等:《公司法的法律经济学研究》,北京大学出版社2008年版,第32~33页。

[③] [美]弗兰克·伊斯特布鲁克、丹尼尔·费希尔:《公司法的经济结构》,张建伟、罗培新译,北京大学出版社2005年版,第13页。

约保证等。第二种方法的本质是，企业家购买的不是特定履约的价格，此时企业向生产者支付的报酬是用来获得要求他们完成任务权力的费用，上述两种方法虽然均会产生相应的成本，但所需成本量是大不相同的：当允许权威"企业家"配置资源，且能够有效降低市场运行的成本时，为节约成本，市场分工往往被企业生产所取代，于是企业成为组织生产的基本方式。①

公司契约论主张为降低成本，应以合同方式组建公司，且此合同是长期契约，而长期性合约机制确有其天生的缺陷。约翰·斯图加特·密尔作为力主"自由放任"思想的学者，同样认为长期契约中存在自由意志的局限："个人是自身利益的最好法官，但这一原则的例外情形是：个人试图在当前作出一项不容更改的判断，即在某一未来甚或长远的未来中，什么是他的最佳利益（换言之，这种判断勉为其难）……当约束人们的契约，规定的不只是简单地做某事，而且是在一个相当长的期间内持续地做某事，并且本人没有任何权力撤销这一约定时，我们就不能假定这一契约是他们自愿达到的，否则将十分荒唐。"以往经验支持了密尔的这一论述。基于经验证据的调查，肯尼思·阿罗得出以下结论："对于未来将会出现的无数意外，个人无法完全认知，这是一个值得赞赏的假定；简而言之，大量的证据倾向于认为，的确存在低估不确定性的倾向。"事实上，当人们衡量现在的与未来的效益和成本的价值时，常常会看到眼前的收益，特别容易忽视与低估风险，而且签约一方，难以预见未来签约各方能否履约，以及履约程度是否达到约定中的贡献，因此无法预先分配各方实际应得的利益，现实中，有些参与方能够履行合约并坚守到最后，而有些参与方或者违约或者提前结束合约，因此事先分配各方收益是极不现实的，而且如果事前划分签约各方的收益，不利于激励公司合约各方履约，因为任何一个参与方不管努力与否，都会获得相应的收益，这反而会鼓励合约各方的搭便车行为。现实世界中并不存在韦伯眼中的"理想型"合约，格罗斯曼和哈特认为契约的不完备主要源于以下三个方面：（1）由于个人

---

① ［美］理查德·A.波斯纳：《法律的经济分析》，蒋兆康译，中国大百科全书出版社1997年版，第513~514页。

的有限理性，契约不可能预见一切；（2）由于外在环境的复杂性、不确定性，契约条款不能无所不包；（3）由于信息的不对称与不完全，契约的当事人或契约的仲裁者不可能证实一切（这就造成契约激励约束机制失灵）。①"公司法包含着立法者的一项假定，即公司法有自身的特性和路径，而非主要是蕴藏着公司合同方的明示或默示的同意。"②布鲁德尼和克拉克指出若运用传统合同机理，公司契约理论在解释公司合同的成立、履行、修改等方面问题时，已经显得捉襟见肘。

2.2.6 公司契约：关系契约至协议契约

古典主义合同法学者中以威利斯策为代表，他们认为缔约之时，合同各方必须仔细考虑未来可能发生的情形，并以合意为基础，将其一体纳入合约范围。如果事后发生变化，也必须根据实际情况，重新协商，修改合同，否则原来的合同将一体适用，甚至可达数年之久。③因此，大陆法系与英美法系中，契约是基于过去意思的表态，即构建于承诺之上。然而，建构于"约因、合意（要约加上承诺）"等核心要素基础上的正统契约法，在解释公司合同这一长期契约时，却暴露出了许多致命的缺点：许多合同长期存续，由于合同各方接触频繁，当参与缔约各方的利益需求，随着外界情形变化而变化，而且这一契约的存续，并不以明确的承诺为前提。上述这种长期存续、缺乏明确承诺的合同是难以通过传统合同法加以解释的，其被称为"关系"合同，如婚姻、雇佣、特许权、合伙等合同，麦克尼尔教授是其主要倡导者，④他将企业组织看作关系契约的典型。根据他的主张，公司即是契约主体，其组织本身又是契约关系体，关系合同是在介于市场和企业之间的最肥沃的土壤中生长和发展起来的。公司和股东之间

---

① 刘宝明等：《论中西方产权研究的不同范式及产权残缺——一个理论框架及其对分析我国国有企业改革的意义》，载《清华大学学报》（哲学社会科学版）1999年第2期。

② See Brudney, Corporate Governance, Agency Costs, and the Rhetoric of contract, 85 Colum. L.Rev.1414-1415(1985).

③ See Peter Linzer ed., A Contracts Anthology, 2nd ed., Anderson Publishing Company, 1995.

④ See Paul J.Gudel, Relational Contract Theory and the Concept of Exchange, 46 Buff. L.Rev.763, 764（1998）.在该文中，作者对Ian R. Macneil教授的著作赞誉有加。Macneil的代表著作为《Contracts: Exchange Transaction and Relation》（2nd ed., 1978）。

合作关系紧密,且彼此之间的预期,将会随着公司的成长,以及合作的不断深入而进行调整。当这种变化和调整出现时,现实中是无法通过书面合同的方式进行事前约定的,此时,存在众多参与关系合同的当事人,它们形成了网络状的关系。随着合作的深入,这种关系越是复杂,使得多系列而复杂的合作方式同时发生,难以区分的个别阶段的交易也随之产生。在一定的情况下,为实现共同的或长远的收益,合约各方常常要作出牺牲,学会放弃眼前的利益。例如,当重组公司的时候,要想实现多赢的格局,股东个体必须具有合作精神,而不能存有机会主义心理。

笔者认为基于关系契约思想揭示公司的本质没有问题,但这里似乎缺乏将关系契约细化的阐述,这里面被称为"关系"合同,事实上包括两类,对等主体间的关系契约与不对等主体间的关系契约。公司的关系契约本源于其自身是由人的集合所组成,其间有很多行动者,其中包括雇员、经营者、股东、股份认购人和公司债权人等,他们都有着自己的独立意志、利益追求和行为动机。因此公司的本质说应立足于公司内部人与人之间的关系。缔约各方虽然以不同方式加入公司,但事实上它们依然拥有各自的利益追求,自然不能因为公司的存在,就否定或忽略缔约各方作为独立主体的事实,尤其在聚焦于公司内部制度安排时,突显出来缔约各方的复杂利益关系更加需要我们深入研究,公司就是利益安排构成的"关系之网"。公司内部组织结构有时是金字塔一般的等级制,表现为顶端发布命令,命令与服从的关系存在于科层之间;有时公司内部是独裁制的;有时公司内部表现为松散的或没有等级制的平行利润分配中心式组织。不仅如此,针对不同利益群体,形成的回馈机制也各不相同,有时经营者持有大量股份,所持股份价格上升成为他们成功经营公司的主要回馈,而计件工资是其他雇员获得的主要报酬。有时给予经营者和其他雇员劳动的补偿则只是工资和奖金。可以看到现实生活中的公司内部组织结构各具特色。但不管怎样,利益安排构成的"关系之网"中的当事方却有一个共同特点。这个特点就是各当事方都希望通过现有的治理秩序,获得更多的剩余控制权与剩余索取权,并使其成为稳态,即使出现利益冲突,各主体也希望冲突所导致的治理秩序的演进,能够对自己有利,使自己占据优势的分配地位,现实中,即使各方之间最初条件相同,当事方也都在追求使自己占优的差异化地位。

笔者认为如果仅以关系契约来诠释公司契约，分析"力道"尤显不足，第一，仍不能深入至公司各利益主体的"思想"之中，推测他们彼此间的"判断"与相应策略的"选择"；第二，无法从微观层面解析公司产权主体面对"利益分配"时，治理秩序对他们产生何种影响，公司自治微观机理比较模糊。为此，笔者提出"公司的协议契约说"，它是基于企业产权契约理论与公司关系契约说而生成。前文谈到，企业产权契约是指以企业家为中心签约下的、具有特定产权的企业参与者通过企业剩余产权配置来实现产权的创造与分配的契约。公司这一组织形态是"人"与"物"的组合，人力资本产权与物质资本产权均为特定产权，正是这两种特定产权主体在公司中不断进行着介于市场和（家族）企业之间的关系性活动，这其中，二元产权主体协议力量是不对等的，他们依据历史信息与价值信息选择策略，达成"共识"，最终形成公司的剩余产权配置方式。笔者这里谈到的公司协议契约与市场协议契约是有区别的，区别一：公司协议契约强调协议力量的不对等，市场协议契约强调协议力量均等，区别二：公司协议契约目的是对企业剩余产权的分配，而市场协议契约是对剩余价值的分配，区别三，公司协议契约基于制度的差别性利益，治理秩序作用于个体利益分配时存在差异，而市场协议契约基于制度的集体性利益，也就是说，个体在市场协议中，作用于个体利益获取的市场秩序标准是相同的。

2.3 公司治理秩序理论的追思

何谓治理？即公共机构与私人机构参与管理其共同事务的诸多方式总和。治理是一个过程，在此过程中，通过各种方式以调和各主体相互冲突的或不同的利益，因此治理既不是一整套规则，也不是一种活动，而是一个持续互动的过程；协调是治理过程的基础，而不是控制；治理主体包括公共部门与私人部门；基于以上关于治理概念与特征的分析，学者们关于治理的观点主要包括以下几个方面：治理既包括来自政府但又不限于政府的社会公共机构和行为者，且在为社会和经济问题寻求解决方案的过程中，各主体之间存在着界限和责任方面的模糊性。当涉及集体行为时，治理明确指出了各个社会公共机构之间存在着权力依赖关系，且参与主体在治理过程中将最终形成一个自主的网络。笔者之所以对治理的特征给予强调，因为这对于本书后续研究至关重要。公司治理是一个动态的、持续的过程，公司治理秩序则是处于该动态、持续过程之中，而各主体所应遵循的规则是在内生性规则与外生性规则互动中形成与演进的。

2.3.1 公司治理秩序的形成

2.3.1.1 国家介入：公司治理秩序形成的历史维度[①]

公司治理概念出现前，有关股份公司运作的管理应当被视为公司治理的一种形式。公司治理秩序的形成是随着国家介入股份制开始的。早在古罗马时期，就存在由元老、骑士等集资组成的合股商业企业，这类企业被经济史学家认为是股份公司萌芽。到了中世纪，特别是14和15世纪，地中海沿岸一些城市出现资本主义萌芽以后，意大利、奥地利、德国等欧洲国家出现了通过集资入股、股份委托制（代理制）、协作制等合作或合股方式组成的店铺、手工作坊、银号等，持股者有小生产者、商人、地主、王公等，主要集中在商业、纺织、银行等部门。这些企业在官方注册后，可以被冠以"公司"的名称。股份一般不得转让，但可以退股。这是股份有限公司的前身。这一阶段被称为股份制的萌芽，为后来公司制度的建立奠定了基础。

从15世纪末期开始，随着地理大发现和殖民地的拓展，重商主义逐渐盛行。在封建社会内部出现了城市小商品生产和资本主义工场手工业，农村经济也日益卷入商品交换之中，商品经济得到了长足的发展。封建主义生产关系逐步解体，资本主义生产关系开始登上历史舞台，资本的原始积累过程在紧锣密鼓地进行。美洲大陆被发现后，欧洲列强的海外贸易、商业、航海业等迅速发展，国际经济和贸易的中心由地中海转向大西洋。从事海外贸易不仅需要巨额的资本投入，而且要承受巨大的风险，股份有

[①] 甘功仁、史树林：《公司治理法律制度研究》，北京大学出版社2007年版，第36~39页。

限公司便应运而生。这时的股份有限公司往往持有国王的特许权状,享有海外贸易的独占权。1553年英国成立了第一家股份有限公司——莫斯科公司,专门负责与俄罗斯的贸易。1851年成立了土耳其公司。1600年成立的英属东印度公司,是这一时期最大的股份有限公司,到1618年,东印度公司已经拥有股东954名,股本总额达160万英镑,到1708年,公司股本增加了50倍。至1618年,英国此类公司已有49家。荷兰也于1602年成立了荷属东印度公司。此外,法国1664年组成了法属东印度公司,加拿大公司、北海公司等。葡萄牙、普鲁士、瑞典等国也竞相仿效。①

随着产业革命的逐步酝酿和兴起,要求公共服务、基础设施和基础产业超前发展,以便为产业革命提供保证和支撑。在此背景下,以保险、银行为代表的金融业,以水路和公路运输为代表的交通业,以矿业开采为代表的能源业、原材料工业等部门优先发展起来。股份有限公司在这些部门中成长起来。1673年,法国制定《商事条例》,1681年,法国又制定了专门规定海商问题的《海事条例》,其中也涉及公司。1697年,英国国会通过《抑制不正当证券交易防止投机风潮法案》,标志着政府开始对证券交易进行管理。1720年英国国会通过《禁止泡沫公司法案》,禁止不具备法人资格的贸易公司作为法人运作,禁止超越经营范围滥用特许权,抑制过度投机。这段时期国家的调节对股份有限公司的发展起了重要作用。由于长期以来股份有限公司的成立和运作,主要是由国家的特许所决定的,而这种管理方式具有封闭性强、主观随意性大、效率低等弊端。它已经越来越不能同商品经济的发展和生产社会化水平的提高相适应了,人们纷纷要求废除这种管理方式,而代之以一种公开、客观、高效的新的管理方式,即要求对公司实行统一的法制化管理。1826年英国颁布条例,给股份银行一般法律许可。1837年美国康涅狄格州制定了世界上第一部允许有限责任的《一般公司法》。1843年德国的普鲁士政府颁布了《股份法》,1844年英国颁布世界上第一部国家级的包含了有限责任公司内容的新《公司法》,1862年进一步对该法进行修订。法国于1856和1863对商法做了两次补充。各国公司法总的趋势是放宽对公司的各种限制,如允许公司拥

---

① [英]道格拉斯·霍普:《东西方贸易史》,伦敦大学出版社1990年版,第68页。

有几乎任何数量法定资本金和任意扩大公司规模,赋予公司无限生命,允许有限责任等。西方国家对股份经济的管理告别了"特许主义"时代,进入了"准则主义时代",即股份有限公司的设立和活动主要是依据相对均等的法律准则,而不是行政审批。从资本主义公司治理秩序形成的历史信息搜集过程中,不难发现,国家的介入促进了公司治理秩序"准则主义时代"的形成。事实上国家在两种情况下,有可能倾向于社会效率更高的制度,首先,如果国家行为人的利益直接受到制度运行结果的影响,并且如果他们会从更有社会效率的规则中获得更多利益,那么,国家就有可能这样做,其次,假如国家行为人因规则会影响其掌权能力而受到间接影响,并且他们会从社会更多受益的规则中获取利益,那么,国家就可能倾向于采用更有社会效率的制度。

2.3.1.2 市场竞争:公司治理秩序形成的价值维度[①]

19世纪70年代以前,西方国家的生产力水平还比较低,企业生产规模较小,专业水平不高,生产经营较为简单,主要凭经验进行经营,对专业技术和管理知识要求不高,少数个人或家族大股东集中拥有公司的大多数股权,公司的大股东就是经营者,掌控了公司的经营权,此时公司的所有权与经营权是合一的,而且经营权会随着公司所有权的世袭传递而传递。19世纪70年代到20世纪20年代,公司的所有权与经营权开始分离。这一时期,所有者大多已不再直接参与公司的经营活动,但少数大股东依然凭借其持有的较高比例的股票,控制公司股份的发行,经营战略,甚至影响与决定董事会和高级管理人员的任免,经营者仍然在很大程度上依附于公司的所有者。

科学技术的进步助推了生产力的迅速发展,企业之间竞争日趋剧烈,这对于其生产和资本的社会化程度提出了更高的要求。此时企业生产规模不断扩大,专业水平不断提升,生产经营也变得较为复杂,仅凭经验难以有效的经营管理企业,经营者必须具备较高的知识化和专业化水平。公司所有者一方面常常受限于自身知识素质、专业领域和管理水平,无法胜任经营者的职能;另一方面由于体力和精力的限制,即使再精明能干,也不

[①] 甘功仁、史树林:《公司治理法律制度研究》,北京大学出版社2007年版,第41~43页。

可能事必躬亲，因而必须选择精通专业知识、会管理、忠诚尽职的人才，所有者授权和委托经营者在其职权范围内，充分发挥经营者的专业管理水平，提高企业经营效率，使企业在良性循环中不断拓宽市场范围，此时公司实行了经营者的职业化，经营者阶层也随之出现。

自20世纪30年代起，特别是70年代以来，是公司所有权与经营权分离得以确立的时期，也就是所谓"经营者革命"的时期。这一时期，生产能力和生产规模达到了前所未有的水平，统一的世界市场已经形成，市场竞争空前激烈且复杂多变，迫切需要具有高水平的专业管理人才。而且，随着生产的进一步社会化，资本的社会化也达到了一个崭新的阶段，股权多元化、法人化和微观分散化的进程显著加快，大股东持有公司股票的份额下降，法人所有权已独立于终极所有权，股东关心的只是股票价格的波动、股息和红利高低，而将法人所有权授予给了经营者。作为法人代表的经营者在保证所有者的资产保值增值的前提下，对公司的资产有独立占有、支配和处置权，能独立从事业务活动，能以民事主体的身份在法院起诉等。"经营者革命"导致的结果是：

第一，股东权利相对缩减。虽然根据法律的规定，股东大会是公司的最高权力机构，经营者必须对股东负责，但是随着产权的社会化、分散化，竞争的加剧和行情的多变，公司经营不仅技术难度更大，而且时效性更强，这是众多股东难以胜任的。如果公司的广大股东都参与经营决策，并发表各自意见，当广大股东想法无法统一，而市场机会又稍纵即逝时，必然引起公司重大决策的延时误事。而且在信息不对称前提下，广大中小股东监控经营者与过问公司经营过程中，都会产生高额的成本。法人股东虽然可以监督和制约公司的经营，但是由于机构持股的目的主要是通过与公司建立长期稳定的关系，形成利益共同体，而不在于通过持股控制对方的股东大会和董事会，从而操纵对方公司，因此除特殊情况外，法人股东一般不会干预公司的经营活动，成为"沉默的机构投资者"。

第二，经营者的权力扩张。由于股东不可以随心所欲地更换经营者，使经营者的稳定性得到显著提高。经营者具有很强的独立性，并且拥有对公司资产的占有、支配和处置权。经营者不仅负责公司的日常经营业务，而且对公司经营战略性问题有自主决策权。在公司正常运行中，股东通常不能对经营者的行动加以干预。经营者权力的扩张，虽然可以提高公司的经营效率，促进公司的发展，但也出现了新矛盾，表现为公司经营权力因失去监督、制衡而过度扩张和膨胀，从而为经营者滥用权力，以权谋私，侵害股东、债权人、职工乃至社会的利益提供了条件。如何纠正权力过分向经营者倾斜和集中，协调所有者、利益相关者与经营者之间的关系，如何对经营权进行适当约束，便成为摆在人们面前的新课题。在市场竞争压力下，经营权与所有权的分开，公司治理秩序在自发形成过程中，提供给公司利益相关行为人预期行为的相关价值信息，由于这些公司规则是自我实施的，所以，它们的有效性取决于公司利益相关行为人在多大程度上相信遵守这些规则是符合他们自身利益的，在许多情况下，行为人的自身利益驱使他们直接违反规则，或者试图去改变规则。假若这种情况成为普遍现象，自发形成规则的稳定性就会受到"信息与动机"的威胁。例如阿克塞尔罗德将"稳定性"问题，定义为社会各成员之间双边互动的结果；泰勒构造出一个 n 人的博弈模型，在该模型中，合作是所有社会成员相互依赖选择的产物。事实上，公司治理秩序就是在二元产权主体对于行动利益与惯例利益取舍的平衡中不断演进的。

2.3.2 公司治理秩序的分配本质

公司治理秩序通过产权主体间的互动而影响利益分配，公司治理秩序形成的历史维度与价值维度已经为我们展现出这一点。从历史维度来看，英属东印度公司也好，荷属东印度公司也罢，无论从资本主义的矿山开采为代表的能源业、原材料工业等部门优先发展，还是运输方式的变革（股份有限公司在铁路的发展过程中立下了汗马功劳），包括后起的资本主义国家日本，股份公司也同样发挥了巨大的推动作用。随着生产和资本的集中，少数大公司在行业内部占有垄断地位，而且具有支配整个国民经济之势。国家的公司"特许主义"时代，到"准则主义时代"的参股，甚至国家对公司实行统一的法制化管理，其目的都在于通过公司方式获取更多的国家利益，形成高效的国家与个体间的利益分配格局。从价值维度来看，公司治理秩序应视为个体之间互动的分配规则。公司当事各方以不同方式加入公司并未改变它们依然是独立主体这一事实，公司的存在并不能抹杀当事方独立的意志、利益追求和行为动机，主体之间互动中形成了错综复杂的利益关系：股东之间（控股股东与少数股东、普通股东与优先股东、既存股东与后来股东）的关系、股东与公司债权人的关系，股东与经营者之间的关系。公司就是由存在于当事方之间复杂的利益安排构成的"关系之网"。这个关系之网的形式与内容构成了公司制度。公司利益相关者通过彼此之间的互动，都在努力实现自己的分配优势，不断维持或打破着现有的公司治理秩序。所以笔者认为公司治理秩序并不是为了限制公司组织运行方式以努力避免次优结果而创设的，而是公司实际结果分配冲突的副产品。当然就现实需要而言，国家与个体都需要公司治理秩序，以从此互动中获利。

不难发现，公司治理秩序是否有效，主要取决于那些在分配上有利于能够行使自身策略优势的行为人的治理秩序是否具有效率，无效率可能不是因为公司行为人的无能，而可能是出于他们的自利——对于能够给予他们更多个人收益的低效率治理秩序选择的追求。分配在社会秩序解释中的作用得到了更多的关注。利伯凯普把分配冲突引入了他对于经济行为人为了保证产权而进行努力的解释中。贝茨强调了产权和类似制度的分配情况产生的无效率。泽比利斯在分析政治和经济组织的不同形式时，提出了有效制度和重新分配制度之间的区别，他们的分析主要局限在讨论有意设计和无效率的含义。在这里，所要强调的是公司治理秩序分配结果的重要性，即公司治理秩序基于分配之上的自发形成过程。当然，如果从分配角度解析公司治理秩序的本质，不能仅仅停留于表面的互动现象，必须透过现象揭示其本质，这里要回答两个问题，公司治理秩序使哪些人系统性受益；那些受益者是如何得到这些利益的？这里就会引出力量不对等的问题，将协议力量导入公司治理秩序分析之中，且要将这种力量优势作为事前的判断，在公司治理秩序分析中拥有解释性的角色，而不仅仅是把事后的力量优势归结到那些成功达到自己目标的人。

协议力量的定义多种多样，这里定义是指要对某个人或某个群体行使力量，表现为要通过某些方法来影响那个人或群体可供选择的东西，这可以通过很多方法来实现，假设A为物质资本产权主体，B为人力资本产权主体。第一，A可以限制B的可行选择，以此来排除符合B的利益选择；第二，

A可以通过增加符合B的主观利益但与B的真实利益相违背的选择，来扩充B的可行配置；第三，A可以不这么做，从而防止某些选择成为B的可行配置。这种不作为，可以看成是故意阻止某些选择，或者也可以看成没能解除阻止做出这些选择的限制；第四，A可以通过威胁采取以降低可获得选择吸引力的报复行动，来改变B对于可获得选择的评价；第五，A还可以通过操纵B的偏好，来改变B对于各种选择的理解，这里，力量不对等形成的策略性分析的关键，在于某些行为人是怎样影响其他人的可供选择，从而使他们以原先不会选择采用的方式来行动：A怎样才能使B采用在分配上对A有利的制度规则（当存在对B更有利的选择时）。如果我们认为A的力量比B大，那么此处的分析就必须集中讨论，在什么条件下，A能够对B的行动自由产生不利影响。这就把注意力集中在一个组织中的个体和使行为人能够获得策略性优势的群体间的差异上。这种差异是数不胜数的，不过分析限制在用于追求实际结果的资源的不对等占有上。这仍需要具体论证两个前提条件的存在：第一，公司中产权主体力量的不对等性的普遍存在；第二，公司治理秩序中，力量不对等产权主体博弈结构应有较高程度的自由空间。①

第一，公司内产权主体力量不对等性的普遍存在。现代公司的雏形产生于资本主义发展初期。当时人们对资本利益的追求使得作坊式的企业、家族控制的经营方式已经无法满足经济发展的需要。公司治理采用法人经营模式，出于法人独立人格的需要，股东对公司承担的责任以投资额为限，正所谓"有限责任公司的股东以其认缴的出资额为限对公司承担责任；股份有限公司的股东以其认购的股份为限对公司承担责任"②。公司式企业制度满足了拥有闲散资金想进行直接投资又不愿意直接参与企业经营的人或者机构的需要，例如遗产继承人、有其他工作的人、退休人员、各类财团法人等。这些人或者机构通过向公司投资取得了股东地位，然后选择自己信任的人组成董事会负责公司的经营管理，以谋取比储蓄或者其他投资期望值更大的回报。因此公司治理出发点就是要形成委托——代理关

---

① ［美］杰克·奈特：《制度与社会冲突》，周伟林译，上海人民出版社2009年版，第42~43页。
② 2005年修订《公司法》第3条第2款。

系，实现经营权与所有权分离的同时，对经营者有效监督，使其按着所有者之预期管理公司组织。因此现代公司治理表现为拥有物质资本产权主体与拥有人力资本产权主体之间的博弈互动，逐渐形成自主性网络，在这个自主性网络中，投资主体、投资形式、投资预期的多元化最终导致主体性协议力量的不对等态势的形成并长期存在。[①]

第二，公司治理秩序中，产权主体博弈结构应有较高程度的自由空间。公司治理结构在设计上有两种主要形式，一种是以德日为代表的股东会——监事会——董事会制，另一种是以美英为代表的股东会——董事会制。不论上述哪种公司治理结构都体现为公司所有权与经营权的分离，都构成了防范个人独裁、民主治理公司的基础，所不同的只是监督与制约权力设置上的差异。例如德国法律强调监事会的监督权威和作用，而美国制度则注重独立董事在公司治理中的作用。说到底，公司治理属于经济行为或者是商事行为，公司本身应当有充分的权力决定如何治理，有关公司治理的政策和法规应当符合公司和相关利益人的需要。[②]符合公司治理需要的法律应当是能够保护各方利益的法律，不仅能保护大股东的利益，而且能够保护中小股东的利益；不仅能保护投资人的利益，而且能保护公司债权人和其他利益关系人的利益；不仅能保护公司自身的利益，而且能够保护受公司行为影响的社会利益。各种利益之间的矛盾和冲突不允许公司决策和经营上的独断专行，因此，"公司治理"在本质上应当是民主的，利益的共享和多元化决定了公司民主治理的必要性。任何忽视民主而实行独裁式的治理方向都不符合公司治理的本质要求。从这个意义上讲，被国人口诛笔伐的"大股东控制""内部人控制"等实际上也是公司治理过程中存在的弊端。即使是独资公司或者"一人公司"，也应当实行以民主管理和权力制约为特征的公司治理结构[③]。换句话说：公司治理的本质特征是民主

---

① 甘功仁、史树林：《公司治理法律制度研究》，北京大学出版社2007年版，第11页。
② 现实中存在对公司事务干预过多现象，如有学者热衷于讨论诸如董事长是否能兼任总经理的问题，法律也喜欢过多地约束公司的内部行为，这些都削弱了公司自身在治理中的自主权和作用。
③ 我国有许多国有独资公司并未实现公司治理，存在明显的出资人控制现象，所以有人提出要对国有独资公司实行股份制改造。但是股份制改造后，如果仍实行大股东控制，这种改造是毫无意义的。因此国有独资公司改革的关键应当是实现公司治理，而不应当是股份制改造。"一人公司"股东既然选择了有限责任公司的企业形式，就应当采用与之相适应的公司治理结构。

治理。[1]公司的民主治理将为产权主体博弈结构提供较高程度的自由空间。

2.3.3 二分心智模型中的公司治理秩序

本书意在研究公司治理秩序的演进动力、演进机理、演进趋势，选取的视角为"二元产权"，人作为二元产权的拥有者，当其面对公司治理秩序形成的利益分配格局，会采取不同互动策略，而策略选择将依据主体的"心智模型"，因为"心智模型"决定了产权主体如何处理、加工与收益分配相关的信息，而这些信息将给予二元产权主体关于公司治理秩序收益分配的预期。本书采用的是"二分心智模型"，因此对"二分心智模型"中的公司治理秩序的解析是必要的。

笔者在论述此问题时，还是从"交易""治理"与"秩序"之间的关系谈起，以为后文的展开提供前提与基础。制度经济学家康芒斯对经济分析单位的界定，"最终的活动单位……必须包括三个原则：冲突、相互依赖和秩序。这个单位就是交易"。[2]于是交易就成了最基本的分析单位，当商品或服务在技术可分的临界处发生转移时，一个交易就发生了，由于有限理性，机会主义存在，所以契约必然是不完全的。因此事前的完全契约设计成为不可能，必须强调契约事后治理的重要性。因此把治理视为在交易过程中注入秩序的方式，从而减少冲突、实现相互的收益。这也就是说，秩序对于交易的治理有着契约设计不可替代的作用。从治理安排对公司经济主体的交易重要性中已经得到了充分说明。但此时大家会有这样的疑问，"二元产权视角下公司治理秩序演进问题研究"，这样的题目难道不是一种重复吗？非也，此时治理作为注入秩序的方式，这个题目可以这样解读："二元产权视角下公司注入秩序方式的秩序演进问题研究"，这并不是重复，恰恰是由人们的二分心智模型所决定的。第一个秩序内涵为个人型心智程序形成的私人秩序，而第二个秩序为背景取向型心智程序形成的公共秩序（公司章程）。以下将是对此问题的论述。[3]

公司经营过程中，与其说是二元产权主体的交易，不如说是人与人之

---

[1] 甘功仁、史树林：《公司治理法律制度研究》，北京大学出版社2007年版，第16~17页。
[2] ［美］康芒斯：《制度经济学》，于树生译，商务印书馆1997年版，第4页。
[3] 惠双民：《社会秩序的经济分析》，北京大学出版社2010年版，第7页。

2 二元产权视角下公司治理秩序演进研究的理论基础

间策略的互动,二元产权主体终究是人。既然是人,就必然要对自身以及外部环境和事态间的信息进行认知和决策,以选择适合自我利益的行为。这就涉及关于人的心理认知问题。青木昌彦的二分心智模型假定认为,任何社会活动都包含信息加工与处理的因素。[①]这意味着在社会活动中,个体参与人运用一定的智力程序或认知机制,推断环境状态,预测行动结果,以及为解决问题而做出决策。这些智力程序由一系列"规则"构成,通常采用"如果……就……"的形式。这些规则是大脑经过长期试错、修改、总结积累而成,并以一定的排序加以组织,然后依认知的情景而"启动"(holland1986)。心智模型由两个规则构成:一种是认知规则,被参与人用来根据接收的信息数据形成有关认知环境的解释性判断;另一种是决策规则,被用来将解释性判断转化成相关行动变量的选择。从个人心智程序的角度看,心智模型的两种规则的内在组织原则分为两类,一类是参与人仅接受和处理与自己相关的事态信息,形成认知与决策,做出自己的行为选择,我们称之为个人型心智程序,相应的视运用这类个人心智类型的个人能力和技能为个人型认知和个体知识,另一类是参与人对于共同面对系统性环境部分,相互协同他们的观察与解释,并构建一个共同的决策基础。在这种情况下,参与人不仅需要处理各自的环境信息,而且还要以意会或明确的方式处理不同参与人对同一环境的不同认知,达成一种协调的认知解释和决策共识。这种包含了认知判断协调机制基本要素的心智程序,我们称之为背景取向型心智程序。参与人有效运用这种心智程序的技能可称为背景取向认知或共同知识。任何人的实际心智模式在不同程度上都既是个人型的,又是背景取向型的,并且个人心智程序通过认知决策形成新的行动,改变外部环境的信息状态;同时,外部事态的信息结构的变换也改变着参与主体的心智模式与行为决策。因此,参与人的心智模式与外部环境的信息结构是互相影响、互相促进和共同演化的。二分心智模型与前文论述的有限理性行为假定、局部知识假定和渐进理性观是一致的。[②]

公司中契约人的有限理性与机会主义行为,表现为个人为有效实现自

[①] [日]青木昌彦:《比较制度分析》,周黎安译,上海远东出版社2001年版,第136页。
[②] 惠双民:《社会秩序的经济分析》,北京大学出版社2010年版,第7,8页。

我利益，必须寻求一种治理结构，以保障个人生命和财产安全，并确保一种稳定的预期得以形成，以使得个人能够在公司活动中做出行为决策，维护自我利益，个体正是在这种相互利益冲突、寻求利益保障的过程中，自发地形成了一些秩序，权利和利益的认可与尊重，行为的可预期和决策的可预见，这就是上文谈的"第一个秩序"即个人型心智程序为背景，形成的私人策略选择的秩序。"第二个秩序"为选择某种规则，并遵从之，可将其分为两类，第一类为背景取向心智模型作用下，聚焦和形成的公共秩序，如公司章程，第二类是人为（国家权力介入而形成）的公司法规。[①]两类秩序均源于产权主体对价值信息、历史信息的判断而选择性遵从。二元产权主体认知为二分心智模式，这一认知理性使得二元产权主体的利益分为行动利益和规则（惯例）利益，笔者从个体层面将其界定为"行动秩序利益"与"惯例秩序利益"，二元产权主体"行动秩序利益"与"惯例秩序利益"的一致问题成为研究公司治理中所要解决的主要问题，公司的物质资本产权拥有者，为整合公司资源，创造公司利益，呼唤公共治理秩序的形成，而公司人力资本产权拥有者，或是同时属于物质资本产权拥有者，或仅仅是人力资本产权拥有者，但无论是前者，还是后者，都会纠结于"行动秩序利益"与"惯例秩序利益"获取之间。物质资本产权所有者更倾向于背景取向型心智程序，获得更多的"惯例秩序利益"。而人力资本产权所有者更倾向于个人型心智程序，获得更多的"行动秩序利益"。下章中关于二元产权主体特征的论述会对此问题加以说明。由于公司类型很多，加之公司物质资本产权所有者，可能同时又是人力资本产权所有者，则会非常纠结，对二者的倾向界定并不容易，但这并不影响笔者的研究。我们研究的关键问题是如何实现二元产权主体"行动秩序利益"与"惯例秩序利益"向量的一致性，而不是多少的一致性，事实上二者利益分配的多少是很难一致的。现实研究中，很多学者的观念被束缚于是英美公司治理结构好，还是德日公司治理结构更加适合于中国，并没有抓住问题的本质，其实根本就没有谁更好可讲，笔者认为，关键的问题在于无论是英美，还是德日，都是在公司自治目标下，希望根据其自身发展轨迹，

---

① 此时，公共秩序可理解为私人秩序的宪政利益或规则利益的聚焦。

求得一种治理所依据的秩序,在一种有规律可寻的条件下,形成对公司未来发展的引导。基于此种思想,笔者引入二分心智模型,以二元产权为视角,探寻现代公司良性治理秩序的普适性演进规律。

2.4 小结

该章主要包括二元产权理论评述、公司本质诸说评述与公司治理秩序理论追思三个组成部分。本章论述的重点为公司的协议契约说与公司治理秩序的分配本质论。事实上,如果仅以关系契约理论诠释公司契约,分析"力道"尤显不足,第一,仍不能深入到公司各利益主体的"思想"中,推测他们的"判断"与相应策略的"选择";第二,无法解析二元产权主体面对"利益分配"时,公司治理秩序如何作用于他们的策略选择,以及由此反映出的公司自治微观机理。为此,笔者提出基于企业产权契约理论与公司关系契约理论的"公司协议契约说"。借此将协议力量不对等问题逐步纳入公司治理秩序演进研究过程之中。本书指出公司治理秩序是否有效,主要取决于那些在分配上有利于能够行使自身策略优势的行为人的治理秩序是否具有效率,无效率可能不是因为公司行为人的无能,而可能是出于他们的自利——对于能够给予他们更多个人收益的低效率治理秩序选择的追求。在这里,笔者所要强调的是公司治理秩序分配结果的重要性,即其基于分配之上的自发形成过程。

3 二元产权视角下公司治理秩序演进的"梦魇"与"反思"

公司治理秩序演进中,二元产权主体之间的利益冲突,往往使当事人惊醒于互动的恶梦,并对梦境的"可怕内容"保持着清晰的回忆,且心有余悸,这些不得不让人们在痛苦中反思:二元产权主体的利益冲突与公司治理秩序演进间存在怎样的关系?本章以二元产权主体互动"梦魇"的形成与化解为主线,解析公司治理秩序演进动力与演进机理。

3.1 公司治理秩序演进之二元产权互动"梦魇"的形成

二元产权互动"梦魇"的形成是由其配置属性决定的,基于此种思路,笔者以元社会秩序初始状态为背景,揭示物质资本产权配置的确认过程,以及人力资本产权配置的天然属性,探寻二元产权主体互动"梦魇"形成的根源。

3.1.1 元社会秩序背景的比较分析

元社会秩序下,人们遵从自然法,自发地形成相互合作的、行为可预期的一种和平的自然状态。元社会秩序理论的形成是基于霍布斯的《利维坦》和洛克《政府论》中所描述的自然状态和政府与国家存在的理性分析。霍布斯的《利维坦》指出,在这种自然状态下,人们的博弈和相互作用的情势造成了人们处于一种相互"战斗意图"的共同知识和共同信念之中,人们还不足以形成一种相互尊重,合作共处的关于"和平时期"的共同知识和共同信念。这个状态,正是现在人类所说的"霍布斯丛林"。

3 二元产权视角下公司治理秩序演进的"梦魇"与"反思"

"在这个状况下,产业将根本无法生存,也因此其结果很不确定";而且"最可怕的是人类一直处在暴力灭亡的恐怖和胁迫中,人的生存单调、贫穷、卑污、残忍而短寿"①。如何摆脱这种自然状态,霍布斯给出他自己的答案:"……这种状态却可能超脱。这一方面要靠人们的激情,另一方面也要靠我们人类的理性。"②霍布斯将"这个和谐必要条件"称之为"自然律",即"使人们趋向于和谐的激情是对于灭亡的惧怕,对健康生存所需要的某些事物的渴望,并且依靠自身的努力获得这所有的渴望。于是理智便显示出能够让人接受的简便易行的和谐必要条件"③,霍布斯认为人们应该采取集体行动,建立并利用契约将一部分权力转让给"利维坦",从而实现一种摆脱自然状态,走出"霍布斯丛林",走向存在国家的文明社会状态。对于自然状况,洛克在《政府论》中的阐释和霍布斯有所不同,但洛克仍沿用了自然法的基本观念,指出自然法理论约束了人类社会相互间的侵害,为了维护世界和平和保护人类利益,"自然状况有一个由人们所应当遵守的自然法理论对其起着支配作用;而自然法理论指导了所有遵从理性的人类:人们既然都是公正和自由的,其他人也就无权侵犯别人的生存、健康、自由或财产。"④洛克指出:"那是一种完备无缺的自由状态,他们在自然法的范围内,按照他们认为合适的办法,决定他们的行动和处理他们的财产和人身,而毋需得到任何人的许可或听命于任何人的意志。"⑤在这种状态下,一切权力和管辖权都是相互的,没有一个人享有多于别人的权力。"⑥同时,他还指出,"虽然这是自由状态,却不是放任的状态"⑦,自然法使每个人都有权惩罚违反自然法的人,这种惩罚以制止违反自然法为度。洛克批评了霍布斯的《利维坦》中将一切裁判执行的主权转让给一个不受约束的"利维坦"或君主的观点。

---

① [英]霍布斯:《利维坦》,黎思复、黎廷弼译,商务印书馆1996年版,第95页。
② [英]霍布斯:《利维坦》,黎思复、黎廷弼译,商务印书馆1996年版,第96页。
③ [英]霍布斯:《利维坦》,黎思复、黎廷弼译,商务印书馆1996年版,第97页。
④ [英]洛克:《政府论》(下篇),叶启芳、瞿菊农译,商务印书馆1996年版,第6页。
⑤ [英]洛克:《政府论》(下篇),叶启芳、瞿菊农译,商务印书馆1996年版,第5页。
⑥ [英]洛克:《政府论》(下篇),叶启芳、瞿菊农译,商务印书馆1996年版,第5页。
⑦ [英]洛克:《政府论》(下篇),叶启芳、瞿菊农译,商务印书馆1996年版,第5页。

霍布斯的《利维坦》和洛克《政府论》形成两种不同的社会观和政府观，霍布斯强调政府在摆脱战争状态方面的不可替代的作用，而洛克所强调政府仅仅是带有补救性质的有限政府，随着有限理性人们的重复博弈，在各种战略选择的竞争中，逐渐会形成一种稳态的战略选择，即针锋相对。人们通过自己对安全、和平和财产保障的自身利益追求，会形成一种互惠的行为方式，遵从和平状态的规则，从而自发实现一种良好的、和平的自然状态。在这里提请大家注意，关于无秩序状况形成问题，不管是霍布斯的《利维坦》，还是洛克的《政府论》，他们都在自然状况生成过程中，提到一个前提，那就是人与人之间"势力"的相对均衡性（这只是一种假设，现实不一定是对等博弈），这种均衡性展现给大家的是一种对等性博弈，在这种对等性博弈前提条件下，形成了元社会秩序下的一种和平的自然状态。笔者之所以强调这一问题，在于对二元产权配置属性揭示的起始性。

3.1.2 元社会秩序下习俗性物质产权的配置[①]

如图3.1所示，在"自然分配"状态下，如果双方都不尊重对方对稀缺资源L的权利，那么他们获得的效用就是图中的单元IV的战略组合，也就是我们所说的战争状态；相反，如果双方一致达成协议，尊重对方的权利，那么就会因相互合作而减少用于个人暴力的劳动时间投入，从而使双方效用都得到改善，即图中单元I的战略组合。但是，如图所示，A和B双方都存在背离单元I的私人激励，从而使得单元I的战略组合不能实现纳什均衡。但是，在严格的双人重复博弈中，任何一方都会自我约束，遵从协议，因为双方都意识到，如果自己背离协议，则对方也必然做出同样反应，并导致重归战争状态。在这个简单的二人博弈中，单元I就是现代博弈理论所说的一个博弈的"核"，即没有一个参与者能够自我保证实现比遵从这一协议安排获得更好的结果；另外，每一个参与者都不能确保违背这一"法律"，不会恶化自己的情况。这一特征说明单元I有着一个重要的稳定特征。但是，当参与者增加或参与者信息不充分、不完全理性时，这种稳定

[①] 惠双民：《社会秩序的经济分析》，北京大学出版社2010年版，第91~94页。

3 二元产权视角下公司治理秩序演进的"梦魇"与"反思"

性就可能消失。这时就会由于外部性和搭便车行为，导致这一协议状态下，每个参与者都发现他们处于一种博弈理论所说的"囚徒困境"境况：所有参与者都意识到，如果遵从这一法律，大家的效用都将增加；但是，对每个参与者来说，存在着背离这一协议的利益诱因和激励，也就是说存在行动利益与惯例利益的冲突。

		B	
		尊重权利	不尊重权利
A	尊重权利	单元Ⅰ（19，7）	单元Ⅱ（3，11）
	不尊重权利	单元Ⅲ（22，1）	单元Ⅳ（9，2）

图3.1 原初产权形成的博弈

如果引入有限理性和不完全信息假定，那么结果就会发生变化，我们借鉴博尔腾·扬富有独创性的讨价还价模型。A和B每人都想获得稀缺资源L的更多的份额，且A希望获得x，B希望获得y，如果$x+y \leq L$，那么每人都可以获得他们希望获得的份额；如果$x+y>L$，结果对双方都不利（比如两人争执发生冲突，诉诸暴力，既耗资源又伤感情）。A与B的作用函数分别为$u(0：y)=v(0：x)=0$（该公式是用来强调外部性影响的严重，我们假设如果$x+y>L$，其影响之严重将使得各方的收益均被削弱）。效用函数的曲率大小反映的是社会个人对纠纷的影响规避水平情况。而该信息也具有私有特性，即各方都不了解对方的效用函数形状。假定双方寿命有限，博弈一代一代地重复下去。因为即使所有参与者都不了解对手的效用函数，其对策也可以根据过去的信息来制定。每个人在制定自己的占有量时，首先要获取的信息包括：其先辈的对手的占有份额，以及现在自己对手的类型。由于先辈的信息并不能直接传给参与者本人，因此，他们只能得到先辈的、对手的一些不精确的信息。随机地从过去m年中收集$k(i)$年的信息。比例$I(I)=K(i)/m$代表个人$i(i=A，B)$的信息收集量。而这个比例所反映的个人信息获取能力，假定能够代代相传。于是，每个人可以使用上述信息推测对方占有量的可能性分布，并推测他可能在样本占有量的概率的分布。由这一推断开始，每个人都能够估算出为实现预期效益最优化所需要的占有量（如果存在多个解，那么每个解将以相同概率被选中）。也就是说，个人A要解决如下问题：

$$\max_{x} \sum_{0 \leq y \leq 100-x} \frac{n(y:\mathrm{A})}{k(\mathrm{A})} U(x:y) \qquad (3\text{-}1)$$

其中$n(y:\mathrm{A})$是A有关$k(\mathrm{A})$的记录中对（计划）占有量y的计量。基于均匀性B的最优化问题，也以类似的方法定义。然后每个人确定自己占有量的行动（如果二者占有量不兼容，就会导致纠纷）。

因为双方对历史事件和信息的获取都是完全随机的，其计划占有量的序列就构成了一个随机流程。博尔腾·扬的证明也指出了，如果二人的信息获取能力都不完全且达不到二分之一，则在一切最初状况下来看，该随机流程都已经明确收敛于某种惯例（进化均衡）或规则。对于这种例子的解析中，惯例通常是指某种状况，即一个固定的时间分配方式$(x^*, 100-x^*)$持续多年，并且不断循环。而如果将某个惯例确立起来，则除非出现了扰动或某人犯了错，否则它将恒久不变，并且将自我实施下去。这就表明，惯例一经形成，便成为二人的最佳反应策略。

惯例通过稳定双方的行为避免了经常的战争状态，即避免了成本高昂的冲突以及外部不经济，实现了合作的集体效率。当然，有限理性的参与者也可以因为信息不完全而犯错误；但是从长远来看，这种重复博弈的过程可能被表述为一种不同惯例的连续系列，中间偶尔被几个不平衡时期所中断。但是在足够长的时期里，可能出现一种惯例比其他惯例被观测到的概率高无数倍；这些习惯一经确定，就相对来说较不容易被错误或实验干扰，从而构成了一个稳定惯例。这些特定的惯例后来被博尔腾·扬称作"类稳定"习惯。博尔腾·扬证实了一类稳定习惯可以由唯一个分配$(x^*, 100-x^*)$来表述，该分配导致了下列更一般化的纳什乘积函数最大化

$$[u(x:y) I^{(\mathrm{A})}] \times [v(y:x)^{I^{(\mathrm{B})}}] \qquad (3\text{-}2)$$

上述式子的解定义了这种分配：风险规避倾向较小和信息获取能力较好的个人将得到最大份额的占有量。

这种稳定的习惯或规则一经确定，每个人便会将习惯中所隐含规定的占有量视作自己理所当然的权利，并且也会将获得剩余的数量视作其他人理所当然的权利。因为如此，经由反复博弈而形成的稳定习惯或规则就构成了固定的习俗性产权。这一习俗性产权是一个自我维持、自我实现的自发的内在性秩序，它形成于自利与有限个人之间的彼此作用。而一经形

成，它将在纳什均衡的意义上进行自我实现：不会发生有单方面偏差的激励因素。而且这一纳什均衡的结果，却是参与者非有意的博弈结果或状态。也就是说，元社会秩序的习俗性产权或原初产权的确立完全是一种有限理性的个体在追求自己私利的过程中自发形成的一种预期的、稳定的社会情态和规则。请大家注意，这里习俗性物质产权最终的确立使得个体获得了私利，但个体私利分配结果不一定对等，即使初始博弈（元初社会下）的协议力量处于均衡状态。信息收集与风险承担能力不一定相同，这样就有必要引入制度分配利益分析，物质资本产权主体基于历史信息得到的收益分配预期，其行为表现为理性地选择了惯例（准则）。笔者认为以下的假设（推论）是成立的，当我们屏蔽掉价值信息（由于信息收集与风险承担能力不同，使得博弈双方认可利益分配的不对等性，假设此时博弈双方已经不去考虑价值信息），那么在历史信息主导的弈局中，博弈主体将理性地选择惯例（准则），以实现个体的惯例利益。

3.1.3 人力资本产权配置天然属性：所有者拥有[①]

元社会秩序下霍布斯的《利维坦》和洛克的《政府论》中所描述的自然状态以及政府与国家存在的理性分析中，关于人力资本产权配置属性的研究有共同之处：人力资本产权配置天然属性为所有者拥有。如同罗森（Rosen，1985）所指出，对人力资本的"所有权限于体现它的人"。在笔者看来，这可是某种独一无二的财产权。一切各种经济社会资源以及一切非人力资源和土地的所有权，既可能归属于社会个人，又可归属于家庭、社会、共同体或国家，还可能不归属于任何人或人的群体。但是，人的健康、身体、生活经验、生产知识、科学技术以及对某些精神存量的所有权，只能不可区分地归属其载体；这种载体不仅应该是人，而且还应该是活生生的个人。这里，他特别强调了"在自由社会里"的这种限制性要求，只有在法律不可以使人为奴的规定要求下，将人力资本完全归属于个体才是现实的。[②]但是从巴泽尔教授（Barzel，1977）对于奴隶经济问题的

[①] 周其仁：《产权与制度变迁》，社会科学文献出版社2002年版，第84~86页。

[②] Rosen, S. "The Theory of Equalizing Differences," In Handbook of Labour Economics, ed. O. Ashenfelter and R. Layard. Amsterdam: North-Holland, 1985.

深入研究中不难看出，尽管撤去"自由社会"的限制条款，但人力资本仍归属于个人的理论命题意义依然存在。奴隶是其所有者财富的重要组成部分，奴隶主全权支配所有奴隶的劳作，并拿走所有生产果实。[①]但是，奴隶实际上是一个"自主的财产"（full-fledged property），不仅会跑，并且在实际上限制了对劳动力量的供给。奴隶主要在政府强制要求下调度奴隶的劳动能力，因此就算付出了极其巨大的"监控和管制成本"，也无法尽如其意。[②]为节省奴隶制监控成本，部分奴隶主不仅善待奴隶，而且推行定额制，即容许奴隶在超额生产后享有"自身的"私产，以致那些能干的奴隶累积了财产，直到买下了他（她）们自己，才变成自由民。[③]实际上，奴隶制的法权构造并不能改变人力资本已经成了一个自然的个人私产这一属性。

德姆塞茨意义上的人力资本产权"残缺"，往往是因为人们对市场交易的法权观念以及其机制安排的背离而造成的。人力资本与其他所有资本一般，部分权利在使用、收益和转让过程中，都可以被控制或剔除。但此时，尽管已从法权上确定人力资本归属于社会个人，但其所有权强度仍在一定程度上有所减损。在这一点上，人力资本理论并没有特殊的地方，与非人力资本更加接近。但是，正因为人力资本拥有属于个人的自然特性，所以在人力资本产权残缺问题出现之际，对其来源与选择的应对方法与非人力资本截然不同。在巴塞尔眼中，人力资本才是"主动资产"，而个人则视为拥有者，完全掌控了对资产的开发利用。所以，在主体违反了市场上权利交易的法权，或者限制或删减了人力资本产权的部分权益时，人力资本产权的载体就可能相应地"关闭"。此时，人力资本又犹如其似乎从来就不曾出现，所以自然而然，其他市场主体也不能够把被限制和删减了的人力资本产权聚集在一起加以利用的。如果一块土地被没收，在将它移交到新主人手中之后，该地块还是会保留原来的土地面积和土壤肥力；而

[①] Barzel, Yoram. "Aneconomic Analysis of Slavery." Journal of Law and Economics, 1977, 17, no.I: 73~96.

[②] 张五常：《知识与共产政制》，载《卖橘者言》，信报有信公司1984年版，第181页。

[③] Fogel, Robert William, and Stanley L. Engerman. Time on the Cross: The Economics of American Negro Slavery. Boston: Little, Brown, 1972.

当人力资本被限制时,即使奴隶主也很难将其"唤醒",使其听使唤,此时,人力资本载体会"又懒又笨"、宁死不从又或者把人力资本用在对抗奴隶主活动当中,破坏工具,可见,人力资本产权的残缺将导致人力资源的经济使用价值大打折扣。一方面,人力资本归属于个人;另一方面,由于受损的人力资本价值可以立即减值甚至荡然无存。在上述两条成立时,在奴隶社会里,仅仅凭借木棍和鞭子都无法充分利用奴隶的简单劳动,更何况现代社会中各种复杂劳动和能力的利用。个人作为人力资本的拥有者与控制者是无法利用技术进行分开管理的,所以,必须有效且准确地激励个人,才能最大程度发挥人力资本的价值。激励(包括负激励)是将人力资本开发使用现时的或预期的市场价格信息正确地传达给相应的个人,让他或她可以通过其所获得的市值信息,确定其在什么范围内、以多大的力度使用其人力资本的存量,以及对人力资本投入的未来走向。由于在现代市场经济生活中,人力资本的使用几乎无处不在,激励机制也同样存在着社会普遍性,可以说在现代市场经济中,对人力资本的利用也已越来越处于中心地位。[①]以上关于所有者拥有人力资本产权天然属性的分析中,可以认为以下假设(推理)是成立的,如果我们屏蔽掉历史信息,对于人力资本所有者而言,价值信息将主导弈局,此时理性选择将成为首选,基于价值信息选择行动策略,以实现行动利益。关于元社会秩序下二元产权配置属性的分析,其主要目的在于说明四个方面内容:第一,博弈协议力量对等假设是很难实现的(即使元初社会秩序也只能是偶然或者"昙花一现");第二,面对秩序,人们是理性选择的,而不是被秩序所驱动;第三,历史信息与价值信息作用于二元产权主体"人",其行为表现不同,主要取决于二元产权主体的协议力量的比较优势;第四,为后文运用二维信息向量分析二元产权主体的利益选择作铺垫。

[①] 汪丁丁:《近年来经济发展理论的简述与思考》,载《经济研究》1994年第7期。

3.1.4　比较视域：行为策略选择的利益理念

笔者此节论述的重点在于产权主体持有的制度[1]分配理念的比较性分析，以及就此形成的策略选择，这其中包括制度集体利益协调理念与制度差异利益协调理念。

3.1.4.1　制度集体利益协调理念[2]

制度的集体利益协调理念，着重强调制度对整个社会而言的集体利益，包含契约、自发形成、市场协调交易以及社会选择四种机制。契约机制也是关于政治制度有意发展的经典理论，如托马斯·霍布斯（Thomas Hobbes，1963）就用契约来说明了一个国家的政治机制的有意设计。元社会建立过程中，笔者通过比较霍布斯的《利维坦》和洛克的《政府论》的经典理论，已说明其观点，这里不再赘述。制度集体利益协调理念以及其他三种社会制度——自发性创造、市场经济协调交易和人类社会自由选择——是本书讨论的要点。这三个机制的基本逻辑，可以从大卫·休谟（David Hume）、亚当·斯密（Adam Smith）和赫伯特·斯潘塞（Herbert Spencer）的经典著作中发现。

休谟提出司法和财产准则的自发形成这一概念，用以反对霍布斯的《利维坦》中的"国家观"和洛克《政府论》中的"自然权力说"，请注意，这里的反驳并不影响二者作为元社会秩序形成的比较分析。休谟只是借用了演化理论，强调社会习俗和规则都是作为社会交往过程中的一种无意产物而存在的。关于公正和财产上的习俗，所要处理的也是一个经典问题：一个社会怎样避免别人侵犯一个人的财产权益呢？按照社会自发形成学说，社会成员都是在长期以来和别人反复交往的过程中，来处理这种问题的。在这种不断的互动中，个人也越来越意识到，一个关于"公平"分配的准则将会对在财产方面无秩序的侵犯产生较大的改善。在不断试错的

---

[1] 正是按照《牛津英语辞典》的界定把英语以及均质欧洲语中的"institutions"理解为从"个人的习惯（usage）→群体的习俗（custom）→习俗中硬化出来的惯例（convention）→制度（formal rules, regulations, law, charters, constitution）"这样一个动态的逻辑发展过程"，韦森教授（2001，2002，2003）将"institutions"翻译为"制序"。

[2] [美]杰克·奈特：《制度与社会冲突》，周伟林译，上海人民出版社2009年版，第4~9页。

3 二元产权视角下公司治理秩序演进的"梦魇"与"反思"

过程中,参与者们意识到一种行为方法已经变成了财产分配的最主要方法,直到将这个行为方法作为一个习惯而稳定了下来,并使之发展成为合理的和公平的行为方法,事实上,这一点与元社会秩序下习俗性产权的形成如出一辙。休谟学说的关键在于,其发展学说所推得出的社会规范的形成过程是高度随机的,可能会产生各种不同的发展形式,而这种规则对于整个社会的集体利益而言也是必需的。亚当·斯密对于社会自发形成学说的阐释在其作品中也比较常见,其代表作《道德情操论》与《国富论》中的"棋子"理论与"看不见的手"原理也都比较经典,与休谟所不同的是,斯密还补充了必须经过市场协调的交易,社会制度才能够发展的概念。社会制度要通过社会关系的子集之间的不间断的相互作用而发展。对于社会关系的规范性秩序,斯密的看法和休谟相近似,指出一种社会基本制裁体系的自发形成制约着个人的自私行为。斯密还强调,人类同样可以通过不断试错来学习,人们可以组织起内部和外部制裁制度来约束自私自利的行为。这种惩罚方式为社会成员的活动提供了某种程度的公正公平,[①]因为外部限制需要通过个人意志得到整个社会的承认,而内部限制则是为了实现个人自我认可愿望所需要的一个内部性过程的产物。一个双层惩罚机制也开始约束自私行为,从而保障了社会整体的权益。而所有这些产生集体内部制裁效果的规范性机制,均由自由市场中个别参与者的集体交易产生。[②]这便是最有名的关于"看不见的手"的论证逻辑,即通过"市场压力"形成对集体有益的经济机制。应该说,休谟和斯密对于集体自发性产生和通过市场经济协调交易的理论,共同组成了现代集体利益主义经典理论的中心。斯潘塞(Spencer,1969)的新社会选择学派以适应性标准的视角对社会自发形成理论重新诠释,核心思想是:社会的形成与发展,就在于它能够让整个社会在竞争性环境中存活下来。[③]之所以称其是"再度演绎"是由于斯潘塞社会选择论和斯密市场交易论之间存在共同点。斯密将制度视为在市场竞争中协调个人交易的产物,通过市场选择了那些可

[①] Smith, Adam. The Theory of Moral Sentiments. Indianapolis: Liberty Classics, 1969, P161-162.

[②] Smith, Adam. An Inquiry into the Nature and Causes of the Wealth of Nations. Indianapolis: Liberty Classics, 1976.

[③] Spencer, Herbert. Principles of Sociology. Hamden, CT: Archon Books, 1969.

以为社会提供最大收益的社会制度。斯密所说的市场，也就是斯潘塞所说的社会竞争。某些学说似乎立足于自发形成和市场协调交易机制，但在事实上，却使用了当时尚未发展成型的斯潘塞学派的社会选择概念。在现代法学研究中，这种迅速发展的社会功能主义理论源远流长，从孟德斯鸠（Montesquieu，1989）的作品中获得了更早期的现代认可。[①]法律演化通常被描绘为对社会变化功能性需求的回应。大卫·休谟（David Hume）、亚当·斯密（Adam Smith）和赫伯特·斯潘塞（Herbert Spencer）关于制度的自发形成理论都从不同角度强调了制度的集体利益。

3.1.4.2 制度差异利益协调理念

与社会制度的集体利益协调理念不同，制度差异利益协调理念指出制度框架会给组织中的某一些人造成差异化的利益。社会制度可以根据它对整个社会群体产生的差异化利益影响来进行理解，尤其重视在社会制度分配问题中所存在的利益冲突，而这些制度差异化利益协调思想就构成了关于社会制度发展与演变中的利益冲突学说，重视社会制度分配问题的主要理论家为卡尔·马克思（Karl Marx）和马克斯·韦伯（Max Weber）。

马克思指出，社会关系和制度演进并非一次经过集体改善的稳定过程，而只是在平稳状态和重大变化间的一个波动，而每个变动都搅乱着一个最受益于主流体制安排的社会群体[②]。他提出了两种不同的学说来阐述这一变化："历史唯物主义"和阶级冲突。"历史唯物主义"的制度变革思想主要体现为由生产力与生产关系之间功能性联系所带动的社会关系层次的动态变化。当社会生产关系不再适应持续增长的社会生产力需求时，就会引起制度变迁，从而形成了新的社会生产关系以更好地满足持续的社会经济发展。马克思主义阶级矛盾的基本思想，也说明了社会革命是怎样促使优于先前存在制度的新制度产生的。但实际上，马克思主义的社会制度变迁理论早已透视出了社会中优势群体对新生产关系的偏好，强调分配效应对于制度维持与演进的重要性。马克斯·韦伯则把其研究重心放在了说

[①] Montesquieu, Charles de Secondat. The Spirit of the Laws. Trans. Anne Cohler, Basia Miller, and Harold Stone. Cambridge: Cambridge University Press, 1989.

[②] Marx, Karl. "A Preface to a Critique of Political Economy." In Jon Elster, ed., Karl Marx: A Reader. Cambridge: Cambridge University Press, 1986, P187-188.

明某一群体社会制度存活了下来,而一些制度则灭绝了。韦伯已经意识到了这种由制度变化所产生的重要分配效果,甚至利用优势群体利益解释了它们的持续性变化,他的关于个人行为对宏观经济变化与社会环境变迁之间的制度性适应的经典理论相当有代表性。如果新经济活动方式能够提高他们的收益,这样的行动将被认为在变化的市场经济条件下是有利的,因此,很多人也开始效仿。在经过了一个过渡时期,变化的市场经济条件强迫了他们的行动必须与新的经济活动方式保持一致,但是因为韦伯的学说中引入了亚当·斯密有关市场竞争压力的基本概念,即新活动方式成为必然而并不是偶然,使得其学说没有充分体现有关冲突和利益分配重要性的基本观念,但马克斯·韦伯研究中的制度差别性利益理念已经显现无疑。论述至此,大家可能会有疑问:制度的集体利益理念与差别性利益理念与二元产权互动"梦魇"的形成有什么关系呢?事实上,笔者在此的理论铺垫目的有二:第一,理清两种制度演进的理路,虽然都是内生与自发,其核心动力是不同的,不能将其视为同一;第二,在元社会秩序条件下,人力资本产权与物质资本产权最初确认轨迹是有区别的,那么二元产权主体究竟持有何种制度利益观?面对现有制度,各自又将采取何种行动策略?笔者将基于对这些问题的思考展开以下论述。

3.1.4.3 二元产权主体行动策略选择的比较

公司治理秩序是二元产权主体互动的产物,秩序之所以重要,是因为它决定了二元产权主体互动的本质,即利益的分配。笔者这里引入两种个体行为策略:准则驱动与理性选择。产权主体在企业中总是根据现有的标准来行动,而这样的行动既可能被认为是理性的,也可能被认为是非理性的。标准所引发的行动,也可以导致企业产生利润最大化计算中所预测的那些情况。要是这样,它便是合理的;否则,它在某种程度上便是不合理的。不过,如果稍加思索,就会发觉,往往许多情形下遵照规则行事并不等于根据某种理性计算来行事。规则所驱使的行为,在其最单纯的形态下经常是非一贯性的。即当一种产权主体按照某种治理秩序活动时,这种活动就是被某种秩序所支配的,而在这时产权主体也按照这个秩序的指示来活动,即使尽管对于他本人来说,并没有什么利益收获也是这样的。秩序可以通过创建并维护这种社会规范来影响规则引发的活动。这种关于制度的概念，是由马奇和奥尔森所提出的。当说明为何某个规范化概念要高于由某个理性行为理论所提出的范畴概念时，他们这样来说明相关推导过程，尽管这种过程必然会引起人们对行为结果考虑的影响，但它是由不同的行为准则、适当性逻辑，以及案例的异同对比所建立出来的。这种过程主要是通过建立相似分类法，而并非通过在持续的利益需求中产生的行为来维持其一致性的。从规则驱动行为角度理解秩序发展过程产生了特殊问题，忽视了个人的基本理性，而对于这种秩序起源与发展过程的理解，主要依赖于斯潘塞所提出的功能主义逻辑，也就是说，秩序的最早形成源于对其功能的需要。

理性选择理论强调产权主体在公司中为追求各种目标和利益而行动，并且为了更有效率地满足这些利益而选择他们的行为。产权主体在不同情形下选择了他们的策略。在特定情形下，产权主体清楚他们周边的环境，以及其他人的行为方式。他们在既定参数约束下，计算出了最优决策结果。这也正是新古典经济学的市场行为逻辑，而产权主体也往往存在与其他行为人相互依赖的情形。产权主体选择不但受到互动个体的选择影响，同时也受到所在群体的影响，因此产权主体进行的决策选择中，要把别人的行为或预测融入他自身的决定之中。而公司秩序，就是产生这种预期的一种关键资源。在理性选择框架下，秩序影响了理性行为人对于评价其潜在决策，并选择其理性行为时所作出的计算。这种效果彻底改变了他们所选定的对策，从而直接影响了利益冲突的后果，并且可以通过改善社会成员的行动来改变这种后果。当然，理性选择理论也有它本身的四大问题：第一，缺乏考虑个人偏好善变的本质；第二，它将制度视为一个自由自治的、自我利益所驱动的个体世界的重要组成部分，而没有反映社会所积累的历史经验和社会经验公共性的凝聚力；第三，制度理性选择理论并不能有效阐释非最优化和无效率；第四，普遍地忽视了影响一个制度的维持与发展的力量关系。

从两种个体行为策略的比较分析中，我们清晰地看到理性的选择与准则驱动下的理性是截然不同的。制度的集体利益理念强调以准则驱动个体行为，而制度的差别利益理念则强调个体理性选择行为。受到高希尔相关理论的启发，为避免理性选择学说的缺陷，笔者以历史信息与价值信息作

3 二元产权视角下公司治理秩序演进的"梦魇"与"反思"

为主体理性选择的参考基准,高希尔(Gauthier)通过区分惯例与情势两个层面的问题,提出"在选择处置层面的效用最大化理性"概念,道德伦理的理性被视为如何进行未来选择的选择。[①]从经济理性过渡到道德伦理的理性,即伦理"理性"的理性被视为"理性处置"的问题,而非理性行动问题,一个人选择自己的问题处置的层面被看作是人类理性的,它允许一个人获得走向合作的安排,获得合作的潜在收益。由此,经济中的个体在做出选择的同时,面对着情势层面行动利益的选择和规则层面惯例利益的选择,这两种选择与前面的二分心智模型、知识型构假设前提相一致。在本书中,当秩序有利于二元产权主体的某一方时,或者有利于人力资本产权主体,或者有利于物质资本产权主体的情况出现时,此时二元产权主体的力量已不均等,双方会根据其获取的二维信息采取相应的理性处置行为。事实上,二元产权主体各自追求的惯例利益与行动利益组合是不同的,其原因在于获取相关信息的能力存在差异。如公司治理秩序中,如果物质资本产权主体对前期规则的偏好与依仗,其获取相关博弈的历史信息能力较强,就会理性地选择现有规则,以获得较多的惯例利益。而人力资本产权主体,对市场交易价值信息较为敏感,进而获得较多价值信息,就会理性选择个体行动策略,以获得更高的行动利益。当然二元产权主体所获得制度分配利益与其公司类型紧密相关,但不论怎样,如果二元产权主体制度收益分配向量不同,就会产生冲突,此时物质资本产权主体常常会亮出"规则惯例"之"利剑",对人力资本产权主体进行"镇压",而人力资本产权主体往往借助所有者拥有天然属性的人力资本(智力与体力),采取偷懒、欺骗、"逆向选择""败德行为",以达到扩大自身行动利益的目的,于是二者互动冲突便油然而生,在"马态效应"的作用下,形成令人恐惧的"梦魇"。

[①] Viktor J. Vanberg, Rules and Choice in Economics, Routledge London and New York, 1994, p.55.

3.2 公司治理秩序演进之二元产权互动"梦魇"的化解

公司治理秩序演进中,二元产权主体秩序利益分配冲突不可避免,事实上,公司治理秩序是伴随着冲突的此消彼长而不断演进的,没有二者的冲突,也就没有持续演进的动力。笔者在本书中所关心并不是如何避免二者的冲突,而是如何提供秩序演进轨迹的适宜性引导,实现二元产权主体行动利益与惯例利益的一致,化解二元产权主体互动的"梦魇",实现公司治理秩序可持续演进的"健康态"均衡。

3.2.1 二元产权互动"梦魇"化解轨迹的再思考

就实现行动利益与惯例利益的一致问题,大家熟知的两种基本轨迹,分别是霍布斯提出的社会秩序理论和休谟、斯密等苏格兰道德哲学家们提出的社会秩序理论。第一种路径中,霍布斯在其社会学说中主张一致同意惯例利益的人们,就可以更理性地选择并调整社会结构,从而使个人的惯例利益和行动利益相统一,而这个观念在洛克的《政府论》中所论述的政治社会的起源,以及卢梭在《社会契约论》中所主张的社会公约与政府建立中均有反映;用博弈论的观点来看,正是通过设计有意改变囚徒困境的支付矩阵,达到了个人理性和团体理性的统一。用霍布斯的话来说,个人惯例与行动利益的一致是个人实现其惯例利益,面对存在的问题,改变环境以协调相互间利益的理性能力的结果。也就是说,人们通过集体行动,构建一定的制度和安排,从而实现这种惯例和行动利益的一致。而在第二种路径中的苏格兰道德哲学家们看来,在个人的社会作用过程中有一种自发的力量,借助"看不见的手",会使得个人惯例与行动利益自动实现一致。这一路径关注两种利益间非有意的联系,认为遵从一般惯例规则,是一种人们在追求自己个人行动利益过程中的一个非有意的结果,也就是说人们并不存在惯例利益偏好。这正是哈耶克所提倡的"自发秩序传统"的核心。这两种路径或原则,即看不见的手和惯例建构可以是互补的,而非对立的。正如休谟在《人性论》中讨论正义与财产权的起源时,引用了一

3 二元产权视角下公司治理秩序演进的"梦魇"与"反思"

条船上两个人划桨的例子,说明划桨者协调各自行动的方式,也可以用于解释人们形成和尊重产权并遵从正义规则的情形,以及他列举道路规则来说明在任何存在个人相互作用的情形中,规则都是必要的,而且这些规则都是自发生成的。休谟列举的这些例子都是协调类型的规则问题,在这种规则下,行动利益和惯例利益是一致的。协调类型的规则作为一种"公共产品",几乎不存在"搭便车问题",因为个人违背规则并不能获得额外的利益,因而也没有违背规则的激励。这里笔者要强调一点,休谟所谈到的协调规则对于参与主体并没有制度分配上的差别。而在解决"囚徒困境"问题时,可将其分为两部分,一部分囚徒困境类型的合作问题可以通过私人秩序来解决,如运用博弈中的"针锋相对"策略,达到合作,形成社会秩序,但是这种个人自发形成的方式仅适用于有限范围之内。对于私人秩序无法解决的惯例利益和行动利益存在冲突的囚徒困境类型问题,当个体之间惯例利益达成一致时,将形成关于社会博弈的共同信念,于是通过集体行动,理性地建构和修正社会结构或制度安排,以便使得个人的惯例利益与行动利益一致,实现个体惯例利益。读到此处,大家可能已经深刻感受到,两大路径的互补性如此精妙地化解了秩序演进的两大问题——"协议问题"与"囚徒困境"问题。笔者也有同感,关于这两种路径的论述确实极为经典,但经典的前提假设却引发了笔者的思考,如果仔细回味这两种路径,其前后隐藏着一个共同的假设条件:协议力量对等的利益主体,基于集体利益实现的准则,并在该准则驱动下,化解了"协调问题"与"囚徒困境"问题。此时,有一个问题萦绕在笔者脑海中,如果二元产权主体选择的秩序,不一定有利于集体利益的实现,或者说,以制度差别性利益为前提,即秩序的收益分配在成员间不是平等的,例如现实中,二元产权主体的公司地位不同,其协议力量不对等,当出现多重"不对等"时,以上两大路径,还能够解决"协调问题"与"囚徒困境"问题吗?笔者认为这样的思考是有现实意义的。结合本书,公司治理秩序演进过程中的二元产权主体对弈将经常面对是这种多重的"不对等"。下面笔者希望通过比较视角,对公司二元产权主体互动不对等模式加以分析。

3.2.2 二元产权互动不对等模式的比较性分析

二元产权互动参照系空间存在诸多分类，因此合理选择参照系空间，直接决定了本书的研究是否具有普适性与通用性。在此处，笔者将以二元产权互动的两种极端活动场域为参照系，这两种极端的互动场域分别为家族性互动（历史信息）与市场交易性互动（价值信息），由于家族与市场这两种不同的持续结构所需要信息之间是不相关的，将其视为二维坐标系的纵轴与横轴，能够更加清晰说明社会空间中的二元产权互动状况与形式。也就是说二元产权互动介于二者之间，可以表现为二元产权互动同时起源于其家族式互动和市场式互动，其既具备市场性，也具备家族性。在公司中，二元产权互动的市场性质可以体现为二元产权主体为了谋求最大利润，而减少交易耗费；又或者利用资产实现股权之间的分散性交易，以实现角色转换和激励；又或者利用劳动力市场，双方进行相互委托—代理以达成对彼此的"互诺"。而二元产权互动的家族性则表现为利益相关者如"血缘关系"般密切的利益共同体的构成，而其中的利益共同体则是指公司通过投资一种专用性资产（物质与智力），而与公司经营产生利益收益关联的经济主体。现代公司的主要利益相关者包括公司、债权人、管理人才以及员工，其中二元产权主体为公司内专门化资产的重要投入者，当他们共同享有对专门化资产的完全产权时，便共同签约并成立了公司。利益相关者参加和制约公司运营活动的根据，也就是投资于专门化资产的多寡及其资本所承担风险的严重程度，在公司二元产权主体对弈过程中，产权主体投入的资产专用性越高，承担的风险越大，获取信息（历史信息与价值信息）越充分，他们所得到的企业剩余索取权和剩余控制权就越大。市场性维度与家族性维度为二元产权主体在公司治理过程中的互动提供了二维坐标系，笔者将在这个二维坐标系中，对二元产权公司治理过程的互动模式作比较性分析。为体现二维空间中（家族性与市场性）二元产权主体互动推动公司治理秩序演进的连续性，研究样本选择的典型性尤为重要。这里笔者以演进时间为依据，选取了三个样本：美国家族公司治理模型、日本家族公司治理模型、东南亚家族公司（以韩国为例）治理模式。以此为基础运用比较性思维，分析世界家族企业由股权集中治理模式，渐进过渡为股权市场化分散治理模式路径选择的差异,透视现代公司治理秩序中二元产权主体互动地位的不对等的表现形态。

3.2.2.1 美国家族公司治理模式[①]

家族企业基本特点为保持家族对公司的最终控制力,在美国,家族企业保持了该特点的同时,也建立了严格的公司治理模式,即外部监控模式,并日益完善、逐步形成了美国家族企业中典型的管理模式。美国公司在19世纪40年代之前,多以业主制和合伙制企业为主要形式,公司老板通常是主要经营者,而老板则与管理者同为一个人,并进行了高度的个人管理。1840年后,专门的管理人才首次出现在美国的铁路公司里,而个人管理工作也逐步被官僚管理工作所代替,开始产生了管理层级制,并在实践中得到了快速发展。直到1860年,全美大部分地区都通过了普通公司法,但随着股份公司形式的企业数量的日益增多,业主制和合伙制形式的公司数量也在日益减少。自19世纪70年代起,公司的纵向一体化与横向一体化运动在美国蓬勃发展,股份公司组织形态在现代公司兼并过程中表现出了极大的优势。

20世纪20年代以前,"资本雇佣劳动"类型的单边管理模式曾作为美国公司内部治理架构的典型代表,这种单边管理模式在业主制和合伙制公司中体现得尤为明显,当然股份制企业也包括在其中。公司的主人为出资人,掌握公司的管理权,在公司的生产经营活动中,出资者作出决定,从而获取公司的一切剩余。企业管理者和普通员工都是人力资本拥有者,他们可以受聘于物质资本拥有者,并作为企业的主要员工实施出资人的生产经营管理决定。20世纪20年代以后的数十年里,美国公司内部开始了所谓的"经理革命",导致美国公司内部管理架构的重大变革。分散的股份导致股东对公司的控制权被大幅降低,经理人员开始掌握公司的管理权,成为公司的实际控制者,此时经理人员实际掌握着部分公司的剩余索取权。物质资本所有者或者采用分红的方法介入公司剩余分享过程当中,或者在证券市场上采取"用脚投票"方式进行股权约束。美国辉瑞制药公司在1952年发布了一个管理人才(职业经理)股份期权计划,从这以后,为

[①] 曾向东:《中国家族企业发展研究》,东南大学出版社2009年版,第116~117页。

了鼓励公司管理人才（职业经理），美国政府开始实施股份期权计划。在这一时期，大公司也开始更加注重普通员工，而相较管理人才（职业经理），其受关注程度也相差悬殊。美国政府在1935年，通过了国家的劳资关系立法，在此时，美国公司劳工取得了组建他们工会的权力，并请求公司允许集体协商。在60年代，路易斯·凯尔索提出了"职工持股计划"，并于70年代有所进展。这些对人力资本拥有者的鼓励策略，促使管理人才（职业经理）掌握了部分公司所有权，进而大大降低了公司的代理成本费用，解决了信息不对称条件下形成的代理问题，而在实际上，公司出资人和经理人之间仍然是委托和代理的关系，公司的出资人是其天经地义的所有者，这一传统意识仍未改变。管理人员作为代理人在其运营过程中，要每时每刻以实现公司的收益最大化为基本目标，对股东负责。

20世纪80年代末，全美公司的治理架构也出现了变化，其中美国29个州在最新颁布公司法中，都规定了企业职业经理并不只对公司股东负责，也为公司股东服务，同时还要对其他如劳动者（员工与管理人才）和债权人等利益相关者负责。公司法的重大变化也是美国公司治理架构演进的重要结果与体现。而进入了90年代，公司的利益相关者共同治理模式也成为全美公司治理架构发展的主要趋势。大量的人力资本拥有者，主要是管理人才和普通职工开始分享部分企业所有权，如401k规划、423规划、股份期权规划、员工持股计划、股份奖励规划、利润共享规划和其他的奖励机制，管理人才和普通职工开始更多地分享部分公司剩余所取权，掌握了更多的话语权。

3.2.2.2 日本家族公司治理模式[①]

以保护利益相关者权益的管理思想和社会人本主义的融合为基点，日本家族企业建立了利润导向的多元化的利益关联主体的治理模式，即企业内部监控型的治理模式。表现为公司经营在家族严格控制下，形成了浓厚的家族色彩，在日本，公司经营虽然最初是由业主制和合伙人关系所组成，但企业制度随工业化发展进程而不断变化。

19世纪70年代，一批非正式的股份有限公司诞生于日本，而法制又是

[①] 曾向东：《中国家族企业发展研究》，东南大学出版社2009年版，第117~119页。

股份公司设立的主要保证，日本政府于1893年制定的《普通公司法》以及1899年生效的《商法》，都从制度层面上推动了本国股份公司的发展。进入20世纪，日本也开始出现了财阀等多元化经营方式的企业，甚至发生了更大规模企业之间的合并，可以说在20世纪最初的几十年，日本财阀在市场经济中起到了强有力的作用。第一次世界大战之前，"资本雇佣劳动"式单边管理方式成为日本公司管理的经典方式，公司产权由物质资本所有者拥有。具有人力资本的管理人才和普通员工根据所签订的合同为公司所有者服务，并频繁地在不同的公司之间自由流动，以获取更高的工资和更好的就业机会。两次世界大战期间，所有权和经营权的分离现象发生在日本公司当中，通过各种行政总裁的身份，非家族成员以外的职业管理者开始掌控公司的主要实权，日本公司治理架构出现了变革，但程度不如美国。在一战之后，由于熟练劳工的连续性短缺问题，他们一方面想要寻求到更多的娴熟劳动者为之工作，另一方面又想要保持和提升这批娴熟劳动者们对公司的忠诚度，所以长期雇佣和以年功为依据的薪酬与晋升制度，已经成为一些大公司所有者们达成目标的主要手段，而小企业的劳动者则还未能得到相应的福利。

第二次世界大战以后，在美国的直接操控下，日本政府实现了旧制度向新体制的过渡。20世纪40年代中后期，日本政府开始逐步解散财阀，到战后初期，财阀家族所拥有的大量股票都被政府勒令拍卖，因为在战后日本社会还没有接受这种股票的力量，其后果就是由企业法人持有了这些股票。50年代初期，为了避免公司被美国等海外资本接管和吞并，日本政府开始普遍实施"稳定股东工作"，在上述举措推动下，日本企业法人相互持股机制逐步建立。在此制度下，二战后的日本公司的管理架构，更类似于由利益相关者共同管理，日本公司的管理人才和雇员也受到了关注，职业经理开始在公司中获得主导地位，企业雇员也得到了以年功序列制为基础的升职和工资等利益奖励，而在终身聘用员工的条件下，许多日本公司到了退休前仍会维持聘用人员协议，而劳动者则获得了更多的掌控权，为了企业雇员和其他利益相关者的权益，公司管理者们甚至声称可以牺牲股东们的权益。日本企业董事由内部产生的方式为普通员工提供了晋升通道。在日本，公司的董事大多由内部董事组成，而董事一般是经过长期考核和企业内部招聘后，在日本公司中慢慢晋升出来的，也就是说在终身雇佣制和年功序列制度下，普通员工依靠自己的力量，完全可以成为企业董事。日本公司股票低分红政策为公司的持续成长提供了基石，与此同时，公司为普通员工提供如住宅、医院、度假住宿等全方位福利，让一般员工可以参与分享公司剩余。

3.2.2.3 东亚、东南亚家族公司治理模式[①]

韩国、新加坡等东亚、东南亚新型工业化发达国家已经确立了以家族为代表，以控股股东主权模式为基础的公司治理模式，而这种治理模式也是在传统儒家家族主义影响下所产生，家族直接掌控着公司发展是东亚及东南亚企业治理模式的主要特征。在这种公司治理模式下，家族集中控制着企业的所有权，其家庭成员也在企业中履行一定的职责，应该说明东亚及东南亚家族公司治理模式中在相当程度上也存在着企业的内部管理。东亚及东南亚家族企业中股权多集中在家庭成员手中，股东家族化趋势很明显，在公司事务中股东有着极大的支配能力，而经营者则主要承担着具体实施的职责。企业多采取由大股东个人决定和家庭成员集体决定的方法，这样即使东亚及东南亚家族企业资产负债率比较高，但外部债权人也无法对公司施加很大影响，这一点显著区别于日本模式中的银行债权人对公司的作用与影响。东亚及东南亚家族公司治理模型中家族成员以企业的长远目标为首，其所展现出的敬业精神也是该模式突出优势，对于其中的上市企业，在股票市场的制约下，就可以做到对企业信息的完全公开。当然，家族管理公司中所产生的个人独裁、滥用家庭成员、排斥专业经理人等现象也暴露出该模式的弊病，尤其是伴随公司规模的扩大以及管理过程复杂程度的增加，家族控制与管理企业难免会捉襟见肘。

韩国是该种模式中最具代表性的国家。在韩国的家族企业中，即使是股权已多元化的大企业，当家族以外其他公司投资家族企业时，家族成员依旧继续控制公司所有权。实际上，在韩国家族成员创业之初，其原始财产权即属于创业和参加创业的兄弟姐妹或堂兄弟姐妹，这将为以血统、姻缘和亲戚关系为纽带的家族成员共同拥有公司提供保证。受儒家思想的影

---

① 曾向东：《中国家族企业发展研究》，东南大学出版社2009年版，第119~120页。

响,家族中的父母及公司创始人在公司拥有最后决策权,如建立新公司、开发新业务、人员任免、选择公司的领导人等关系到企业未来命运等重大事件中,家长或企业创办者的决策地位不可动摇。公司的运营控制权虽掌握在诸多家族成员手里,但其投资决策却必须获得家长及公司创办者的认可。家族企业经营者对公司责任感是建立在家族利益与亲情基础之上的,相较非家族式的企业经营者来说,有很大的激励意义,这同时也会降低家族经营者的道德风险和利己主义,所以没有必要使用更严格的管理体系对经营者加以监管和制约,但家族经营者所承担的巨大压力成为家族企业解体的最大隐患。

很明显,虽然韩国的家族企业治理模式在一定程度上推动了其成长,但其在管理架构上出现的问题也同时限制了公司的发展,并由此引发了家族企业的管理危机。亚洲金融危机爆发后,韩国为了降低企业家族式管理程度,于1998年出台新经济政策以改革大财团的经营架构、规范大财团经营管理方式,使企业在脱离家族完全控制的同时,推动了韩国家族企业管理制度的改革。如在家族式内部治理方面:严格控制家族企业的规模,控制大财团的控股公司数量,只容许其持有3~6个控股公司,以改变家族内无限延伸治理,实现家族企业的集中化管理。建立制度保障小股东权益,第一,政府将通过减少股东参与公司管理的股权数量,以实现更多小股东积极参与企业管理;第二,董事会累积投票制的推行以及公司股东诉案的受理;第三,增加公司管理的透明度。韩国政府要求公司明确股权结构的同时,吸纳家族外优秀管理者积极参与公司管理工作,提高家族公司的管理水平,做到经营者和所有者分离。引入了外部董事监管机制,以保障内部股东权益。而在家族企业外部治理方面:韩国通过修订《破产法》,以简化公司重组和破产立案的司法流程,并提高家族企业的市场约束力。通过修改外国人直接投资法,逐步放开了企业产权市场,从而使多种形式的兼并连同敌意接管和外资接管合规化;加大了银行金融机构对家族企业的监管力度,逐步解除政府部门过去在信贷、投资等方面给大公司的优惠,实现了金融服务自由化、民营化;启动了内部交易司法案件处理程序,进一步完善了企业交易司法案件的管理机制,并引入了司法程序,对参与企业违法交易活动的家族商社会长追责。

3.2.2.4 公司中二元产权不对等势力差异的解析

相比三国家族公司治理的共同性，笔者更加关心它们的差异性。不难发现，公司中二元产权博弈势力长期处于不均等的状态，且二者之间相对势力也在发生着改变。从股权结构上来看：这三类模式下的家族一直以来都维持着对公司的高度控制力，为了实现对家族公司的最高控制力而采取的手段也多种多样：美国通过分散股份来实现，日本则通过股权高度集中来实现，韩国通过交叉持股来实现。三国相比较，美国的商品市场、资本市场、经理市场发育时间较长，比较成熟，政府又很少干预，市场机制在配置资源过程中起到了重要作用，发达的市场促进了企业股权的分散，因此即便降低美国家族企业的持股比例，也不会威胁家族对企业的控制权。日本与美国不同，作为起步较晚的发达国家，意在通过政府的力量，加速经济的发展，以缩小与美国的差距。在日本市场经济发展中，银行制度也起到了很大的促进作用，行政干涉加上银行助力，导致日本证券市场的发育先天不足，其后果主要体现为被强行分散的家族企业股份，因为缺少了外部环境的保障，又迅速地聚集在家族手里。韩国的很多家族企业，主要采取了发行各种股票、交叉持股、金字塔式控制等方法，以提高家族企业的控股水平。与此同时，上述三种模式下的家族企业也都采取了不同方法，以利用职业管理资源不同程度地参与公司管理过程。美国的家族企业，采取从经理人市场直接引进，而日本则主要通过企业内部选拔和经理市场并举方式引进职业经理人，韩国家族企业则以家族范畴的不断泛化，引进了外部优秀的管理人才。[①]

基于三国家族公司治理模式的差异性分析，笔者在这里作出以下假设：第一，基于制度差异性利益协调理念，同一产业与同一行业中，美国与韩国公司中二元产权互动制度利益分配差异性较大，也就是说美国与韩国公司中二元产权主体的利益冲突较大。第二，比较美国家族公司与韩国家族公司，韩国公司家族控股能力较强，使得历史信息主导二元产权主体互动弈局，弈局中能获取历史信息能力较强的产权主体，在博弈中处于强势地位。而美国家族公司不同，股权分散，家族控制力相对较弱，价值信

---

① 曾向东：《中国家族企业发展研究》，东南大学出版社2009年版，第121~122页。

息主导了二元产权主体的博弈，弈局中获取价值信息能力较强的产权主体，易成为博弈中的强势主体，得到更多的制度性收益。在这里，笔者将制度利益分为惯例利益与行动利益二维向量。注意，这里的惯例利益强调的是产权主体选择惯例，而不是惯例驱动产权主体，这是基于两种不同的理念，前者是理性选择行为，而后者是准则驱动行为，必须将其区分。二元产权博弈过程中，获取历史信息能力强的一方往往以选择惯例，获取利益为主，而获取市场价值信息能力强的一方往往以选择个体行动，获取行动利益为主。

在习俗性物质资本产权确认过程中可以看到，物质产权主体更加偏向于历史信息的获取，并逐渐提升自身对历史信息的获取与分析能力（这里笔者并不否认，物质资本产权主体也会去获取价值信息，但是当出现利益冲突时，物质资本产权主体多借助历史信息，采取选择惯例的方式，以获取惯例利益）；相反，人力资本产权主体的所有者由于其自身高速折旧等特征，更加偏向于选择获取价值信息（这里笔者更加不否认人力资本产权主体也具有历史信息获取能力，但与物质资本产权主体相比较，其时间性、连续性都不显著，当出现利益冲突时，人力资本产权主体多借助市场价值信息，获取行动利益）。这里面就会出现前文提到的问题：惯例利益与行动利益的一致性问题。回归到前面的论述中，在韩国家族公司中，物质资本产权主体处于协议强势地位，并通过占有较多的历史信息，获取较高的治理秩序收益。而在美国，股权较为分散，公司中人力资本产权主体处于协议强势地位，并通过占有较多的价值信息，获取较高的治理秩序收益。两种情况下二元产权主体惯例利益与行动利益都很难达成一致。更为严重的问题是，如果考虑到二元产权主体均具备两类信息获取能力，均可获取惯例利益与行动利益，此时，二元产权主体的总收益为综合历史信息与价值信息而形成的合利益，此时二元产权主体最终得到的制度收益向量很可能存在夹角，如图3.3，使得制度收益并不在一个方向上，必然导致制度利益合成的损失。图3.2比较直观地显示出该问题，纵坐标为家族倾向，博弈过程制度收益以历史信息获取与判断为主，获取惯例利益，横坐标为市场倾向，博弈过程中制度收益以市场价值收益信息获取与判断为主，从图中可以看到，美国家族公司与韩国家族公司二元产权主体制度收益分配

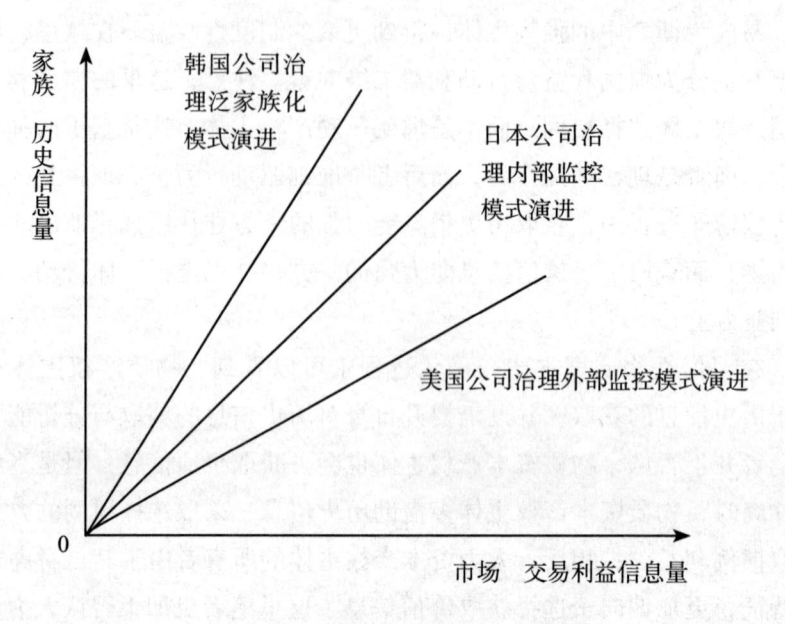

图3.2 典型国家公司治理模式的比较

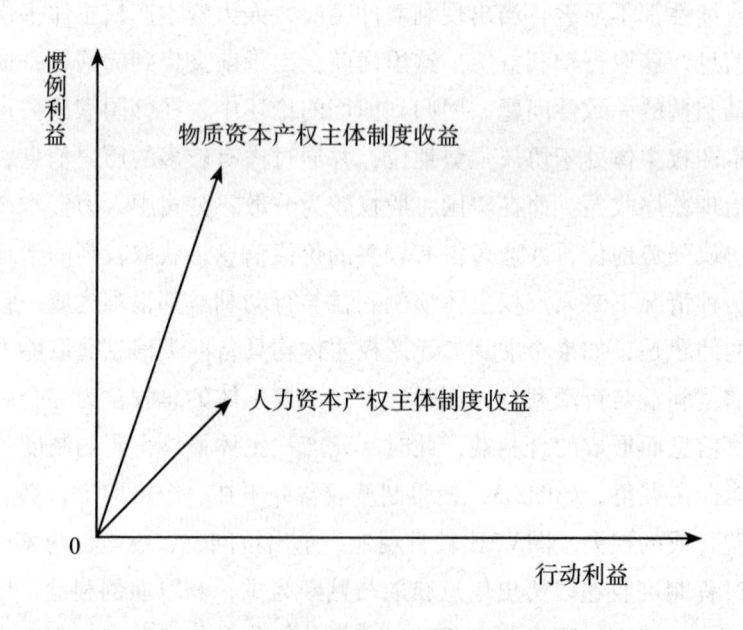

图3.3 二元产权主体制度收益向量

差别都比较大,而博弈中协议优势方是截然不同的。笔者在此要强调三个问题;第一个问题,协议态势、制度收益与获取信息的能力是正相关,其原因在下一节会详细论述;第二个问题,二元产权主体采取策略时,它们都会结合其获取的历史性信息与市场价值信息,得到惯例利益与行动利益的合成利益,但由于二元产权主体对两类信息获取能力、偏好或者本身占有水平不同,不仅会导致它们制度利益分配多少的差异,而且会导致制度收益向量的不一致性;第三个问题,我们所论述的人力资本产权主体在制度互弈中为强势,是指其协议力量。特别指出,二元产权主体博弈的本质为人力资本产权的对弈,因为物是不会说话的,因此,即使是物质资本产权主体,笔者描述的也是人格化的物质资本产权的协议力量与制度收益。

3.2.3 二元产权互动"梦魇"化解的机理

3.2.3.1 秩序预期的形成:信息与制裁[①]

秩序预期的形成是化解二元产权主体互动冲突的关键。秩序通过建立预期来影响主体的策略决策。它们可以利用以下两种机制来实现这一目的:信息与制裁。信息机制的产生决定于秩序供给的信息内容和对于进行策略选择所需要的预期结果之间的相互关联。而秩序通过供给关于另一个博弈者抉择的信息内容,才能进入策略计算状态。如果存在着一个秩序平衡——秩序构成行动人对于达到平衡后果的考虑——那么,行动人也就具有了对于他人行动预测的理性基础。而有序供给的信息内容将帮助行动人建立期望,而这个期望,是在知道他人行动的情形下,为了作出使行动人报偿最大化的决定时所需要的。所以,秩序产生的具体机理,就包括关于信息影响其他行为人行为概率的方式。诸多社会秩序都通过提供关于其他人未来行动的信息,从而构成了社会交互以减少行动人在博弈中所遇到的不确定性。社会秩序所提供的这种信息,为在这种社会互动中的任何行动人提供了可以自由选择的决策预期。而他人行动的概率分布则直接影响策略行动人所可能的行动组合,并同时约束将会产生行动人偏好后果的决策。

当然信息机制并不能消除所有不确定性。因此非正式的限制也常常因

[①] [美]杰克·奈特:《制度与社会冲突》,周伟林译,上海人民出版社2009年版,第57~62页。

此产生，并扩大了这种约束的力量。首先，社会在分享关于这种秩序的有关知识时可能存在错误，这或许是由部分社会成员缺少关于这种秩序的正确认识而导致的，也可能是由于对制度的不同认识所造成的。在这样的情形下，人们会预期发生违规的情况，并同时引发了指责。其次，当社会秩序直接影响社会生活成果的收益分享时，一些行动人或许要改造这种社会秩序。而修改这种规定的力量，始于个别或团体的违规行为，这将引起所有在秩序中获利的行为人的抗议。以上两种解释中，前者将引起对违规的总体惩罚，而后者将引起对不符合某些制度规范的特定惩罚。非正式惩罚的主要功能是降低个人不遵守规则行为的价值，这是一种类似于在外部实施制度的机制。策略行为人在采取行动时，必须考虑外部的实施制度或规则，而此时制裁被视为采取某种对策的成本，因此通常会改变行为人可选择对策的排列次序。负的惩罚（奖励）被作为执行特定对策的奖赏，而这个外部实施机制也会影响行为人的对策。外部的制度或规则增加了确保遵守规则的另一种机制：源自第三方实施者的制裁威胁。虽然这些行动主体的潜在行为形式多样，不过，它有助于策略行为者计算预期效应，可概括为以下两大功能。第一，它们对使用某些策略进行了限制。第二，它们可以直接为特定种类的后果设定相应的奖励。正是利用了这种方式，它们改善了行为人本身对某些后果的评价，也带来了建立有关其他人的预期所需的额外信息。

3.2.3.2 分配优势：二元产权主体策略选择标准[①]

社会行为人可以利用信息和制裁机制，获取与对方互动的预期所需要的信息。在这种预期的基础上，他们进行了认为将会最大化自身个人利益的决策。如此，秩序直接影响了策略选择，也因而直接影响了社会结果。在这里，秩序通过提供关于另一个博弈者选择的信息，进入策略计算之中。如果存在着某种秩序均衡结果——秩序构建行为人对于实现均衡结果的选择——则行为人也就建立基于对他人行为预期的理性基础。

其实，自利的行为人意在通过秩序安排，把他们当成特定的人而加以偏袒，所以，他们也会倾向于限制互动中对方的行为。也就是说，他们

---

① ［美］杰克·奈特：《制度与社会冲突》，周伟林译，上海人民出版社2009年版，第65～66页。

想要采取某种方法来构建其他人的社会选择,让所形成的社会结果使他们更具有利益分配优势。社会秩序成功建立与改变的关键,就取决于行为人具备通过决策的合理性,实现遵守这类限制的能力。凡是秩序均有限制作用,所以策略行为人一般都喜欢一个会形成有利分配后果的自我实施的秩序均衡。自我实施秩序的实现机理,主要取决于策略行为人对其他行为人的共同期望,通过获取关于互动对方行为的共同期望,来选择自身最好的行动策略。如果想要利用自我实施秩序影响别人,唯有通过影响对方的未来预期才能实现这一步。为影响未来预期,人们就需要通过对未来行为作出承诺来实现自身约束能力。在多重均衡的案例里,假设博弈者A所倾向的是自我实施规则,那他就需要寻找一种承诺策略R的方法。假设博弈者A能让这种约定更加令人信服,那么博弈者B的理性行动将是遵循规定的首选策略L。使这些诺言更加可信的方式有很多,但是它们具有共同的特点,就是要求人们约束自身的言行。但是在不能引入诺言未履行时能够采取惩罚行为的第三方,约束自身言行的许诺是不能有一个好结局的。此时引入制裁机制十分必要,当均衡的社会稳定性遭遇行为人的联合挑衅时,制裁机制可以提高破坏稳定均衡行为人的预期成本,限制其行为方式,以保证策略均衡的稳定性,实现彼此利益的一致性。

3.2.3.3 公司治理秩序预期效应形成的对策比较

公司治理秩序通过提供充足高效的信息与可能的制裁方式形成预期效应,进而实现二元产权主体互动策略的一致。就公司治理秩序预期效应形成的对策而言,《公司法剖析》一书以比较与功能的视角,给予笔者启发性的思路与框架。本书中介绍公司法的两个功能:第一,制定公司组织架构及其支持该架构所需要的相关调整规则;第二,管理公司成员,主要是协调公司内部人(控股股东与企业高级管理人员)与外部人(小股东或是债权人)相互之间的利益矛盾。这种利益矛盾一般都具有经济学家们所说的"代理问题"或者说"委托—代理问题"的特征,在任何一方当事人(代理方)允诺向另一方当事人(委托方)承担一定义务的代理关系中,均会出现代理问题。困境的核心内容就是:因为从对某一关联事情的信息占有来说,代理人总是占据比委托人更为优势的地位,结果是代理方也就有动力采取机会主义行动，[1]要么降低其履行义务的质量，要么把许诺给委托人的收益占为己有。相反，这就等于：要么代理方变本加厉地减少了其履行合同义务的价值；要么委托人为了保证履行义务的品质，而负担了督促代理方的高额成本费用。[2]法律在减少代理成本方面可以起到积极的效果，提升了代理方信息公开程度，以及便利了被代理人对不守信和疏忽大意的代理方提起民事诉讼的法律规范和程序。[3]从上面的论述中，不难发现，公司治理秩序演进直至制度化的过程，其核心在于确立公司组织结构的基础上，通过信息披露与简化的制裁程序，化解公司中存在的多重委托—代理问题。《公司法剖析》著作中所提出化解委托—代理问题的思路与笔者运用制度分配理论，化解二元产权主体互动冲突之间形成一种契合。这个"契合点"就在于主体——委托方与代理方——之间协议力量的不对等性。

《公司法剖析》在解决代理问题时所提出的"法律对策"，是指利用实体法律规范以舒缓委托人在代理方机会主义活动当中处于弱势的基本办法。这种法律措施应该一分为二，书中称为"规制型策略"与"治理型策略"。法律规制型策略具备一定规范性，该种策略通常需要确立一定的法律实体规范，以调节代理人与委任人关系的基本内容，或是代理关系设立和终止。反之，治理型策略则构建在代理关系中特定的层级和隶属关系的基础上。该种对策意在提高委托方的权力、重塑代理方的利益动机，进而达到间接维护委托方的目的。本书从事前与事后的两种角度，对"规制型策略"与"治理型策略"加以划分如图3.4。[4]

---

[1] 这里所说的"机会主义"是借用奥利弗·威廉姆森的用法，是指涉及欺诈、虚假陈述和恶意等因素的自私自利行为。参见: Oliver Williamson, The Economic Institutions of Capitalism, 1985: 47-49.

[2] 参见: Steven Ross, The Economic Theory of Agency: The Principal's Problem, 63 American Economic Review, 1973: 134; John W. Pratt and Richard J. Zeck-hauser (Eds.), Principals and Agents: The Structure of Business, 1984; Paul Milgrom and John Roberts, Economics, Organization and Management, 1992.

[3] [美]莱纳·克拉克曼等:《公司法剖析:比较与功能的视角》，刘俊海、徐海燕等译，北京大学出版社2007年版，第21~26页。

[4] [美]莱纳·克拉克曼等:《公司法剖析:比较与功能的视角》，刘俊海、徐海燕等译，北京大学出版社2007年版，第21~26页。

3 二元产权视角下公司治理秩序演进的"梦魇"与"反思"

	规制型策略		治理型策略		
	代理人约束策略	从属条件	任免策略	决策策略	代理人激励策略
事前	规则	准入	选任	提议	信托
事后	标准	退出	罢免	否决	奖励

图3.4 保护委托人的策略

这个分析结果仅仅揭示了如下事实:一半对策将在代理人开始实施代理行动以前生效,而另一半对策则将在代理人开始实施代理行动以后,根据代理人行动的质量做出积极响应(起码是潜在性的)。将"规制型策略"与"治理型策略"作为事前或事后的法律概念比较时,通常能够发现如下事实:一种法律的规范能够直截了当地限制某种自我交易的活动,但一个标准则是需要在事后来评估对某类交易活动是否公平的规范。比如,在规制型策略所设定的交易市场准入和已出条款中,其市场准入策略(如强制性信息发布)明文规定了代理方在与委托人方接触以前应当采取的行动,而市场退出机制(如异议股份买取请求权)则明文规定了代理方应当在代理活动的质量被公布以后才予以响应。同样,在治理型策略中的"选任"与"罢免"决策中,被代理人能够在事前委任代理人,同时也能筛选忠良;而如果被代理人能够在事后撤换代理方,就能够惩罚奸佞。《公司法剖析》一书中提到的规制型事前和事后策略中的规则和标准、准入和退出,治理型策略的事前和事后决策中的选任和罢免、提议和否决、信托和奖励(负制裁),与本书谈到的理性选择理论中,所论述的制度预期形成必须的信息机制(事前)和制裁机制(事后)相互间具有一定对应关系。[①]

著作《公司法剖析》中指出,公司法许多内容由默示性的法律规定所组成。在这种意义上,公司法提供了可资当事人自由选择的基本定式合同。现代法律中提出的基本定型契约合同的常见优点是,简化了各方当事人的缔约流程,当事人之间只需将其变更的基本定式合同内容进行规定即可。在实现这一功能方面,如果公司法中的默示性规定最能合理地表达当

---

① [美]莱纳·克拉克曼等:《公司法剖析:比较与功能的视角》,刘俊海、徐海燕等译,北京大学出版社2007年版,第27~33页。

事人自己经常选择的合同条款，那么其功能效果就最好。当然，任意性规范也可以起到保护和信息公开的功能。起到这一功能的规范，可以不是消息最灵通的当事人通常愿意选择的规范，或者只是施加给最有机会垄断交易信息当事人的"默示惩罚"。这种规则的主要目的是促使双方当事人为避免承担更不利的默示结果而公开其垄断信息，从而引导双方采取更明示的缔约行动以达到更优于相反情形下的目标。[①]举例来说，允许法院在公司资产明显不足的情形下撕破公司法人面纱的规定，也可以被认为创设一项默示性处罚。因此，净股本较少的企业有动力在订立契约之初就向债权人详细报告这一事情，但知情的债权人却按照法律禁止反言的法理再也不能主张否定公司的法人资格，并要求股东对债权人负有连带责任。[②]

公司法强制性规定的理论依据是，或者是因为在这些当事人之间经常信息流通不畅的情形下而遭受榨取，或者是第三方的权益有可能遭到损害，又或者是因集体行动问题而有可能造成无效果甚至不公正的契约条款等。但强制规定并不仅仅发挥法律规范功效。在某些情形下，强制规定还能够通过帮助公司或当事人对外公布所提交的要约条款，从而使之受到法律约束以促进契约的平等。法律上达到这一目的的主要手段，是创造在某种程度上具备非灵活性的公司形式，从而容许当事人可以在不同的公司形式中选择。变通形式可以分为以下两个方面：第一，一国公司法应该规定菜单式不同的定式主体，以供当事人在设立公司时选择；第二，即就某特定类型的公司形式（如上市公司）来说，它也应该容许企业家和经营者可以在公司法规范当中进行选择。笔者认为公司法的强制性规范是为提供给二元产权主体互动更加自由与广泛的任意性与默示性空间而服务的。[③]

[①] 可参见：Ian Ayres and Robert Gertner, Filling Gaps in Incomplete Contracts: An Economic Theory of Default Rules, 99 Yale Law Journal 87 (1989).

[②] ［美］莱纳·克拉克曼等：《公司法剖析：比较与功能的视角》，刘俊海、徐海燕等译，北京大学出版社2007年版，第35页。
可参见：Ayres, Making A Difference: The Contractual Contribution of Easterbrook and Fischel, 59 University of Chicago Law Review 1391, 1397 (1992).

[③] ［美］莱纳·克拉克曼等：《公司法剖析：比较与功能的视角》，刘俊海、徐海燕等译，北京大学出版社2007年版，第36页。

3　二元产权视角下公司治理秩序演进的"梦魇"与"反思"

当然《公司法剖析》这部著作论述也存在一定的不足之处,该著作中提出默示性法律规范与强制性法律规范是一种静态的规范,而没有揭示当"规制型策略"与"治理型策略"十大策略纳入两大规范后,在如此缜密的信息机制与制裁机制作用下,公司当事人或者是本书谈到的二元产权主体之间在协议力量不对等条件下,如何依据收益分配的博弈信息,保持现有两大规范的稳定性,并实现其演进的这一动态过程。这为本书的论述保留了一点空间,本书所论及的公司治理秩序演进中的二元产权主体互动策略,事实上是从连续动态角度诠释,①二元产权主体博弈过程中,在信息机制与制裁机制作用下如何作出个体策略选择,以实现分配利益的优势。不论怎样,《公司法剖析》这一著作为本书框架平台的搭建、观点的梳理,提供了极有价值的参考信息。

3.3　公司治理秩序演进路径的反思

3.3.1　公司治理秩序演进路径反思的源起

笔者对公司治理秩序演进路径的反思,最初源于精读蔡立东教授的《公司自治论》这本著作。该著作中,蔡立东教授反思与批判公司立法的理论立场和基本框架,解析企业制度实践中的根本矛盾和主要症结,并提出了理论的解决方案,总结公司制度生产逻辑,得出了公司制度从来就是人们自发行动的结果,而非国家建构的产物的结论。②蔡立东教授在谈及制度及其生成路径时,是以"不确定性"为切入点的。该书中有这样一段精辟的论述:"人类的生存和发展面临诸多不确定性,随着文明的发展和社会分工的细化,不确定性还呈现为不断递增的趋势。不确定性不仅来自我们无法控制、更无法战胜的自然界,而且也源源不断地产生于人类之间相互交往过程中的机会主义。如果对不确定不加以控制,人类就将始终生活在一个充满偶然性的、莫名其妙的世界中,惶惶不可终日的原生焦虑就会

---

① 《公司法剖析》静态描述了已制度化的公司治理秩序,在事前与事后的信息与制裁机制作用下,行为人如何作出策略选择,以实现秩序的分配优势。

② 蔡立东:《公司自治论》,北京大学出版社2006年版。

成为人们生活的常态。人际交往也将因信息、监督和执行等交易成本过高无法维系，人们将相互沦为他人机会主义行为的囚徒。果如此，人的任何努力都将因不可预料、不能控制因素的存在，变得毫无意义，人类也就可能无缘享受现代文明的福祉。在这个意义上，人类文明的进程可以理解为一个征服不确定性，而又不断为新发现或人类活动本身衍生的不确定性所困扰的过程，相应地，人类征服不确定性的手段和方式也必然呈现为一个不断进化的过程。"①

制度改革与机制改进的所有努力，都为了抑制在人际交往中产生的变数，目的就是人为地产生稳定性、促进可预见性、从而降低了现实世界的复杂化程度和对人类认知能力的需求水平，从而提高了人类适应生活的能力，而人类也因此能够避免遇到莫名的意外和无法正确解决的问题，并树立起掌控未来的支撑点，使社会主体间依赖性的相互交易变为了可能。书中提到，美国新制度经济学代表人物诺思的观点：制度改革是约束在追求财富或自身效用最优化中的个人行为时所产生的，通过交易实现财富或自身的效用最优化是专门化的结果。专业性增益与专业化成本增长的关系，不仅仅是经济史上结构变化的基本原因，同时也是现代政治经济绩效问题的核心内容。对自愿性组织实体的规模与控制结构必须作出实质性改革，以获取最大专业性增益而不会引致交易成本的随之增加。②化解不确定性，提高专业化增益，降低交易费用，为制度沿着进化论理性主义的路径生成提供了动力与支点。③基于此种思想，蔡立东教授总结公司制度生成路径中谈到："制度是确定当事方行为及其结果稳定联系的规则体系，其生成和维系的动力是当事方个人或群体追求专业化增益、节约交易费用的努力。具体言之，制度就是规范某一种关系的、作用与功能彼此联系的规则。由于彼此关联，可当成一个整体看待，形成规范体系，形成规章制度，即公司制度。"④从自组织内部观察，公司组织以公司制度的存在为前提，公司

---

① 蔡立东：《公司自治论》，北京大学出版社2006年版，第121页。
② [美]诺斯：《经济史上的结构与变迁》（中译本），陈郁、罗华平等译，商务印书馆1992年版，第195、203页。
③ 蔡立东：《公司自治论》，北京大学出版社2006年版，第121~122页。
④ 蔡立东：《公司自治论》，北京大学出版社2006年版，第122页。

3 二元产权视角下公司治理秩序演进的"梦魇"与"反思"

制度同样需要公司组织形态的支持,公司制度可以体现在公司组织的行动结构中。从自组织外部看,公司制度是基本原则,规则不仅给企业及其当事方提供了各种机会,而且对之产生了制约;公司就是在既定制约下为抓住机遇以达到特定目的而创建的,其产生与发展深受制度影响。[1]若从制度演进的进化论理性主义来看,蔡立东教授在《公司自治论》著作中第126—127页的论述中,谈到若以进化进程为标准,制度有当事方的行动结构和行为规则之别,指出个人行为的规则与从个人依据它们形式产生的行动的秩序,并不是同一事情,并源引了哈耶克的观点性论述:"行动结构的生产和进化依据规则,是在一定的环境中展开的,是在明确可辨的规则基础限制下发生的;而行为规则的进化方式是在非规定的环境中发生的,其结果由于不受制于规定的条件,在很大程度上是不确定的。规则系统本身必须是在文化进化的进程中发展出来的,并不是经由人们的设计而创造出来的,因为我们的智力还不足以承担此项任务"。事实上形成的行为准则驱动下的制度集体利益协调理念,此框架下主要强调公司制度对于整个公司而言的集体利益,当然这其中二元产权主体采取的是准则引导行为,而不是行为引领准则,进一步说无论怎样,在该理论体系下,二元产权主体各自的惯例利益向量与行动利益向量所最终合成制度利益向量在方向上是一致的,行动结构和行为规则的最终契合是必然结果。

对于公司中二元产权主体处于协议力量的不对等地位,并且怎样化解协议力量不对等产权主体之间的相互矛盾,让二元产权主体可以理性的对待制度分配收益所得,在维护公司治理秩序稳定性的同时不断促进其自发演化的问题,蔡立东教授在《公司自治论》著作中只有少量的论述,此书第122页中有这样一段论述:"制度的价值就体现为实现一种有助益的秩序,这种秩序能够较好地服务于涉于其间的个人利益和较好地运用参与期间的个人知识。从这个角度界定制度,不仅比较接近人们对制度的日常理解,而且有助于分析在某一领域内,哪些规则是行之有效的以及这些规则是如何形成的,从而使对适当的制度生成路径的选择变为行动上的自觉。"《公司自治论》著作中第106页,蔡立东教授有这样一段观点性论

---

[1] 蔡立东:《公司自治论》,北京大学出版社2006年版,第124页。

述:"《公司法》应该鼓励人力资本实现权益的各种有益尝试,为其提供合理的试验范围、开阔的选择空间和平等博弈的前提,而不以'民主做主'的姿态,把既定的僵化模式强加于人。"这两段话透视出一些制度与个人利益分配之间的关系,但总体来看,其观点依然是以制度集体利益协调理念为基础,基本思路为基于公司法的求助,使得人力资本产权主体协议力量不断增强,协议力量相当的二元产权主体在公司内互动的博弈中自发形成治理秩序。而笔者论述的理路是基于制度差别性利益协调理念,在制度利益分配差异性的微观博弈中,揭示协议力量不对等二元产权主体如何进行策略选择,以化解二元产权主体互动的"梦魇",进而实现公司治理秩序在二元产权主体互动冲突中不断演进的自发过程,此时二元产权主体秩序利益分配的均衡得以达到。

3.3.2 秩序演进"进化论"理性主义的再思考[①]

用"进化论"的理性主义研究秩序演化问题,把人类社会和文明的发展过程比喻为生物进化,早已有之。[②]理查森和博伊德(Richerson and Boyd)认为:社会学习和文化传承都能够构造为一种继承机制:为了认识文明制度变迁过程的宏观模式,人们需要认识并提高某种文化所传递的频率,以及降低其他变化频率的微观过程。[③]而有关制度演变的当代理论则遵循着进化过程中的基本特点。二者都可归于生物进化论中的机能性解释,它就是利用生物满足机能性需求的能力来说明一个生物的特性。从社会文化宏观模式的视角出发,一种社会进化论解释就是利用社会制度满足那个社会成员的机能性需求的能力来理解社会制度的演进。只不过二者机能标准选择是不同的。例如,变化在生物学解释中是繁衍适应性,在文化

---

① [美]杰克·奈特:《制度与社会冲突》,周伟林译,上海人民出版社2009年版,第88~100页。

② Boyd, Robert, and Peter J. Richerson. 1985. Culture and the Evolutionary Process. Chicago: University of Chicago Press.Faia, Michael. 1986. Dynamic Functionalism: Strategy and Tactics. Cambridge: Cambridge University Press.

③ Richerson, Peter J., and Robert Boyd. 1987. "Simple Models of Complex Phenomena: The Case of Cultural Evolution." In John Dupre, ed., The Latest on the Best: Essays on Evolution and Optimality. Cambridge, MA: MIT Press.P29.

阐释中则是环境适应性或效用。因此人们可以用适应外部环境改变的能力来说明变迁。如果从文化传承的微观过程出发，任何一个基于进化论的理论，秩序的演化过程也不例外，需要描述并理解其演化过程中的三种主要特性。第一，相关特性变化的存在；第二，优质特性的传承方法；第三，选择的方法。[①]事实第一点相对易于掌握，秩序演进需要在可选的范围内变化。假如环境不产生相应的变化，那么人在进化过程中也就没有选择的机会。公司中假如不产生一系列的公司治理秩序，也就没有任何能够选择的机会了。笔者重点要阐述的是后两点，因为其决定秩序演进路径：制度集体利益演进路径与制度差别利益演进路径。[②]

第一，优质特性的传承方法。制度的传承过程，既需要传递这些社会规范的方法，又要一个恰当的传承单位。继承是进化论解释的一种特征，而大部分当代制度演变理论似乎都觉得，这是理所当然的。但是，为克服进化论中的一个长期不断的分歧，人们不得不重视在继承过程中的另一个方面：选择单位。而博伊德和理查森，给出了这种过程最完善的说明之一：基因与文化传递的双传承模式。[③]从笔者研究目的来看，完全集中在后者上，即非基因形式的文化继承模式。而理查森和博伊德，将文化传承概念表述为新一代人采用模仿和强化的方法，学习了现有的法律规范。所以，我们借助和父母、亲友、老师的相处经历，我们了解现在的社会制度是怎样支配上代人的社会生活的。笔者认为上述文化传承模式包括两类：第一，文化集体性传递，即文化整体传承；第二，知识选择性传递，是一种基于学习的传承。必须注意的是，文化集体传承方式和那些建立并确定了新体系的学习是完全不同的。前者是对现有知识的传承，而后者则是新的制度形态在演变过程中可以被选择的一种方式。关于社会制度可以一代人一代人传承的事实，并没有说明为何一种社会制度能够相对于另一种社会制度而存在。因此另一种传承方式确可以解释这一问题，即社会制度通

[①] Hirshleifer, Jack. 1977. "Economics from a Biological Viewpoint." Journal of Law and Economics P8.

[②] 文化集体性传递与知识选择性传递

[③] Boyd, Robert, and Peter J. Richerson. 1985. Culture and the Evolutionary Process. Chicago: University of Chicago Press.P35.

过社交学习而被传承，此时个体（学习知识后所采取的策略）是这些进化学说中最合适的单位，即根据个人的特定利益来确定制度的选择。

第二，选择机制是理解制度演变过程的关键。若不出现改变各种制度形态的现有资源分配力量，变革也就不会出现。而演进论解释涉及到了大量的选择机理，其中包括了三个类型：随机变迁过程、决策力量和自然选择，文化演变中的随机变迁过程和生物机制中的突变与遗传类似，但这并非研究的重点，本书主要研究后两种机理：个人决策机理，以人们学习和选择出新的制度规范的能力为基础。而当代制度演变理论的标准为个体效应：新的制度规范只有在增加个体效用的情形下才会被人们选择。理查森和博伊德根据制度规范变化的来源，划分了两种学习和选择的方式：一方面，偏离了传承需要，人们直接在一些先前已有的供替换的规则中选择；另一方面，引导变化是一个试错过程，给予行为人创造出新的候选规则的可能性。

自然选择机制，则通过独立于个人选择过程而形成的变迁，其标准形式是基于对适应性和生存标准的选择。如果在所有候选规则之间存在着竞争压力时，群体中存在着争夺个人生活所必须资源的压力时，在所有可供选择规则中的自然选择就出现了。而一旦竞争压力大到能够让所有可选择的规则都无法同时存在时，那么，对个人持续贡献可能很小的所有可选择规则都将会被舍弃。[1]自然抉择的学说指出，当不同族群都开始感受到一种对生存稀缺资源获得的竞争压力时，天然抉择过程就继而进行，那些能够拥有获胜准则的族群，能够得到稀缺资源，便生存下来。如此，自然选择抛弃了失败群体的基本准则。通过自然选择理论，人们可以根据对产生选择的各种变化，以及如何处理这些变化的问题，分析并提出各种解决方法。在文化变迁中，有些专家将改变限于随机选取，并由此来区别天然确定和个人选择过程。[2]而另一些专家，则按照阿尔奇安市场选择的主张，把

---

[1] Wilson, David S., and Elliott Sober. 1989. "Reviving the Superorganism." Journal of Theoretical Biology 136: 339-340.

[2] Boyd, Robert, and Peter J. Richerson. 1985. Culture and the Evolutionary Process. Chicago: University of Chicago Press. P174.

3 二元产权视角下公司治理秩序演进的"梦魇"与"反思"

个性决定和自然选择原则综合在一起[1]：人类可以利用学习建立可选择规范，同时利用竞争过程将最合理的可选择规范筛选出来。这两种方式的共同之处，就在于人类最终选择和传承给下一代的制度模式是受自然选择机制，而不是决策过程控制的。

决策机制和自然选择机制完全不同，决策机制主要取决于人类对变迁过程的选择。人类社会决策可以包含许多种可能生成新过程的社会活动，标准的解释主要集中在诸如个人发明、自愿交易和互相合作等活动，此外还有多种形式的社会交流生成出新的规范。这些在学习过程中生成的规范，也可以依其开展的社交活动形式而不同。例如一套由自发生成的公司治理秩序，因二元产权主体协议力量不同或冲突类型的变化而不同。通过决策机制所形成的秩序演化表现为，其一般逻辑：二元产权主体利用学习方式，以增加某种公司治理秩序的发生频率，并通过知识选择性传递下去，如此增加了该公司治理秩序实践的频率。

变化，传承与选择构成了进化论三步曲，事实上，传承方式所谈到的文化传承与社交学习，选择机理中谈到的自然选择与个体决策，均是以比较视角来分析进化论逻辑的两条不同理路，当我们"站在"这两条理路面前，如何作出判断，这是本书最为关心的。要想说明此问题，必须理清进化论逻辑下这两条轨迹选择的前提："选择的单位"，请大家注意"选择的单位"与"演化的单位"的区别，演化单位为文化（整体试错方式的演进）与知识（从已经存在替代规则中选定以实现演进），而选择单位为"群体"或是"个体"。进化论框架下选择单位的讨论，可以归结为以下两个问题：承受演进压力的位置与传承的机制。从演进压力的位置考虑，个体选择所承受压力在于新的制度形式会给个体提供更加高效的规则。群体压力判断比较复杂。威尔逊和索伯指出当一些情况不变时，演化压力能够影响群体层面的变化。[2]按照他们的理论，要使群体选择产生，就应当把群体分成机能组织和互不加入类组织。为了让某个群体按照机能而被组

---

[1] Alchian, Armen A. 1950. "Uncertainty, Evolution and Economic and Economic Theory." Journal of Political Economy 58: 211-221.

[2] Wilson, David S., and Elliott Sober. 1989. "Reviving the Superorganism." Journal of Theoretical Biology 136.

织起来，它就应当具备生物学的特性："一种生命形式由相互依存、具有各种各样主要特性的部分构成"。①在这样的前提下，这种群体的适应性，是群体内所有个体相互依存性质的一项功能。并且，这种群体的适应性，是独立于群体外其他社会成员的适应性。②所以威尔逊和索伯都主张，在一套完整的群体选择模式里，有一个必要条件必须达成：群体内所有个人的适应特征都没有区别。③这样，要想使选择理论在群体层面"建构性"展开，④就必须"忽略"个体层面的选择。其实笔者秉持的主张在于，这其中存在着秩序两个层面的问题：宏观组织制度和微观个体规则，如果从宏观组织制度层面出发，主要探讨群体的优胜劣汰问题，国家、企业、家庭等这都是处于组织层面，而制度的主要选择单位就是"群体"，此时制度以集体性收益理念占据主导，而群体中的集体选择压倒了个人的，群体本身就成为有机体，事实上也是如此，国家的兴起、公司的创立，家族的繁衍过程中，个体层面在整体文化传递面前是非常弱小的，群体行为上的准则驱动压倒了个体有限理性选择。但在微观个体规则层面上来看，人们所关注的主要问题仍然是制度收益的问题（惯例收益与行动收益），因为此时制度的主要选择单位仍然是"个体"，而制度差异性收益分配理念占主导地位，将个人的学习力量突现出来，而群体也无法把集体意志施加于个人，因此群体内个人的选择压倒了群体选择，而群体只是社会有机体的一种集合，个体行为的有限理性选择压倒了群体的准则驱动。基于对进化化论解释逻辑的反思，针对二元产权主体博弈过程中公司治理秩序演进问题，笔者以下将分析基于制度差异利益协调演进路径对该问题论述的适宜性。

---

① Wilson, David S., and Elliott Sober. 1989. "Reviving the Superorganism." Journal of Theoretical Biology, P399.

② Wilson, David S. 1983. "The Group Selection Controversy: History and Current Status." Annual Review of Ecological Systems14: 174.

③ Wilson, David S., and Elliott Sober. 1989. "Reviving the Superorganism." Journal of Theoretical Biology 136: 342.

④ 秩序选择的建构性展开为国家法规政策的强制性颁布，这将与本书第四章要谈到的选择在群体层面"自发性"展开是不同的，笔者在第四章谈到群体层面的选择为随机变化、自然选择与个体选择的综合。

3.3.3 制度差异利益协调理念选择的适宜性解析

制度差异利益协调理念的选择对于二元产权视角下公司治理秩序演进分析的适宜性，主要表现为三个方面：前提假设的适宜性、研究方法的适宜性、框架体系的适宜性。

3.3.3.1 前提假设的适宜性

3.3.3.1.1 制度利益分配的差异性假设

制度是分配冲突的副产品。制度是通过与构成社会生活的因素大量互动来影响社会利润分配的。但是，制度的形态或者随着时间而改变，或者在一定时期内由于社会组织的变动而改变，当然公司治理秩序也是在这种"变化"中不断演进的，能够区分这些不同秩序形态是它们的分配结果。公司治理秩序分配结果的重要意义表明：秩序并非出于约束二元产权主体或避免次优结果所创造的，而只是由于企业中二元产权主体分配结果而产生实际冲突的副产品。所以，一个人促进公司治理秩序发展的首要目标，便是取得针对其他行为人的对策优势，所以公司治理秩序的实际内容就必须普遍地体现分配的情况。而这样产生的秩序，对于企业来说，既可能是高效，也可能是无效的。这要决定于在分配上，有利于获得策略优势的产权主体的秩序形式，能否产生良好企业绩效。请注意，无效率可能并非由于行为人无能，也可能是由于他们的自利性——对可以带给他们更多个人利益的低效率秩序选择的追求。

力量的不对等成为秩序稳定性和演进理论的基础。力量就是决定某个人可配置资源的能力。若A与B为二元产权主体。A对B的限制可以使用很多方式来进行，反之亦然。首先，A能够限制B的合理选择，并由此来排除适合B的客观利益的选项；第二，A能够通过增加适合B的主观利益而与B的实际利益相背离的选项，来扩充B的选择；第三，A可能不这样做，而禁止与限制一些能够成为B的选项；第四，A还可能利用削弱对可得到选项吸引力的报复行为，来改变B对可得到选项的评价；第五，A还可能控制B的偏好，来改变B对各种选项的理解。[①]其实，关于二元产权主体策略选择分

---

① [美]杰克·奈特：《制度与社会冲突》，周伟林译，上海人民出版社2009年版，第42~43页。

析的关键在于，在二元产权主体力量不对等博弈过程中，占优主体如何影响对方的可供选择，从而使对方能够以原先不会选择的策略来行动，并能够接受行动结果的制度分配利益差异，实现公司治理秩序不断从一个博弈稳态演化至另一个博弈稳态，推动公司治理秩序的演进。公司治理秩序如何影响二元产权主体的理性，需要依据治理秩序对策略决策的影响作出检验。

3.3.3.1.2 有限理性"经济人"假设

许多研究者都批评过经济人假设理论，西蒙作为代表性批评者认为，由于管理者信息的不全面性加上自身信息处理能力的局限性，导致了管理者在其作出决策之时，并不可能成为绝对的理性人，而这些批评也自经济人假设理论的开始之日起，就已不绝于耳。第一，决策者不能获得所有可能的备选方案。现代认知心理学指出人们日常决策过程中，只是得到满意的解决方案，而不是无限制地去穷尽所有备选方案，在大多数情况下，获得全部备选方案是不可能的，也是不合理的。第二，决策者并不能完全了解已知备选方案的实施结果。决策者要在已有方案实施的一大堆可能结果中，甄选出与决策有关的一小部分结果，或通过预先设置条件以获取理想化的结果，而实际上，决策者也无法了解其行为将会产生的确切后果。实际上，人类预测未来的基础在于其自身已有的经验以及有关当前实际境况的信息，但由于个人对经验关系或当前实际境况信息的了解往往是碎片化的，也就无法据此信息完全掌握自己在制定较优方案时的规则，所以，个人在预测未来时若以当前状况的信息去猜测未来的结果将是相当艰难的。此外，由于人类的价值偏好体系的改变，注意力又会在不同价值偏好间转变，使得人们无法以整体的视角解析所有结果之间的关系。同时，由于社会结构是一种不确定性的随机体系，是很难被精确测量的，而此时由人主导的反馈性也会使得预测错误。其三，决策者的个人偏好体系也缺少一致性。现实生活中往往遇到由于价值问题的复杂性，管理者往往无法表述自己的价值偏好，或是所表达的偏好前后并不相符，又或者在决策过程中，管理者所传达的信息往往违背了其偏好，这都已为心理实验所证明。而现实生活中，确实个人的行动方向与选择也决定于偏好，但偏好并不都是先验的结果，其自身的变化以及明确程度也是个人行动的结果。[1]

有限理性"经济人假设"决定了公司治理秩序演进中，二元产权主体的行为与结果之间的不确定性，如果二元产权主体不知道公司治理秩序的选择与那个秩序后来的影响之间的确切关系，那么对于策略和分配优势制度化的追求就会受到妨碍。二元产权主体都是有限理性的，不确定性影响了他们个人对制度的选择，主要表现为如下几方面：当前他们所能得到的制度选择；他们制度选择的当前后果；他们当前制度选择的未来后果；他们未来可以得到的制度安排；自身对于未来过程和结果的偏好。当中每一种形式的不确定性，都可以直接影响制度化分配的优势。[2]

3.3.3.2 研究方法的适宜性

3.3.3.2.1 成本——收益分析方法的适宜性

在资源匮乏的条件下，市场经济活动往往要求收益的最优化，要求利润最高、生产成本最低，这便是成本收益论。把成本与收益加以对比是经济学中最基础的分析方法，这一方式最早在亚当·斯密的经济学中就已经有所使用。而在新制度经济学中，成本与收益理论又被上升到了一个全新的层面，可以用来对宏观的社会政策演变过程作出经济学上的解释。在公司法中，一些制度的设定是以成本费用和利润分析为基准的。现代企业管理权和所有权的分割，不可避免地形成了巨大的经营代理成本。尽管通过劳动力市场、企业控制权、公司产品的竞争市场等能在一定程度上改善公司和管理者之间的收益分配总量，但却并不能从根本上消除这一问题。投资者尝试在协议中比较详尽地规定问责条文，从而通过督促这些规定的执行以降低代理成本。不过，具备有限理性的股东并不能够详尽地预见未来，并应付一切的偶发事件；公司即使可以在事前洞悉一切可能出现的问题，但为此展开磋商或通过法院加以贯彻的执行成本因过于昂贵而令投资人望而却步。另外，尽管找到了监督主体，但又由谁来监督这位监督者？专职的监督主体，其实也就演变成了管理者本身；而兼职的监督主体则没有细致监督的动力，也没有赖以进行有效监督的客观信息。在这个情形

---

[1] 张义祯：《西蒙的"有限理性"理论》，载《中共福建省委党校学报》2006年第8期。
[2] 段雨澜：《经济人假设问题研究》，上海财经大学2004年博士论文。

下，信义义务原则就成为一个替代性的处理对策。信义义务原则是一项管理义务，主要应用于通过"委托——代理"关系所产生的"代理人"对"委托人"的管理责任。通常看来，信义义务分为注意义务与忠实义务。注意义务也是一项积极义务，它规定在企业中管理人员应当以这种善良管理人所应尽的注意责任来管理企业，而不能侵犯企业权益；忠实义务是一项消极义务，它规定了企业管理者在处理相关事务时不能为了个人利益而侵害或牺牲企业利益。信义原则的威慑作用取代了事前监管，这正如因刑法为抢劫行为悬起了达摩克利斯之剑，而银行也没必要对每一位走进银行的人都严厉地盘问。虽然没有尽善尽美，不过在经过成本收益的比较以后，他们也会做出这个次优的抉择。因为信义规则在保证了企业运营和风险承担相互分离而产生收益的时候，还尽量避免了企业管理者将其个人利益放在投资者收益之上的可能性。[①]

3.3.3.2.2 博弈论方法的适宜性

博弈论是关于动态下的行为策略研究，体现为人类之间活动的相互作用下，应该怎样进行决策及其对这些策略实际作用效果的探究。行为的决策既是自我约束条件的函数，又是博弈过程中他方行动的函数。博弈论中所研究的策略行为和法律规范作用下的具体行为模式相一致。在一定的法律关系中，每个当事人的行动选择都同时受自身因素和其余各方当事人活动的直接影响，同时各方当事人在今后的具体行动决策也都会受这一行为的直接影响。因而，可把在法律规范下行为人间的互动归结为对策活动。如此，博弈论也就成为了解析法律的适当手段。而按照博弈效果，博弈论又可分成合作博弈与非合作博弈，两者不同之处就在于能否形成一种富有约束力的合同或法规。现实中常见的为非合作博弈。"纳什均衡"为非合作博弈的均衡。"纳什均衡"指的是在给定他人所采用的策略时，人们只能采用某些策略才能获取最大收益或使交易成本最小化，而且这一完美的境界需要通过"多次博弈"后才能实现。[②]

自20世纪初期开始，在公司股东和董事之间的非合作性博弈过程中，

---

① ［美］弗兰克·伊斯特布鲁克、丹尼尔·费希尔：《公司法的经济结构》，张建伟、罗培新译，北京大学出版社2005年版，第101~105页。

② 张维迎：《博弈论与信息经济学》，上海三联书店1997年版，第36页。

随着董事核心主义逐渐取代了股东核心主义，公司的整体经营绩效在全新的权力分配格局下得到了改善，社会财产总额也相应提高，但是在这个貌似共赢的和谐图景下却存在着难以解决的冲突。股东向经营者授予的权力主要是为了减少公司运营成本，从而增加利润，在这个过程中也必然会产生代理成本，但只有在公司通过代理经营方式所取得的利润超过了代理成本时，公司代理关系的维持才具有一定的经济基础。然而董事在企业总体财富的分配中，所占比例却非常有限，如果他们作为经营者收益并不能满足他们的期望收益，则此时经营者是难以全心全意投入企业工作的，反而他们会背离股东的想法，选择在职过度消费，又或者在企业信息不对称的状况下，产生败德行为，或者为企业选择劣等的项目，最终侵害的是股东利益，带来了巨大的代理成本。[①]

针对公司中二元产权主体在协议力量不对等的情况下，如何形成稳态的弈局而达成彼此的确认，以及实现二元产权主体制度分配收益向量的一致性是研究的关键。惯例利益与行动利益二维向量共同形成了制度收益的方向与大小，当二元产权主体进行不对等博弈的过程中，其本身不断获取、鉴别、筛选历史信息与价值信息，最终进行取舍，二元产权主体策略选择就是对该过程的诠释。当二者博弈达到稳定状态时，双方秩序收益分配向量也将达成一致，这样的稳定状态将维持一段时间，由于二元产权主体协议力量的改变，弈局双方的对策选择也会改变，策略收益也会相应发生变化，并逐渐形成新的稳态，当惯例利益与行动利益的向量组合再次达成新的统一时，实现了公司治理秩序的演进。

3.4 小结

该章以元社会秩序为背景，解析二元产权配置属性，比较与梳理产权主体行为策略选择利益理念的学理基础，意在揭示协议力量不对等博弈的必然性，以及人们基于历史信息与价值信息进行的理性选择，为提出二

[①] [美]唐纳德·A. 威特曼：《法律经济学文献精选》，苏力译，法律出版社2006年版，第255页。

维信息空间不对等博弈分析框架作以铺垫。公司治理秩序演进中，二元产权主体秩序利益分配冲突不可避免，没有二者的冲突，也就没有演进的动力，为此笔者运用二维信息空间不对等博弈分析框架，以美国、日本、东南亚家族公司治理模式为样本，比较分析世界家族企业由股权集中治理模式，渐进过渡至股权分散治理模式的差异化路径选择，透视二元产权主体不对等博奕的方式，剖析二元产权主体互动"梦魇"的形成机理。笔者在该章最后通过对秩序演进"进化论"理性主义的再思考，以证实基于制度差异利益协调理念的公司治理秩序演进路径的适宜性。

4 二元产权视角下公司治理秩序演进的博弈分析

4.1 公司治理秩序演进博弈分析框架的解析

本章将运用博弈方法分析二元产权主体互动中公司治理秩序的演进问题。为此，博弈分析框架选择尤为重要，这其中包括博弈分析框架的基础、博弈分析框架的前提与标准，以及博弈分析框架对研究问题的适用性，以下笔者将从三个方面加以论述。

4.1.1 公司治理秩序演进博弈分析框架的"基石"

亨利·汉斯曼和莱纳·克拉克曼在《公司法剖析》一书中谈到公司法的两大作用：首先是建立公司组织架构并且支持该架构所必需的相关调节规范；然后是限制企业组织成员，包含公司内部人（拥有控制权的股东与企业高级管理人员）与公司的外部人（拥有较少股权的小股东或是债权人）相互之间的权益矛盾。所有上述权益矛盾都符合现代经济学家们所说的"委托—代理问题"的基本特征，并以此为基点，两位学者总结了商事企业中涉及的三种代理问题：第一种代理问题包含企业股东和企业所雇用的经营者相互之间的利益矛盾；第二种代理问题则包含大企业拥有控制权股东和不具有控制权股东相互之间的利益矛盾；第三种代理问题，涉及企业本身（尤其包含公司股东）与缔约合作伙伴（债权人、员工和客户）之间的利益矛盾。[①]休谟在其著作《人性论》的摘要中说，因果关系是"宇

---

① ［美］莱纳·克拉克曼等：《公司法剖析：比较与功能的视角》，刘俊海、徐海燕等译，北京大学出版社2007年版，第25页。

宙自然凝固统一在一起的黏合剂"。维系自然界秩序的是一类事件不可避免的紧随另一类事件的发生。笔者所要谈及的是公司治理秩序演进中，利益冲突本质在于二元产权主体交易的因果关系这一现实，以及如何借助博弈分析框架，将二元产权主体的利益分配与公司治理秩序演进关系展现给大家，其立论基础源于《公司法剖析》对商事公司所涉及三大代理问题的解读，而博弈分析框架的基石则是源于社会秩序博弈分析的相关理论，其代表学者为艾思特（Jon Elster）、肖特（Andrew Shotter）、谢林（Thomas C.Shelling）、萨格登（Robert Sugden）以及格利弗（Avrer Grief），本书选择其中三位加以论述。

艾思特教授在《社会的纽带：社会秩序研究》导言中指出，我将探讨关于社会的两个范畴：那种稳定、规范、可预测的行动模式，以及那些互相合作的行动模式。相应的有两种非秩序的概念。第一类是没有稳定预期的非秩序，在麦科白看来，即表现为'健全和愤怒，类似一个白痴讲的故事，不意旨任何目的'。第二类则是缺乏合作的非秩序状况，如霍布斯所形容的'私心自利、恐怖、贪婪、残暴无情，人对人相互防范、敌对、战争不已，像狼和狼那样处在恐怖的自然状态中'。"[1]事实上公司治理主体主要分为人力资本产权拥有者和物质资本产权拥有者，因此第一类非秩序，主要是指公司二元产权治理主体之间利益并非冲突，而是由于多重均衡的存在，难以形成一个稳定预期，因而有失协调，导致非博弈均衡与公司失序。这种非秩序解决主要通过公司法规提供一个可预期的聚焦，达到均衡与有序。第二类非秩序主要是由于二元产权治理主体间利益冲突，缺乏合作，而导致社会秩序的"公地悲剧"。在讨论这些问题时，则运用了两种主要分析工具：理性选择理论和社会规范理论，特别强调指出社会规范理论提供了一种重要的行动动机，这种动机是无法还原为理性或其他优化机制模式的。虽然其对社会秩序的博弈分析是非常有启发性和开创性，但对这两种非秩序的内在相互关系方面没有进行分析，缺乏社会秩序的统一性，存在某种程度上割裂秩序有机统一性之嫌。谢林在《战略与冲突》中对社会中的各种战略及其均衡的区分与研究，为本书公司二元产权主体

---

[1] Jon Elster, The Cement of Society: A Study of Social Order, Cambridge University Press, 1989, P.1.

4 二元产权视角下公司治理秩序演进的博弈分析 >>>

的博弈分析提供了一定的启示作用。第三位研究者，是美国纽约大学的经济学教授肖特。在其作品《社会制度的经济理论》中，采用渐进理性观的演进博弈分析，对自发社会秩序的形成机制进行了系统的博弈分析，例如，对货币的演化、星期的演化、国家的出现等问题的分析，完全是对社会秩序的分析和研究，可是肖特将所有这一切定义为制度。并未对社会秩序和制度概念给予明晰充分的界定。肖特在此书中分析多重均衡的协调博弈与"囚徒困境"式合作博弈，并借助这两种工具分析了社会秩序的形成与演进。①

以上三位经济学家均采用博弈论分析方法研究社会秩序问题，都认识到了社会秩序中存在非利益冲突的协调型（战略）失序和利益冲突的合作型（战略）失序，并分析和提出了两种失序的解决方式，以及社会规范、国家、政府出现的重要性，这些都是对社会秩序有益的探索。他们的研究方法成为笔者博弈分析框架的"基石"。本书从微观层面信息的历史维度与价值维度，基于公司治理秩序利益分配的预期效应，解析协议力量不对等产权主体面对差异化利益分配时，如何形成博弈的稳态，以及当不对等力量发生变化时，又如何摆脱原有的稳态（二元产权主体利益向量的错位状态）至新的稳态，以推动公司治理秩序不断演进。这本身就是对三位经济学家博弈论分析方法的定性运用。②

4.1.2 二维信息空间不对等博弈分析框架的选择

谋求个人私利的行为或者努力提高自身的效用满足，是亘古永恒的一个问题。可以说，冲突的持久源泉存在于社会之中，公司作为社会重要经济主体自然也不例外。亨利·汉斯曼与莱纳·克拉克曼在《公司法剖析》中通过委托——代理关系已将其诠释的淋漓尽致，这里不再赘述，但问题是如何走出这一僵局，似乎只有两种可能：第一种方法就是创制和遵从一些公司规则，使得公司二元产权所有者的获取私利行动得到限制；另一种方法是在交换过程中实现相互的优势和利益，传统上，第一种方法的研究

---

① 惠双民：《社会秩序的经济分析》，北京大学出版社2010年版，第17~18页。

② 惠双民：《社会秩序的经济分析》，北京大学出版社2010年版，第18页。

107

与探讨为政治学和社会学的探究领域,第二种方法则是经济学的研究领域。正如帕森斯(Parsons)指出的,在社会历史过程中,对于社会秩序问题的解决,或者强调(正式或非正式的)规则的重要,或者指向劳动分工和交易收益。[①]相应的,对于社会治理秩序的"霍布斯问题"的解决则同时强调两个方面:一般规则的社会秩序的生成和在这些规则中交易收益的实现。德国弗来堡学派强调法律秩序和市场秩序的相互依赖,他们主张应把一个经济的制度框架理解为在一个法律规则的整体框架中,经济活动可以流畅地进行。他们的贡献表现在分析如何借助于适当的规则使得竞争秩序得以建立,但他们却没有对规则本身的生成做出解释。哈耶克填补了这一理论断裂与鸿沟,他的文化演进理论为社会规则如何自发生成提供了解释。[②]笔者之所以选择历史维度与价值维度,研究公司二元产权主体在治理秩序演进中的利益分配也是基于德国弗来堡学派与哈耶克思想的综合。

　　古罗马法律学者们曾经为"法学"下过一段经典性的界定:"法学是指有关神与人的事情的知识;是有关公正与非正义问题的科学领域。"法学"是对人在事物中的影响活动,形成的一种价值判断,这种价值判断出发点是"人性"。二元产权主体的交易是"人"的交易,而人既是社会人,又是经济人,笔者之所以选择不对等博弈框架研究公司治理秩序演进问题,一定程度是源于经济学与社会学对产权主体"人性"的思考。经济学假定个人理性,个人通过算计、抉择行动,获得个人的效用最大化。而社会学则假定人是遵循规则和社会规范的动物,个人根据社会规范及相关规则的要求,选择行动,满足个人需要,维系社会秩序。经济学把人类行为解释为单个选择的连续序列,即每一个特殊的行动都被视为一个离散的事件,规则、制度仅是行动选择集的一个外部约束条件。由此经济学的人类行为假定是行动个人主义,它认为人类在一件件事情中,针对每种情势的特殊情况具有理性适应的能力。因而经济学假定个体是获取行动利益的经济人。对此社会学提出批评,迪尔凯姆—帕森斯传统(Durkheim-Parons-tradition)认为人类是一种遵守社会规则的动物,指出人类不可能在每一个

---

① Talcott Parons, The Structure of Social Action [M], New York: Free Press, 1968, P.89.
② 惠双民:《社会秩序的经济分析》,北京大学出版社2010年版,第35~36页。

事例中都进行这种情势的理性适应,而是更多地从经验中学会和形成适应他们的外部环境的一般行为规则的能力。①结合社会学与经济学对人类行为的认识,人们之间在不对等的交易中形成了理性选择与准则驱动两种行为方案的互动。笔者综合上述思想,提出理性选择行动与理性选择准则两种行为策略,也就是说每个人在能力、家庭、财富等诸多客观要素等方面存在差异是必然的,交易中形成的协议力量不可能平等,此时人就会根据其获得的历史信息与价值信息,选择与他人博弈的适合策略,以获得持续的"适当"利益。

4.1.3 行动利益与惯例利益协调路径的再思考

公司治理秩序所要研究问题的本源是探究注入秩序的秩序。也就说是解析公司治理过程中人力资本产权所有者与物质资本产权所有者,作为个体在公司问题处理过程中,如何面对重复问题的认知,从个人行动秩序至公司章程的形成,个人行动秩序是个体在面对重复性问题或情势时所遵从的规则。个人行动秩序的理性是个人的,因为遵从规则的个人本身是他遵从规则这一行为的主要的和直接的受益者。公司章程是指人力资本产权所有者与物质资本产权所有者共同遵从的一些公司条例,公司章程的理性是"集体的",因为一个行为者的章程遵从给他人带来直接的收益或利益,这种利益对于行为者来说,可能是间接的,通过他人的反应中介而产生或引致。事实上,从经济学与社会学对人类行为与秩序的关系处理来看,经济学以追溯私人利益为基础,强调情势层面行动利益的选择,而社会学则认为规则的遵守是人们的一种本能或一种积习形成的行为,体现为规则层面惯例利益的选择。这两种理性行为的选择与二分心智模式、知识型构假设前提相一致,公司治理秩序的关键是解决个人的行动利益与惯例利益一致的问题。

行动利益与惯例利益协调路径的选择有两种解决思路,它们分别是霍布斯提出的社会秩序理论和休谟、弗格森、斯密等苏格兰道德哲学家们提出的社会秩序理论。在第一种路径中,霍布斯在其社会秩序理论中提出

---

① 惠双民:《社会秩序的经济分析》,北京大学出版社2010年版,第37~38页。

一致同意他们惯例利益的人们能够理性地选择和修正社会结构，以便使得个人的惯例利益与行动利益相一致；用博弈论的观点来说，就是通过有意改变囚徒困境的支付矩阵，实现个体理性与集体理性的一致。用霍布斯的话来说，个人惯例与行动利益的一致是个人实现其惯例利益，面对存在的问题，改变环境以实现相互间利益的理性能力的结果。也就是说，人们通过集体行动，构建一定的制度和安排，从而实现惯例利益和行动利益的一致。在提出第二种路径的苏格兰道德哲学家们看来，在个人的社会作用过程中，一种自发的力量，借助"看不见的手"会使得个人惯例与行动利益自动实现一致。这一路径关注两种利益间非有意的联系，认为遵从一般惯例规则，是一种人们在追求自己个人行动利益过程中一个非有意的伴随结果，也就是说人们并不存在惯例利益的偏好。两种路径特征分别表现为惯例建构与"看不见的手"。[①]

笔者认为惯例建构路径把我们带回到建构理性主义，这对于治理秩序的演进是不可取的，韦森教授的《社会制序的经济分析导论》与蔡立东教授的《公司自治论》等著作的论述已经非常透彻，这里不再赘述。而"看不见的手"路径似乎比较契合笔者的研究思路，但笔者在此想说明一些"细节"问题，当我们借助"看不见的手"实现个人惯例与行动利益一致的时候，用博弈述语来说，用"看不见的手"化解协调问题与"囚徒困境"问题时，应该考虑到博弈主体协议力量的不对等性，这个"细节"很重要，在标准协调问题与"囚徒困境"问题模型中，事实上都有这样一个假定，那就是参与博弈的主体力量是相当的，或者得出博弈主体行动协调的实现，或者运用"针锋相对"策略搞定"囚徒困境"难题，最终实现行动利益与惯例利益的一致，但现实并非如此，参与博弈各方主体协议力量往往是不对等的。公司治理过程中二元产权主体协议力量不对等就是突出的表现。《公司法》中对于企业管理秩序的安排，使物质资本出资者完全垄断了企业的最后控制权与剩余索取权，反映了"资本雇佣劳动"的由物资资本出资者单边治理公司的路径。《公司法》第1条确定了其立法宗旨是：规范企业的组织活动，保护公司、股东和债务人的合法性，保障社会

[①] 惠双民：《社会秩序的经济分析》，北京大学出版社2010年版，第41页。

生活的稳定，推动社会主义市场经济的蓬勃发展。在这一立法理念支配下，人力资本出资者的利益并未受到和物质资本出资者一样的待遇。按照我国《公司法》，股东可以用货币出资，也可以用实物、知识产权、土地使用权等[①]能够用货币估值并且能够依法转让的非货币财产作价出资，而股份有限公司发起人以外的股权认购人，也仅限于以货币出资。所以，只有物质资本出资者才可以获得大股东地位。人力资本无法作为企业出资，因为其拥有者不仅不能合法获得企业的控制权，甚至也不能合法获得企业的经营收益。这句表述中，已淋漓尽致透视出了公司中二元产权主体协议力量的不对等性，但也恰恰是因为这个不对等性封死了人力资本拥有者合理介入公司治理的途径，因此拥有人力资本的所有者要求无法经由合理渠道达成，也就只有或必然以扭曲的形态呈现了出来——人力资本产权所有者"违规"侵犯企业权益事例频发。[②]此时笔者不禁思考，面对协议力量不对等的弈局，苏格兰道德哲学家所提出的"看不见的手"怎样发挥作用，才能实现公司治理秩序在自发演进中，化解二元产权主体利益冲突，解决协调问题与"囚徒困境"问题呢？现在问题的关键在于"看不见的手"是基于制度的集体利益，而忽视了个体制度收益的差异。制度差异化收益这一思路似乎可以说明此问题，表现为通过调整二元产权在协调问题与"囚徒困境"的支付矩阵——不对等博弈的形成——可以解决这样的疑问，请注意，笔者谈到支付矩阵的调整为博弈主体（二元产权主体）自发的，而不是霍布斯的有意或建构的。

4.1.4　二维信息不对等博弈框架对公司治理适用性解析

公司中存在两种相互作用的问题，或者说两种利益不一致的问题，用博弈术语来说，一种是协调问题，一种是囚徒困境问题。博弈中所产生

[①] 公司法关于非货币财产出资的概括性规定，放宽了有效出资的范围，使得债权、股权等财产能否作为有效的出资形式不再成为问题。但规定非货币财产出资须具备可以用货币估价、可以依法转让的条件，同时要求以非货币财产出资，应当依法办理其财产权的转移手续，立法者的本意在于排除人力资本出资的有效性。参见安建主编：《中华人民共和国公司法释义》，法律出版社2005年版，第53页以下。

[②] 蔡立东：《公司自治论》，北京大学出版社2006年版，第105页。

的问题似乎在平等利益主体之间较容易解决。然而作为正式制度的《公司法》这一天平，并未给予二元产权主体同样的"砝码价值"。《公司法》中对人力资本产权价值的忽视，加之人力资本产权的异质性，导致了人力资本产权价值的确定非常艰难，因此公司法治理秩序必须在发展过程中，从强制性法到任意性法的转变中，研究如何在二元产权主体间协议力量不对等的前提条件下，通过微观互动，化解内部协调问题和囚徒困境问题，从而实现人力资本出资者参与公司治理的合法性，这是本书研究的重点，也是难点。公司治理的实质是责任。公司的种类有所不同，责任的内涵、原则与范畴也就有所不同。公司治理秩序的固化与演进是物质资本产权所有者个体与人力资本产权所有者个体在追求私人利益的过程中，面对利益协调与合作问题而形成的一种能够稳定人们预期的信念，成为实现个体规则利益与行动利益一致的组织情态和规则体系的基础。而二维信息为二元产权主体提供具有操作性的参考依据，二元产权主体通过历史信息与价值信息得到相对稳定的预期，形成稳态的组织网络，实现公司秩序的稳定，并在二元产权主体协议力量变化中，基于利益冲突形成新的弈局，进而改变矩阵的支付结构，公司治理秩序获得演进的动力。因此，二维信息不对等博弈框架对于研究公司治理秩序演进问题具有较强的适用性。

不对等博弈为限定参与者在特定情势下的行动范围并基于参与者的行动选择给予奖励形成一个规则集。每一位参加者，都有一种能够从中选择的行动或战略集合，这个行动或战略集合，我们称之为参与者的战略集。参与者所获得的支付不但取决于自身的行为或策略抉择，而且也取决于任何另外参加者的行为或策略抉择。博弈的规则界定了参与者是否被允许相互交流，是否被允许安排约束性合约以协调他们的战略。假设在一种博弈中，由于信息交换和约束性合约安排的行动允许相互协作，且存在相互约束，该博弈就被称作合作博弈，合作博弈与非合作博弈之间的本质差别并不是双方合作与否的区别，而在于二者之间在信息交流与订立合约可能性的差别。博弈可以用两种表达式描述，即标准式与扩展式。如果博弈参与者只选择一次行动，称之为一次性博弈，而无限重复选择行动的博弈，称之为重复博弈或超级博弈。在博弈论中存在两个一般的均衡概念，第一种是占优战略均衡，它是指每一个参与者都有一个占优战略的博弈均衡，其中占优战略是指不管其他参与者采取任何行动,每一个参与者都有一个比其他行动或战略行动更高支付的战略;第二种是非合作均衡或纳什均衡,它是指给定战略组合S_i,任何参与者都没有选择其他行动或战略的动机。我们讲一个n维战略组合S=(S_1,S_i,S_n)的纳什均衡,说明了每一位参加者服从这个协议产生的效益远超过背叛协议而产生的效益,因为没有人有积极性背离或者不服从这个协议,所以这个协议是能够自我执行的。纳什博弈实际上是参加者将怎样博弈的"一致性"预测:假设每个参加者预测一种特定的纳什均衡将会存在,所以,没有人有兴趣做出完全不同的抉择。纳什博弈及其均衡的这些性质与二元产权主体利益分配同公司治理秩序稳定及演进在本质上有着一致或相似性,公司治理秩序所要化解的协调问题与囚徒困境问题也正是博弈论所针对的问题,为进一步确认了用不对等博弈分析框架析理公司治理秩序演进的内在合理性,笔者将从协议力量不对等性博弈、二元产权视角下公司治理秩序的博弈性生成与演进三个方面加以论述。[1]

4.2 公司治理秩序内生于二元产权主体不对等性博弈[2]

经济力量作为资源,是一种很重要的权力基础,通过控制这种资源就可以行使权力。尽管资源占有可以作为对别人使用权力的手段或资源并不能保证人们确实如此使用,或者权力也可以表现为潜在状态,但是没有理由怀疑如果资源使用者在未来合适的时间有行使它的实力和意愿,也就不应当否认人们可以通过预料这种资源将有效应用于制约他们的行为,并因此对资源所有者或控制者适时作出相应反应。[3]对于大型公司社会责任问题的主要争论来源于这些公司在决策时,无可置疑地掌握的巨大经济权力。[4]毫无疑问,企业对物质利益的绝对控制权——经济权力——是权力的重要

---

[1] 惠双民:《社会秩序的经济分析》,北京大学出版社2010年版,第58~59页。
[2] [美]杰克·奈特:《制度与社会冲突》,周伟林译,上海人民出版社2009年版,第130~141页。
[3] [美]丹尼斯·朗:《权力论》,陆震纶、郑明哲译,中国社会科学出版社2001年版,第148页以下。
[4] Robert W. Hamilton, The Law of Corporation, West Group, 5th edition, St. Paul, 1999, p.1189.

形态之一。[①]在企业内部，权力的力量在二元主体内部呈动态分配之趋势，而在这里面，公司治理秩序影响着二元产权主体的利益分配，而二元产权主体则受益于企业共同的社会活动，但对二者活动该怎样进行则具有不同的偏好。应该预见得到，策略行为人将会追求一个可以赋予自身最高利润份额的治理秩序。如此，有关企业经营中多种利益冲突的矛盾，便扩展到了制约着这种冲突治理秩序的演进之中。而标准理论所关心的是将企业基于个人利益的行动转化为有益于企业集体利益的机制。然而笔者更加关心的是公司中二元产权主体选择策略所产生的冲突本身和解决这一冲突的机制。诚然，人们把企业内部二元产权主体利益分配冲突视为公司治理秩序演进的最主要根源，这一看法在有意设计的案例中也是很明显的，其中就包括：英美法系的股份参与，从1983年开始，英国政府接受了劳务出资这一事实，所以劳动可以成为企业获得股份的约因。截至1998年1月1日，全美大约有26个州规定股权对价的形式，应当为企业全部或部分货币、有形或无形财物，以及已为企业所提供的劳动产品或服务。而大陆法系中德国的企业共同决策的制度，即从调整企业权力的分配方式开始，逐步把人力资本拥有者的利益代表引入到治理结构中的最高管理层，从而建立反映了其共同利益特点的相关者共同决策制度，根据德国现行《股份法》的规定，德国有五种适用范围和方式不同的共同决策机制。联合决议机制是德国《公司法》的强制准则规定，公司必须遵守。其实际问题是，虽然人力资本所有者也是企业的主要出资人，双方理应拥有对企业的剩余控制权与剩余索取权，但一个共性问题是，不管从制度上，还是在实践中，人力资本所有者在企业管理中仍然处在劣势地位。[②]比较两大法系，在正式制度方面均对人力资本出资予以确认，可人力资本的实际价值很难显示，且非正式治理秩序中还在不断强化这一点，这种在分配上的冲突为什么能够在公司内部长期存在呢？显然人为设计的正式制度是无法解释的，因此仅仅将目光滞留于公司二元产权主体利益分配冲突问题，难以解释公司治理秩序的非正式网络维系与演进。为此，笔者借助制度分散形成和变迁的理论，

---

① [英]罗杰·科特威尔：《法律社会学导论》，潘大松等译，华夏出版社1989年版，第131页以下。
② 蔡立东：《公司自治论》，北京大学出版社2006年版，第97页。

抓住公司治理秩序非正式网络中二元产权主体不对等的特点，把二元产权主体利益分配矛盾和力量不对等的重要性，融入公司治理秩序自发产生的理性选择理论之中，分析关于制约分散形成过程中的经验条件。基于协议力量的不对等，自发形成理论更具有一般性，因此对限制性经验要求也更低。这个理论从公司治理秩序形成中，二元产权主体的基本策略相互作用的逻辑出发，把相互作用所发生的背景和对公司治理秩序的影响纳入其中。

公司治理秩序是二元产权主体策略冲突的副产品。当公司各方利益之间出现矛盾时，二元产权主体在寻求各自分配优势的过程中形成了公司治理秩序。在某些情形下，他们已经有意地创建了治理秩序；但在其他的情形下，治理秩序的建立只是为了谋求对策优势的一个无意的结果。在任何一种情形下，最主要的焦点都集中在现实的对策结果上；而治理秩序的演进，也只不过是为了达到现实目标的一个手段。治理秩序的真正意义，就是它对现实行为的限制。因为企业经营的结果就是二元产权主体彼此策略实施互动的产物，于是，现实冲突中，二元产权主体设法影响与干预对手的策略以实现自己所选择的策略。而由于企业经营具有基于彼此策略的依赖属性，所以二元产权主体需要预见对方的行动，从而自行做出最佳选择。就这样，影响对方的行动、限制选择，也就是影响对方行动的预期。在互动中获得成功的产权主体，在未来场合会试图重复这些策略限制行为。公司治理秩序是限制二元产权主体行为的努力的产物。在某些情形下，仅仅利用二元产权主体的行为就能够实现自我实施与治理秩序的建立；但在其他的情形下，这或许需要第三方的辅助，从而形成以外部实施为前提的公司治理秩序。笔者在本章将着重分析，内生于二元产权主体互动行为的公司治理秩序。而对后者的论述，将集中在本书第四章的论述之中。

公司治理无非就是企业当事方各自分享企业权力以及利润的一套机制设置，主要包括谁对企业拥有权力和行使哪些权力两个问题。公司治理有序的演变是二元产权主体内部的一场竞赛，他们力争治理秩序会形成最有益于各自利益的均衡结果。这种竞赛方式取决于二元产权主体强迫对方以违背其意愿的方式行动的相对力量。就这样，公司治理秩序的演进成了二元产权主体之间一种持续的讨价还价的博弈。现代公司制度的最大进展是企业当事方的扩充——人力资本拥有者的公司治理主体地位获得了制度性的保障，公司自治的涵摄力得以逐步提升。①

如何从协议力量不对等博弈中解释公司治理中二元产权主体的行为呢？我们在此必须考虑二元产权主体力量的不对等。因为，与其所有者的可分离性意味着，物资资本对于其他权利实现而言，存在担保的可能，也可以被别人利用来偿还自身的损失，而人力资本与其所有者之间的不可分割性，即这些人力资本不存在可转移性质，也无法保障其他人权利的实现。其拥有者往往缺乏相应的财富证明其实力与使人信服的要价依据，也无法在资本市场上有效筹集财富。相比之下，物质资本产权主体比人力资本产权主体获得更加强有力地位，拥有相对协议优势，物质资本产权主体行为人能够迫使人力资本产权主体行为人遵守秩序，因为人力资本产权主体的顺从能得到的最佳回应。且由于物质资本强势产权主体行为人可以约束对方的某种均衡对策，所以，人力资本弱势产权主体一方不管是否愿以均会服从。也就是说，人力资本产权主体遵守现在的公司治理秩序并非因为他们表示同意，也并非因此实现了帕累托改进计划，而只不过是因为他们并没有更好的选择。

在一个公司的治理秩序确定以后，其变迁速度将非常慢，而且往往要花费非常大的时间代价。公司治理秩序演进必然需要一种平衡结果的变化，而这种结果也就是二元产权主体所共同希望的企业内部互动问题的解决方案。策略行为人将仍然遵守现有的公司治理秩序，除非假定他们有能力改变秩序，外界事物影响了秩序所形成的长远效益，或者假定其他有序的安排方式将形成一种比较有利的利益分配方式，而他们将能克服无法对付的内部集体行动问题，而这种问题的出现也正是公司治理秩序演进的前提。改变公司二元产权主体预期的困难，同利益相关人群的规模直接相关：共同利益人群的规模越大，改变期望的成本也就会越高，因此公司发展中所产生问题的复杂性程度也就越高。正是由于这种复杂性，所以用利益分配矛盾的逻辑来解释公司治理秩序，就需要利用协议力量的不对等理

---

① 蔡立东：《公司自治论》，北京大学出版社2006年版，第85~86页。

论来加以分析，而企业经营的以下特征就形成了常见的协议问题："有以下的情形（1）个人有签订互惠协议的可能性，（2）就签订何种协议面临着利益冲突，（3）某个人不同意，协议就无法强加于他"。[①]

前文谈到，社会秩序的基本互动看作协调博弈或囚徒困境博弈。互动行为随时间而重复，公司中二元产权主体是持续的伙伴关系。这也是非正式规则分散产生的条件。于是，在这部分的解析里，人们就可能将囚徒困境博弈转换成了协调问题，并聚焦在合作解决方案中的矛盾上。[②]对协调博弈论来说，唯一的基本要求，便是所有协调均衡下都会产生不同的分配利益（因为协议力量是不对等的）。萨格登所采用的混合动机博弈，便是这个框架的一个简单例子。而囚徒困境博弈所要求的合作条件，则更加复杂。因为让协议结果自我实现，合作必然是一个理性的策略。

笔者在此将借助协议力量不对等理论分析公司二元产权主体在分配冲突中互动行为的策略选择。首先介绍一种更为简化的协议问题模型（参见表4.1）。尽管它从更为复杂性的社会相互作用中抽象出来，但它却能够使我们找出非正式规范形成的内核要件。很多协议情形的特点体现为大量的讨价和还价，而且，这当中的次序构成直接影响了协议结果。在此，已将该模型简化，以建立一种包含尽量多的非合作讨价还价情景的研究模型。在该模型中，A为物质资本产权主体，B为人力资本产权主体，只要我们假设$\Delta A, B<x$，那么，将会有两个均衡的结论，能够解决这种协议问题，即（R, L）和（L, R）的策略结合。Δ值表示行为人在没有取得某个平衡成果的具体情况下，所会获得的报偿值。引入奥斯本与鲁宾斯坦对此的界定，[③]把它们称作失败值。如果我们要求$\in A, B>0$，并且某个均衡结果被选定，那么，$\in$值将表示其中某个行为人的分配优势。在这个博弈中，行为人的主要目标就是达到$\in$。

[①] Osborne, Martin J., and Ariel Rubenstein. Bargaining and Markets. San Diego: Academic Press, 1990, P.1.

[②] Snidal, Duncan. "Coordination Versus Prisoners Dilemma: Implications for International Cooperation and Regimes."American Political Science Review79, 1985, P.923-942.

[③] Osborne, Martin J., and Ariel Rubenstein. Bargaining and Markets. San Diego: Academic Press, 1990, P.70-71.

表4.1　基本讨价还价博弈

博弈者A	博弈者B	
	L	R
L	ΔA, ΔB	$x, x+\in B$
R	$x+\in A, x$	ΔA, ΔB

公司治理秩序生成与演进过程，如何融入二元产权主体分散互动行为之中呢？基于二元产权主体的不对等契约力量，分配效应导致了公司治理秩序与基本机制的形成，进而化解公司治理秩序形成中二者互动关系的矛盾。协议理论表明，协议的实现是"策略承诺的可靠性"和"谈判者关于风险和时间态度"所共同作用的结果。基于治理秩序而形成的协议理论的重要特点，就是资源不对等与可信性、风险厌恶、时间偏好等相互的基本关联。

产权主体是如何限制与之交往的他人的活动呢？回答是：他通过影响别人对自身在特定状况下的活动的期望来实现目的。也就是从策略上约束自己并据此制定对未来行为的诺言，而假如诺言是可信的，其他行为人在制定自己最优行为决策时也应该将这一行为考虑进来。因此，在最基本的讨价还价模式中，博弈者A的主要任务就是限制博弈者B的行为，从而使A自己可以选定策略R。为实现目的，博弈者A需要提供选择策略R的可信承诺。更常见的情形是，假设博弈者A所选定的规则是可以自我实现的，则他（和其他的博弈者A）就需要寻找一个方法，来保证R策略将在重复的弈局中持续运用。假设博弈者A可以使这个允诺可信，则对博弈者B而言，最理性的行动就应该是遵循规则，并选择策略L。尽管博弈者B更加偏向于其他的选择，并了解到博弈者A将会选择R的战略，这会使博弈者B限于选择策略L。然而，究竟是由于哪些原因导致博弈者A的承诺更加可信呢？前两种可信源是基于预先约定的标准理念：第一种可信来源是指行为人掌握了来源于他本身对策的利益的可控力量。博弈者A可能改变其对选定策略L所可以得到的收益，提高他对选定策略R的预先承诺的可信度。比如说，他发现了减少策略L的利益的一些方式（例如，减少量为y），因此新的收益为$x-y<\Delta A$。而现在，策略R将变成了博弈者A的首选对策，于是他对选择该对策的预先承诺也将显得非常可信。但令博弈者B感到十分懊恼的是，他在此

时发觉，最理性的选择策略仅仅是选择策略L。要让博弈者A可以实现他的决策行为，必不可少的一步就是要有一个预先许诺的技术，让选择策略L的利益能够产生变化。预先许诺技术必须有一定的监督机制，或者要求第三方同意并和他达成一种附加约定，或者甚至需要一个可以惩戒失信者的机制。

监督和惩罚都是被动可信要素，在这里要求积极的可信要素，如协议力量信息要素传递，所以，第二个可信性来源和行为人的契约能力是直接关联的。二元产权主体不对等的力量，能够以许多不同的方法影响企业经营结果。一般来说，假设A能以某些方法影响B的选择，那么，人们就说A比B的力量更大。在此处，这也就是约定策略的重点之所在。虽然有很多表示契约或互动特征的不对等力量的资源，但人们仍然必须将一些最有可能制约非正式制度自发产生的资源分离出来。在任何一次协议交往中，很多因素都能够决定相关的协议力量：产权主体可以支配的各种资源、他们的智慧以及他们先前的商业经验等——但由于没有一个更好的术语，所以我们可以暂且将这种无形的东西都叫作协议智慧。[1]这种协议智慧的来源更可以与大量资源的所有权相关联，这也正是梅纳德-史密斯所谓的"资源占有力量"。[2]企业管理流程中董事身为人力资本拥有者，在其履行职责时违反注意义务虽然给企业拥有物质资本产权的主要股东带来了相应的经济损失，但董事本人并非必然是这一行为的受益人，该过失会导致职业经理市场对董事评价的下降，主要董事也会成为这个疏忽行为的受害人。企业是主要股东获取收益的工具，当企业赢利时，主要股东获取部分收益，而人力资本所有者仅仅通过合同获取回报；企业经营失败后，主要股东受到有限责任原则的保障，但董事却要对经营失利负有无限责任，而且，必须因营业损失对企业承担责任，这其实正是要求人力资本所有者对企业承担让主要股东只赚不赔的义务。而企业一旦把人力资本所有者董事注意义务规范得过低，又或者干脆全部免去了董事违反注意义务的职责，则将会使

---

[1] Bachrach, Samuel B. and Edward J. Lawler. Bargaining: Power, Tactics and Outcomes. San Francisco: Jossey-Bass, 1981.

[2] Maynard-Smith, John. Evolution and the Theory of Games. Cambridge: Cambridge University Press, 1982, P.35-36.

股东的权益处在一个非常容易被侵害的状态。所以,最合理的方法,便是让公司按照情况在章程或内部规范中予以不同的规定。[①]很显然,在该弈局中,人力资本拥有者居于劣势,而物质资本拥有者则居于强势,那为什么董事还能容忍该博弈状态,努力工作,合理进行风险经营,实现纳什均衡呢?其原因在于董事相信作为物质资本产权主体所有者的股东具备资源拥有的力量,该力量为其提供了对董事违反注意义务赔偿责任进行限制的承诺。

博弈各方协议互动行为中,最关键的资源,便是二元产权主体从冗长而代价巨大,甚至是在最后失败的协议中所能掌握的资源。而这些因素也可以被视为一种产权主体在协议努力失败后所保留的现有资源,人们甚至也可以将它视为二元产权主体协议时使用的其他选择。但很显然,在许多情形下人力资本产权主体和物质资本产权主体相比较,在协议努力失利后仍然处在劣势的地位,这也是由人力资本产权的特征所决定的,在其中,人们也发现了竞争的存在是如何影响相关的协议能力的:它也影响着产权主体其他可能的选择。在表4.1的对弈模型中,失败值ΔA,ΔB,亦取决于这些资源,只要假设$\Delta A=\Delta B$,失败值相等,我们就能够得到在博弈中没有关键的不对等协议力量的结论。但是,只要假设$\Delta A>\Delta B$或$\Delta A<\Delta B$,我们就又有了一种不对等协议力量的例证。

协议理论中的权威论点指出,如果A比B具有更强的协议力量,如在"物文主义"的公司制度中,A作为物质资本出资者控制着整个公司的股东地位,而他们又被看作既是企业的初始出资人,也是企业风险的最后承担者,他们在整个企业活动的博弈过程中处于主导作用,是企业剩余控制权和剩余索取权的主体。A通常将在协议收益分配中取得更多的股份。[②]我们应该利用失败值的不同结果理解这种观点的基本内涵。要理解这一点,请先思考一个失败值$\Delta A>\Delta B$值不对等的博弈。现在,博弈者B的失败成本将要大于A。假设博弈者A现在能够向博弈者B传达,不管博弈者B如何抉择,他都将选择R策略,那么B又将会如何做出选择呢?也就是说,这种信息又将

① 罗培新等:《公司法的法律经济学研究》,北京大学出版社2008年版,第188页。
② Maynard-Smith, 1982, P.105; Os-borne and Rubinstein, 1990, P.88-89.

会给B的抉择造成怎样的影响？回答将取决于B对A的承诺可信性的评估。有重要的理由认为，B将会接受A的承诺可信性，而以选择L策略为回报。但事实也是这样的，在1985年美国特拉华州Smith v.Van Gorkom一案中已经产生了通过章程"选掉"公司法，从而实现了减轻董事责任的风潮。美国联邦律师协会已达成的《公司治理原则》第七节提出，准许股东在宪章中规定，董事违反注意义务所引起的赔偿责任，应不高于该董事当年从企业取得的报酬。而一些专家学者越走越远，在1986年5月就《公司治理原则》展开评议期间，有着"公司法经济分析之旗手"美称的伊斯特布鲁克更是提出，应该准许其他股东透过投票修改章程，对人力资本所有者的董事违反忠实义务的法律责任作出免责。这甚至令拥护者也大为惊讶。[1]上述问题常让带有经济学倾向的公司法研究者产生思考。部分研究者开始意识到，当事人双方的契约安排优于法律规定，只要各方合意，他们就能够修改公司规则，或者就能够打破传统的有关董事、经理不能利用公司机会或者在不能获得许可以前就不能进行利益冲突交易的条款。但事实上，立法者们和富有经验的法官们对此并不全然赞同。他们相信，一位理性的、信息丰富的投资者绝不会轻易同意公司章程的调整，尤其是做出限制或者豁免董事信义义务的决议。笔者的观点与此不同，之所以现实中美国法律协会完成的《公司治理原则》第七节有如此规定，恰恰是认为投资者，也就是物质资本产权所有者相比董事作为人力资本产权所有者而言，信息是不对称的，在该弈局中，虽然投资者的失败率高于董事的失败率，而此时，降低董事部分失败成本，注意这里有个比较成本的概念，也就是董事的薪酬占其收入的比例值事实上高于公司利润损失占投资者收益的比例值，进一步说董事失败成本依然高于投资者，这样一来，董事不仅不会违背投资者意愿，而且会充分发挥其潜能，敢于冒险，维持有利于投资者的策略选择，帮助投资者获取更大的利润。费舍尔和布拉德利也指出，如果股东选择放弃对严重违反信义义务的董事进行相关起诉，只会提高股东的整体利益，

---

[1] See Robert C. Clark, Contracts, Elites, and Traditions in the Making of Corporate Law, Columbia Law Review, 1989, P.1714-1715.

因为市场能够形成对管理层不当做法的制约。[①]在这里最主要的观点包括"可用资源"和"对待相关风险的态度"之间的关联。资源的拥有情况会影响一个人对待相关风险的态度,资源的拥有与接受相关风险成正比例关系,而资源的拥有则与对相关风险厌恶成反比例关系。从博弈者B的观点出发,这个关系就意味着,有两种相关的理由可以促使他发现A诺言可信和选择对策L。而一旦B意识到不对等性,则他有理由认为A可以信守其诺言。事实上,由于B将会承受更大的损失成本,他也将越来越偏向于风险厌恶,并由此变得更不会怀疑A的诺言。而这些风险厌恶也使得其更愿意认可承诺,而选择对策L。行为人之间资源占有的差别越大,失败值与风险态度之间的关联也就越密切。也就是说,当ΔA与ΔB的协议力量差别越大时,B选择战略L的概率也越大。

如果二元产权主体之间并不了解对方的情况时会怎样?因为到目前为止,笔者都是在假设二元产权主体双方充分认识互动的性质,以及失败值的不对等。对于资源不对等的确认,将使得B接受A许诺的可信性。而事实上,即使B无法判断他与A之间失败值的差距,但我们却有理由认为,一旦他明白了自己是弱者,他就更有可能回应A的许诺。因此我们可以通过分析B,评估其与强者约定的概率来理解其原因。比如说,B知道强者承诺了R对策,而弱者确定了对策L。假设B不清楚与他对抗的是哪一种参与者,他就必然会将自己的决定建立在与强者约定的主观性概率p上。我们所必须了解的是某个起始概率值,在这些起点数值上,他假设和强者博弈并选择对策L是正确的。因此,我们可以通过计算博弈中的混合策略均衡得出这个起点值。

在重复博弈的情形下,一种能够得到的解释方法就是博弈者分布的概率。因此,在这个约定情形下,我们可将为策略R所指定的概率理解为产权主体遇到强者的可能性。在这一博弈中,对博弈者A而言,均衡的合作混合策略就是选择了策略R,概率是

$$(x+\in B-\Delta B)/(2x+\in B-2\Delta B)$$

[①] See Fischel & Bradley, The Role of Liability Rules and the Derivative Suit in Corporate Law: A Theoretical and Empirical Analysis, 71 Cornell Law Review, 1986, P.277-283. 罗培新等:《公司法的法律经济学研究》,北京大学出版社2008年版,第84~85页。

选择策略L的概率为

$$(x-\Delta B)/(2x+\in B-2\Delta B)$$

A的混合策略概率让我们能够得到B的起点值。如果

$$P=(x+\in B-\Delta B)/(2x+\in B-2\Delta B)$$

那么，B在策略L和R之间无所偏好。但是，如果

$$P>(x+\in B-\Delta B)/(2x+\in B-2\Delta B)$$

他将偏好选择策略L，且接受较少的收益x。

注意这里P和ΔB的关系。p值对于强者和弱者而言是否一致？如果我们计算$\frac{\partial_p}{\partial_{\Delta B}}$，我们就可以确定$p$如何随着不同的$\Delta B$值而变化。在这个例子中

$$\frac{\partial_p}{\partial_{\Delta B}}=\frac{\in B}{(2x+\in B-2\Delta B)^2}$$

因为根据定义$\in B>0$，并且因为分母应该是正数，所以得出结论就是，由于失败值的增大，起点概率p也将相应上升。这就表明了由于行为人失败值的降低，是弱势，从而使得其所偏好策略L的起始值也相应下降。所以，假如他处于弱势，他遇到强者并且接受A许诺的概率，要比他是强势主体时要低。可见，尽管B对A的状况并未确定，但假如B得知自身是弱势一方，那么，他比强势时更容易相信对方的许诺。当然，他的意愿还是取决于他对A是强势概率大小的主观判定。他的能力越弱，许诺有效所需要的概率就越低。实际上，在公司治理秩序中，具有控制权的股东和小股东之间的矛盾冲突中，为了维护中小股东，[①]通常采用任免权对策、决策权对策、依托对策等，其问题主要是在公司治理中，对小股东权益的保护往往和整个股东层的权力大小成反比，其结果是，不管公司的股权结构模式如何，主要公司法国家很少愿意变通治理规则来保护小股东的利益，这里以任免权策略累积投票规则为例说明此问题。该规则允许持有股份超过临界线的股东有权选择一名或多名董事。这些代表中小股东权益董事的权力，能够通过授权其委员会主席的职位以及选择性否定权而得到提高。比如在俄罗斯通过的新公司法中，就规定了强制性累积投票表决权制度，以保护中小

---

① ［美］莱纳·克拉克曼等：《公司法剖析：比较与功能的视角》，刘俊海、徐海燕等译，北京大学出版社2007年版，第71页。

股东在董事会的代表权。[①]虽然按比例投票能够维护中小股东权益的潜在价值，但没有国家对此作出过强制规定。在这一点上，日本的做法与俄罗斯很相似，它的默示规则满足了所有企业股东累积投票的要求，而几乎每个日本公司均在章程里排除了这一规定。[②]在美国，强制性累积投票范围曾经相当广泛，[③]但只有极少的一些州留存至今。[④]反思各国小股东为什么如此有"涵养"，具有如此高的容忍度？笔者认为，基于以上博弈的分析，这种策略的选择恰恰是小股东作为弱者深思熟虑后的理性结果。有些学者或许会质疑笔者的论点，难道小股东在现代公司治理秩序中是人力资本产权所有者？在这里，笔者探索性地提出了一种看法：在现实博弈过程中，人力资本产权主体和物质资本产权主体之间只是一种相对的概念，并没有绝对的数量问题，在上面的弈局中，小股东相比大股东，所表现的是人力资本产权拥有者的共同特点，而前文就已提出人力资本产权应包括所有权权能、占有权权能、实际使用权权能、法权使用权权能、收益权权能、实际处置权权能和法权处置权权能等权能组成。事实上不论是为小股东提供董事席位，还是通过投票获得拥有董事席位的"代言人"，其根源并不是对物质资本产权的所有（这只是基本条件而已），而只是基于法权使用权权能与法权处置权权能的转让而已，因此小股东在此弈局中所表现的是人力资本产权特征。当然该点仍需与同行学者予以商榷。不仅如此，若借助经济学的比较优势观点分析此问题，该弈局中小股东在物质资本产权主体中同样处于弱者地位，这种明显的弱势，使得小股东选择了"沉默"这一比较理性的策略。

---

① 《俄罗斯股份公司法》第66条规定，倘若股东数超过1000人，就必须进行累积投票；倘若股东数不足1000人，公司章程也可规定累积投票。根据该法第66条和第81条至第84条之规定，就各种利益冲突交易包括涉及控制股东利益的交易，必须由无利害关系董事一致通过；从而无利害关系的代表小股东的董事可以阻止通过公司和控制股东或经营者之间的所有交易。参见［美］莱纳·克拉克曼等：《公司法剖析：比较与功能的视角》，刘俊海、徐海燕等译，北京大学出版社2007年版，第64页。

② 参见：《日本商法典》第241条、第256—3条。

③ 参见 Jeffrey N. Gordon, Institutions as Relational Investors: A New Look at Cumulative Voting, Columbia Law Review 124, 1994.

④ 加利福尼亚州对非上市公司有此要求。参见：《加利福尼亚公司法典》第708条a款对于累积投票采取强制主义态度，该法第301.5条a款授权上市公司排除累积投票。

对弈中的不对等性另有两种情况可能会影响B对策略L的支持。一个因素和持续协议的成本相关。承诺的尝试（例如A所作的尝试）可能会延误协议的时间，以及延迟结果产生的时间。就像对风险的态度一样，时间偏好可能改变协议问题的结果。面对风险的心态与谈判失败的后果相关；时间偏好则与取得成果的时间选择相关。虽然二者有所不同，但均受资源拥有状况的影响。假如一个人占有了更多的资源，他就会较少地依赖谈判的成果，他在谈判过程中也会更有耐性。虽然持续的谈判也是消耗时间的，不过，一个有耐性的谈判者会更少关注产生成果的等候时间，这个耐性也因而成为一个谈判优势。

时间偏好是可以通过我们对未来折现的参数来判断的。学者鲁宾斯坦（Rubinstein，1982）说明了谈判人员的折现参数的不同会影响结果的分布：具有较高折现参数的谈判者才会获得很大份额的收益。这里的含义是：假设A与B具有不同的时间偏好，未来合同的价值对A来说大于对B的价值。但因为合同成本比较高昂，而假设未来某个可能的较大份额因为一系列的折现系数而减少，则相比之下，B更乐于承受目前的较小份额。在讨价还价模型（表4.1）中，有一些参数d对于B来说，在$d(x+B)$和x之间并无偏好。假如A的承诺推迟了协议中结果的兑现，延误的成本也可能影响B的策略。如果B的d大于$\frac{x}{x+\in B}$，那么，他将接受A对于策略R的承诺，并选择策略L。企业股东和缔约人（债权人、职工和顾客）之间的关系也是企业三大代理问题之一，在这里将以企业股东投资和技术合作为例解释该弈局。就企业新技术开发合同来说，股东投入很大，利润巨大，但由于时间较长，风险也不确定，对技术员工来说，合同成本高昂，但未来较大份额因为一系列的计算系数变化而减少，此时，技术员工可能选择维持现状，特别是技术员工无法承担由于股东的承诺未及时兑现而形成的时间成本。

不对等力量的另一个含义，与可能采取报复行动的威胁有关。这里的威胁是指行为人影响其他人行动选择所产生利益的能力。例如，如果B不选择策略L，A就可能威胁报复B。威胁的结果可能增加B的压力，迫使B接受他自己并不偏好的选择。其原因是，威胁报复（如果实施）将会增加采用策略R的成本。在表4.1中，假如A能够对B施加惩罚c，这将改变（L，R）均衡的收益，因而ΔB>x+∈B−c那么，L将成为B的主要策略。对B来说，由于报复成本的高昂，所以问题就变为威胁是否可信：如果B忽视威胁选择策略R，那么A是否会采取报复行动呢？这就引出了非正式制裁的合理性问题。其实，在一种简单的互动中，威胁往往是不合理的，而在一个复杂互动的持续关系中，威胁则是一个合理的策略。但是，在长期的社会关系中，不对等力量的行为人之间形成威慑，这一威慑会促使A信守R承诺，并且限制B的行动。

总而言之，一个没有多少选项甚至没有有利选项的人，更偏向于尊重其对手的诺言。在这些情形下，有能力的人的承诺，能够很明显地影响均衡的选择。公司二元产权主体因在均衡结果上未能合作，而承担了巨大的代价，可是这些代价并非平均承担。当所有产权主体都知道了这种差异时，他们就可以影响某些策略的可信性。

4.3 二元产权视角下公司治理秩序的博弈性制度化[①]

二元产权主体从分散博弈中得到了彼此的承诺，当意识到履行约定是自身对其他人行为的良好回报时，他们就会慢慢产生规范化的愿望，而扩展进程便开始了。制度化成为公司成员对行动策略规范的确认过程。对外部强化的法律制度而言，这种确认过程是非常简单的：国家通过标准程序来制定这种准则，并实现对它的确认（Hart，1961）。而在单独互动中所确定的承诺，是如何被作为整个公司所认可的准则而得到承认与遵守的呢？

哈耶克的文化演进理论认为，文明的进步就是知识的增长和积累，"知识"一词本身就"包括所有人类凝结了先前经验的环境适应。"[②]这里，知识不仅包括有意识的、显现的个体知识，可以陈述交流的科学生活等知识、而且还包括了"我们的习惯和技能，我们的情感态度，我们的工具，和我们的制度——所有通过选择淘汰所形成并积累的过去经历的适应

[①] [美]杰克·奈特：《制度与社会冲突》，周伟林译，上海人民出版社2009年版，第144~150页。
[②] Hayek, The Constitution of Liberty, Chicago: The University of Chicago Press, 1960, p.26.

状态"①。哈耶克这里所谓的知识既是文明,也是社会秩序本身。社会秩序包括了我们的个体习得、文化演进以及二者共同构成的不断演进的社会事态。这里应强调指出,知识的三个组成部分(基因知识、文化知识和原子知识)和心智共享理论,共同构成了二分心智模型。所谓二分心智模型,是指由于个体原子知识的存在和不断创新,且不能为其他个体所享有,因而形成个体自身的独立性、个体自我知识、个体自我信念和行为选择等个体知识与行动;另外,由于个体间的共同环境和心智共享,形成一种个体间局部或整体共同的认知、共同信念和集体行动等背景取向型社会资本。二者之间相互影响、自发生成,正是二分心智模型导致个体习得和文化演进各自独立存在又相互影响,使得社会中的个体自身的独立性、个体自我知识、个体自我信念和行为选择的形成;个体间的局部知识和共同知识、个体的社会性、共同信念和集体行动得以生成;文化得以生发与演进。②

规则的扩散产生也表明,确认是一种动态的过程。确认要求个人习得的能力,而心智共享则使个人能够借助彼此的沟通,并通过间接经验与知识学习,快速地扩大个人认知的深度与广度,并随着个人认知范围的扩大,逐渐适应了我们与之交往的他人的行为,并根据其结果进行了调整。而随着时间的推移,人类逐渐认识到他们在社交生活中所常用的某些策略,同时他们也从自己的生活经历中得到了他人活动的信息,并运用这一信息来确定自身在未来的行为。而一旦共同的交互经常进行,那么,这些人也将会以相对固定的行为组合而趋向一致,并且这个行为组合将被视为约束未来交互的非正式原则而获得认同。笔者以下讨论的要点,就是这个分散的确认过程是如何经由不对等力量所支撑的承诺而实现的。

规则的分散生成,可用于对复杂博弈的构型来进行模型化。③特定结构的构型依赖于最基本的社会状态。社会互动有诸多方式,如家庭、公司、市场交易等,但笔者首先讨论两个代表性的互动:家庭成员的互动与市场

---

① Hayek, The Constitution of Liberty, Chicago: The University of Chicago Press, 1960, p.26.
② 惠双民:《社会秩序的经济分析》,北京大学出版社2010年版,第34页。
③ Calvert, Randall. "Elements of a Theory of Society Among Rational Actors". Paper Presented at the Public Choice Society annual meeting, New Orleans, 1991; Schotter, Andrew. The Economic Theory of Social Institutions. Cambridge: Cambridge University Press, 1981.

交易的互动，二者为互动关系的两种极端表现。家庭成员的互动过程是指一个人和一小组成员之间保持着持续的亲密关系，而学习过程则是与同一部分人在重复交往中的沟通与调整。所以，家庭可以被认为是一个重复的讨价还价博弈，包含的是几个比较稳定的参与者。确认问题可以表现为在重复博弈过程中，针对相同成员的策略并据其进行调整的学习。就家庭以外其他与确认过程密切相关的人来说，也能够作为家庭互动新策略的范本，并能够在基本关系情况下加以检验和模拟。市场交易的互动体现为某个人的一系列重复交互的构成部分，不过，与之交互的某些人也可以在各次交互中发生变化。学习过程是一个互动与调整的过程，包含的社会行为人很多，而且不同的社会互动都有着相同的基本协议结构。经济活动也可能被看成行为人发生变化的反复博弈，为了确认问题必须掌握在反复博弈活动中各种类型的对策并作出适当调整。而许多社会关系的特点也往往是这两个极端形式兼而有之，[1]公司的情况便是如此。在公司中，劳资双方之间建立了持续的人际关系，员工们处于与大体上相同的人的重复交往状态，但是这群人中的每一个人，还可以是与其他公司或公司以外的行为人之间相互交往的重要组成部分。对这些人而言，学习过程较为烦琐，必须通过一系列的社会策略加以调整。

两种极端的社会互动所反映的都是不同的持续结构，因此得到了最有可能影响整个学习过程的信息类型。这其中包括两种信息类型：历史性信息（家庭型互动）与价值性信息（市场交易型互动）。而这两种信息不同的依据直接形构出两种博弈态势：基于历史性信息博弈、基于价值性信息博弈。

根据历史性信息博弈，依赖于对手在过去对弈行为的信息：博弈者在博弈t中的行为，是对其在博弈$t+1$中行为的充分预报。"假设行动"的逻辑，将预期建立在任何过去的博弈行为之上：博弈者"凭经验预计到对手下一回合行为的概率分布与过去行为中的概率分布相匹配，而选定最优化

---

[1] Schotter, Andrew. The Economic Theory of Social Institutions. Cambridge: Cambridge University Press, 1981.

4 二元产权视角下公司治理秩序演进的博弈分析

其收益率的对策"[①]。这里的假定是，一个博弈者在博弈t中的行为，可通过他在博弈t-1中的选择分布来预测。而基于价值性信息博弈表现为对弈者摒弃了某些行为人过去的做法，而是将重心全部置于有关博弈收益的消息上了。在这种模式中，策略行为人利用自身对现有利益的认识、对合理性和对其竞争者所拥有消息的把握，来预测这些竞争对手的策略。家庭成员的互动中，各成员必须与性格相同的博弈者重复博弈，要求把重心置于群体成员过去的行为之上，即所谓基于历史性的信息博弈；市场交易的互动则表现为各成员之间和不断变动的博弈者之间进行反复博弈，因此需要把主要的关注点放到利益结构上。米尔格罗姆和罗伯茨说明了两种理论的优缺点。基于价值性信息博弈过于注重最近发现的情况，而忽视了所有能够从收益与倾向于寻求利润的博弈者类型的关系中推测得出的信息；基于历史性的信息博弈则过分注重于遥远的过去，将第一次的博弈和最近一次的博弈等同起来，从而忽视了其他人将会在博弈过程中学习的可能性。对于每一个追求稳定其在日常社会状况下的生活期望的社会行为人而言，过于依赖于任何单一类型的信息，都将会产生难以达成一致的问题，甚至将使得实现的结果不能令人满意。米尔格罗姆和罗伯茨得出结论指出，一种深刻奥妙的学习模式将容许策略行为人将两种博弈信息加以更有效的融合。前文谈到公司二元产权主体的交易与互动就是基于两类博弈信息的整合，而博弈信息最为有价值的核心，为公司中拥有相对优势的产权主体作出的承诺，该承诺推动了协议达成。使得预期力量的不对等推动公司治理秩序的分散形成。公司二元产权主体在不断地互动中，具有相似资源的产权主体逐渐建立起某类成功互动方式。而由于其他产权主体意识到，自身也正和具有这些资源的行为人互动，因此他们随之调整了策略，并使自身在对他人的承诺提供了预期的情形下，达到最佳的结果。此时由理性选择所形成的行动利益占据了主导地位，并随着行动持续时间的延长，理性行为人将不断调整自身的行动对策，直至实现均衡状态。而随着这种过程逐渐被确认为均衡策略以后，一种自我实现的公司治理秩序便产生了。此时产权主

[①] Milgrom, Paul, and John Roberts. "Adaptive and Sophisticated Learning in Normal From Games." Games and Economic Behavior 3, 1991, P.82-100.

体将理性的选择准则,并依据准则要求而行动,获取相应的惯例利益。公司中股东会批准的要求一般适用于公司兼并或公司新设合并中的双方或各方当事人。公司兼并通常需要得到兼并公司股东会批准(即使并不修改其公司章程)的事实证明,公司法与其说是注重形式上的法律主体,还不如说是重视公司活动的总体规模,并且通过这种做法可以剧烈改变收购方公司管理权力和结构的可能性。[1]不过,在收购方企业远远超过目标企业,而并购行为没有自发产生公司章程时,多数国家不需要收购方企业股东会对此进行批准。例如,根据《特拉华州普通公司法》第251条第6款之规定,倘若存续公司另外发行的股份少于20%,就不需要股东投票表决。根据《德国重组法》第62条之规定,倘若存续公司拥有90%以上的法定资本,则无需股东投票表决。根据《日本商法典》第413条第三款之规定,倘若存续公司另外发行的股份不超过5%,且未用超过公司净资产2%的现金予以支付,则无需投票表决。与此相比,《法国商法典》第236-11条规定,公司兼并必须经存续公司股东会批准,即使母公司兼并一家其拥有100%股权的子公司也不例外。也请注意,倘若一家子公司被实质上持有其全部股份(通常是90%以上)的母公司兼并,收购公司的股东在这种"简易兼并"中不享有表决权。其背后的基本理念是,收购方公司股东们只不过是用零花钱买下小额商品,而这种小额收购活动也只是基于税收或其他因素的考虑而被简便地塑造为兼并行为,因而股东投票也毫无必要。[2]

  制度化过程的本质是拥有相对优势的产权主体作出的承诺被确认的过程,为什么具有相对优势能够促进"确认"的生成呢?原因有三:其一,基于资源拥有数量差异形成控制资源能力的不对等的可见性。决定了力量不对等的大量资源,比任何种类的资源都更易于被察觉到。在简单的相互作用中,人们有关操控资源能力的信息比有关行为人动机的消息,以及对收益逻辑的了解的消息更易于被察觉到。而也正因为这样,梅纳德-史密

---

[1] 参见:Arturo Bris and Christos Cabolis, Adopting Better Corporate Governance: Evidence from Cross-Border Mergers(Working Papers 2003, ssrn. Com)。作者考察了在1990年至2001年间,来自49个国家和7333个行业的跨国兼并导致的投资者保护的变化。

[2] [美]莱纳·克拉克曼等:《公司法剖析:比较与功能的视角》,刘俊海、徐海燕等译,北京大学出版社2007年版,第162~163页。

4 二元产权视角下公司治理秩序演进的博弈分析

斯总结说,就是由于资源操控能力的高可察觉性,才加强了人们据此做出承诺的高可信性[①]。其二,基于结构力量差异,形成控制资源能力不对等的"频繁性"。公司中最有机会解决重复协议互动问题的那种掌握资源的能力,也是公司中大多数人同样具备的力量,也就是那些基于公司治理结构中系统分布的资源力量。但请注意,这里提到的是一个频率问题。在如此广泛的一系列互动中,以处理重复协议问题的某种方式达到了统一,而这也应当是最能经常处理个体问题的因素所形成的结果。而假如人们掌控资源的能力在企业治理结构中的系统分布,这个结构的作用也应当是人们最频繁地处理这一类问题的因素。而这个结构的作用形成了二元产权主体权力的特定分配,而正是这个特定的分配也促使了不对等力量的产生。在一个多次协议互动的动态过程中,由于这种力量不对等和产权主体间可辨差别的关系,使得调整流程更加简单化(资源控制分布所表现的结构的力量:治理结构的力量)。其三,掌控资源的力量决定了协议问题中的失败值,由力量不对等为基础的承诺形成了与博弈者类型、对策和利益相关的信息。由力量不对等而形成的信息,应该最有可能使对策预期趋向为各种稳定的组合,影响预期结果的不同信息都会彼此加强,而这些预期也会在不同的学习环境中传播。承诺、失败值与产权主体利益互动的特点,都会强化对各自未来的预期,而由力量不对等而形成的策略组合,是协议过程中最重要的特点。这三个理由共同说明,公司治理中基本分歧特点的不对等力量,形成了策略确认过程的基础。以公司章程的修订为例,[②]世界各国都要求公司章程的主要修订必须得到公司股东会同意,这样,才能保障股东的整体利益,避免因董事单方修改公司章程中规定所造成的重大损失。而根据这一认知,世界各国也往往强制公司章程规定一些绝对必要条款,以规范公司结构中的特定活动。例如,世界各国都规定公司章程记载授权发行股票的数量、每股面值(在有面值的情况下),以及股票类别和这些

---

① Maynard-Smith, John. Evolution and the Theory of Games. Cambridge: Cambridge University Press, 1982: 147-148.

② "公司章程作为自治性规范,不得与公司法的这些强制性规定相抵触。"源自吴弘、李霖:《我国公司章程的实践问题与法理分析》,载顾功耘主编:《市场秩序与公司法之完善》,人民法学出版社2000年版,第230页。

股票蕴含的权力、权利、资格和限制。当然，除上述的强制性规定，公司发起人也可以在章程中增加不得与公司法抵触的任意性条款。但公司章程中的限制性规定在不同国家具有一定区别。第一个区别就是董事组成的差异。在部分欧洲国家，董事的构成问题（如董事席位的数量，但不包括董事会下属委员会的数量和职责），都需要载明于公司章程，且仅能由股东绝对多数决才能修改。[1]与此相反，在美国与日本，这些规定通常被记录在公司内部的细则而不是公司章程当中（虽然也可以同时记载于两个文件之中），从而使得董事会可以单方更改公司章程。[2]另外，现代公司法大国的发展趋势是，要求在上市公司监事会下设审计委员会和其他委员会。第二个差异涉及公司实缴法定资本的声明。这一声明在欧洲必须载于公司章程，而美国和日本则无此要求。[3]对各国公司法章程相关实证问题的论述，进一步认证了，由于各国公司内部二元产权主体在其公司治理结构中的协议力量不对等，而形成了差异性策略组合，差异性策略组合构成了二元产权主体协议过程的显著特征。学习与适应过程类似于标准进化论中所叙述的相应过程，但是，在它们之间却存在着一个巨大的差异：在形成制度的基本机理上，存在着根本性的不同。这种策略冲突的理论是以行为人通过采取承诺未来行为上的策略，来约束对手行动的能力为前提的。而标准进化论是以制度通过在互动结构的显著特征上的协调合作，而任意发展为前提的。尽管学习过程也许相同，但对策调节的动机却各有不同。一种学说通过对一些有力量作出对未来许诺的人的收益来说明制度的最后形态；而

---

[1] 根据《德国股份公司法》第95条之规定，倘若德国股份有限公司的监事会成员超过3人的最低要求，则公司章程必须详细规定监事会的席位数。根据《法国商法典》第223-18条之规定，当法国有限责任公司章程设立任期有限制的董事会时，则必须写明董事会的席位数。对于法国股份有限公司而言，公司章程只需法律允许的范围内（3至18人之间）规定董事会席位的上限即可。德国法律允许有限责任公司在董事会席位数方面享有更多的自由度。有限责任公司可以写明具体数目，也可以设定一个范围，还可以将此问题留给另外一个机构确定。参见：Marcus Lutter and Peter Hommelhoff, GmbH-Gesetz Kommentat , 2000: 5.根据1967年《法国公司法》第90条、《德国股份公司法》第107条之规定，法国和德国股份有限公司的董事会可自由决定是否设立委员会。

[2] 在美国大多数州，公司内部细则是公司基本章程的一种，可由董事会或股东会修改。

[3] ［美］莱纳·克拉克曼等：《公司法剖析：比较与功能的视角》，刘俊海、徐海燕等译，北京大学出版社2007年版，第166~168页。

另一种学说则用趋向某个占优结果的无意识行动来说明制度的最后形态。

综上所述，二元产权主体不对等博弈产生的公司治理秩序协议理论，进一步说明了非正式"规则的网络"的自发形成，这些非正式"规则的网络"形成了公司章程的基础。它也说明了这些章程是如何反映和加强公司治理中基本的不对等情况：二元产权主体协议力量的不对等。也进一步证实了，虽然公司治理秩序将在分散的过程中产生，但这并不意味着它们是任意的，而是在二元产权主体分配冲突中，通过不对等交易分散形成的，进一步说明公司治理秩序是作为大量冲突的副产品而出现的。

4.4 二元产权视角下公司治理秩序的博弈性演进[①]

公司治理过程中，二元产权主体展开了不对等的博弈，该过程中双方不断产生矛盾，不断紧张的人际关系也此消彼长，甚至危及规则的稳定性，公司变革治理秩序的动力油然而生。但秩序的演进并非易事，因为其自身也存在着很大的弹性区间，一旦双方博弈冲突不能超越临界点，治理秩序就无法实现最终的演进，而这种演进就需要改变二元产权主体的预期，这就要求那些可以承诺未来策略行动的产权主体改变他人所关注的均衡结果。而这种均衡结果的改变，是基于二元产权主体协议力量的变化而产生的。产权主体间协议力量的变动引起利益分配结果的改变，而利益分配结果的改变又会影响二元产权主体对公司治理秩序偏好的变化，从而产生实现制度化的动机。在现行公司治理秩序中居于劣势地位的产权主体，也总是存在变革制度的动力。而分配结果中的两种重大改变，也在增加公司这种寻求改善的动力。第一，产生公司利润的外界条件和环境都可以发生变化。这种变化的产生，是由于具体的公司治理秩序之外，控制资源的力量发生了变化。不过这种变化将是整个公司治理结构系统性的变化。公司中二元产权所有者力量的调整，是指除了影响二元产权主体的对策选择之外，能够影响公司治理结果的变量。例如，不论是外界的经济条件或者

---

① ［美］杰克·奈特：《制度与社会冲突》，周伟林译，上海人民出版社2009年版，第150~155页。

技术手段都会发生变化，进而影响一家企业的盈利水平，以及其在物质资本产权主体和人力资本产权主体分配比例上的变动，从而形成了新的企业构建其活动的方式（North，1990）。伴随着科技的进步，以及产业的升级，人力资本产权所有者控制企业外部资源的能力也日益增强，以美国加州硅谷为例，人力资本产权所有者在该区域的"吸金能力"已经大大高于物质资本产权拥有者，这对于传统的科层制提出了挑战，对传统企业管理架构中的物质资本产权主体的领导地位也提出了挑战，其后果直接造成了松散的或缺乏层级制的平行利益分配中心型组织的产生。有些企业经营者持有大量股票，或者利用所持有股票价值的上升获取巨大收益，而其他员工也可以得到较高的计件工资。但有时候企业对经营者和其他员工劳动条件的最大补偿，也只有薪酬和奖励。不难看出，公司的内部组织架构、控制组织成本制度、筹集资金和相应的回报制、权力分配等构成的治理架构会因行业而异，甚至一个公司也因时各异。无人有能力从总体上为公司规定一种管理模式，甚至不能够为一家公司设定永远适用的模式。[①]

第二，对现存治理秩序的调整，可以形成二元产权主体高不可攀的、难以预期到的利益分配效果。处于优势地位的产权主体，可以寻求一种能在短期与长期效果间形成差异的重大措施。长期效果或许是无意识形成的，但它影响着公司治理结构所产生的利益分配格局。这种变动形式将影响分配利益的方式，由此导致人们可能倾向新制度而不是现存制度。实际中，由于新《公司法》给予公司治理秩序调整巨大的空间，其中赋权性规则与补充性规则为《公司法》任意性规则，赋权性规则授权公司参与各方通过公司章程约定而自由设定规则，且这些规则均具备法律效力。由于新《公司法》大大增加了此种规则，但凡含有"可以""由公司章程规定""依照公司章程规定""经股东会或股东代表大会同意，还可以"等词句的法条，通常情形下归属于赋权性规则，这类文字在新《公司法》中一共出现了115处。补充性规则，也叫作"缺省的"或"推定适应"的规范。如《法国商事公司法》第100条第2款明文规定，"公司章程不能规定更高的多数的，董事会的决定以获得出席或由他人代理的董事的多数票通

[①] 蔡立东：《公司自治论》，北京大学出版社2006年版，第64页。

过"。我国《公司法》中含有"公司章程另有规定的除外""全体股东约定……的除外"等词句的条款，则为补充性规则，计有四条。[①]这里还需要指出一点，在公司章程的性质问题上，学术界大致有两种观点：契约说与自治说。[②]持前一种看法的研究者在英美国家中比较常见，如高尔指出的："章程应视为公司股东、董事以及高管人员之间订立的契约。"[③]而日本学术界则更接受自治说法，将章程看作是公司治理的内部治理规范。[④]笔者根据公司契约理论认为，企业合同是长期的、不完全的，作为契约联结内在组成部分的公司章程是一个不完全的、开放式的合同，而其充实与补充核心动力是公司内在与自发的，而非人为的治理规划。当公司治理秩序的变化有利于那些掌握引导群体达成新均衡结果资源分配的强势产权主体的时候，那么公司治理秩序就可能发生演进，这是不会受到《公司法》的阻挠的。不仅如此，处在劣势位置的产权主体（人力资本产权主体）能够影响强势地位的产权主体（物质资本产权主体）所可得的其他选项。从一个有限理性行为人的观点出发，这意味着以下关于利益的考量。一个劣势产权主体最佳的个人对策就是服从于公司治理秩序，尽管他个人偏好其他可选择的对策时也是这样：如果他单方面改变个人对策，并不能达到良好的效果。不过，一旦他能够与制度倾向一致的其他处于劣势的产权主体共同调整对策，他便能够得到一种更加有利的制度安排。要让个人选择的这一对策具备合法性，就需要保证，大量和他们处境一样的弱势产权主体都会选择这个对策。假如这种协同是可能的，那么所有利益关系和不对等力量都会产生变化，同时公司治理秩序也有可能改变。这是弱势产权主体（人力资本产权主体）的一种垄断性行为，但也要注意这是一种极端困难的集体行动问题。按照这样的思想，本书下面所要探讨的重点是分散秩序变化的重要阻碍：即如何实现集体行动的问题。这是所有尝试改善现有公司内部治理秩序安排时都会面临的一个重大问题，解决问题的关键是对新秩序

---

① 罗培新等：《公司法的法律经济学研究》，北京大学出版社2008年版，第95页。
② 罗培新：《公司法的合同解释》，北京大学出版社2004年版，第136~138页。
③ Paul L. Davies, Gower's Principles of Modern Company Law, 6th ed., London: Sweet &Maxwell, 1997: 120-122.
④ 罗培新等：《公司法的法律经济学研究》，北京大学出版社2008年版，第59页。

的偏好与力量的改变虽然能够在瞬间发生,但并没有立即通过有序分散过程发生,而是在大量重复的冲突过程中逐渐得到了证实。解释该问题,必须引入预期这一关键要素,公司治理秩序演进与公司治理秩序形成不同,公司治理秩序的形成是预期此时根本没有固定在某一规则上,而公司治理秩序演进,则需要说服公司二元产权主体改变一个已经确定的预期。因此公司治理秩序演进需要三个环节:二元产权主体确认不对等力量的变化;二元产权主体在已改变的不对等力量博弈互动层次上进行不断"尝试";二元产权主体策略选择上的逐渐调整,推动治理秩序的分散变化,以达到新的均衡组合,最终实现新确认规则的一致。请注意,公司治理秩序规则一致不等于单一,而是呈现多元化的模式,公司治理秩序的多元化本质反映了各国公司股权结构与对董事会态度的差异。欧洲大陆和日本比美国和英国的投资市场发展较为滞后一些,股权也更加集中。所以,投资人保护问题是英美法律的重要内容,但在欧洲大陆和日本,维护中小股东的权益问题才是最为关键的。相反,在股份分散的美国和英国,透明度对保障中小股东免受经营者机会主义行为之苦是关键,而由于在欧洲大陆公司中的控制股东往往能够很方便地掌握企业信息,因此透明原则就显得不那么重要。同样,在欧洲大陆和日本对股东会和(或)董事会批准的强制规定,可以起到控制股东的有效监管效果,而美国的诉讼机制则在股份高度分散的情形下同样能够充分发挥作用。

  本书以下将研究方向转变为,分析以何种分散博弈方式作为公司治理秩序演化的"主流",使人们可以透过表4.1,来思考二元产权主体在这种情况下的策略决策逻辑。在这里前提假设为物质资本产权主体为博弈中的强者A,人力资本产权主体为博弈中的弱者B。在当前的情况下,或许存在着一种非正式规则要求博弈者A选用策略R,而博弈者B则选用策略L。要注意,对于一个产权主体的策略选择,是由其对潜在的所有选项的预期效果来确定的,而对所有选项的预期效果,都部分地依赖他对与其互动的其他人所采取的行动概率评价。一种非正式规则的存在稳定了预期,也同时确定着某个产权主体的行动概率。

  在上述案例中,由于当前的治理秩序使博弈者B获悉,假设博弈者A选中对策R的概率接近于1。这一概率,使选中对策L的预期效用对B而言将是理性的选择。但现在，只要假设博弈者B想要改善现状，并选定了一个新的秩序（例如博弈者A选中对策L，而博弈者B选中对策R），他将会遇到这样一种事实，即他的决策变化并不会对其本身有益，除非博弈者A选中对策L的概率达到了某个起点数值，例如Pc，这将会使其选中对策R的期望效用超过了选中对策L的期望效用。假设我们将这种概率看成是博弈者A选定了某一对策的比率，则对博弈者B而言，关于治理秩序变化的问题可用如下方法表示：获得从博弈者A转向新策略L的最小概率，即起点值百分比Pc。除非能够实现这样的变化，不然，即使追求新规则也不能有利于博弈者B。

由于考虑前提条件（协议力量或分配成果）的各种变化对变动起点值的影响，可以发现分散变动尝试的风险程度，并进而由此判断比较有可能变动类型的意义。这样一来，人们就能够运用和前面分析力量不对等的相同程序，计算各个产权主体的混合策略来确定这个起点值。在表4.1的示例中，博弈者B的相关起点概率，即是博弈者A选取策略L的概率：

$$Pc=(x-\Delta B)/(2x+\in B-2\Delta B)$$

首先，让我们来考虑协议力量变化的效应。例如，如果我们设：

$$\frac{\partial Pc}{\partial \Delta B}=\frac{-\in B}{(2x+\in B-2\Delta B)^2}$$

我们将会得出，一个人力资本产权主体的协议力量与变化起点值之间负相关的关系。也就是说，由于博弈者B力量的提高，博弈者A选择策略L的概率也会提高，而其中博弈者A选择策略L是指博弈者B通过R策略达到较高预期效应的条件。上述协议力量变动后果的含义，因目前规则下公司产权主体之力量地位差别而异。一方面，倘若企业中强势物质资本产权主体的协议力量增强，便会提高目前状况的稳定性。因此，除非公司中强势群体也意识到，一个新型公司治理秩序的出现将会给予他们超额的收益，不然他们能力的增强也会加强他们所偏好的公司治理秩序安排即现状。另一方面，若在公司中居于劣势地位的人力资本产权主体的协议力量提升，则将有显著减少其改变现状所需的起点值之效应。假设，人们现在已经将一个公司治理秩序分配结果改变的效应提取出来，那么，协议力量改变的关联效果，将会是以下两种结果之一：加强当前状况，或者改变当前状况下相应的协议力量不对等状态，从而使得公司治理秩序向着更有利于弱势产权主体的方面发展。表4.2（a）是有利于强势群体的制度变化。而在寻求解释分散变化之时，协议力量改变的更有可能的效果，是向着更有利公司弱势产权主体的方面发展，也就是向重新分配变化的方面发展。

表4.2（a） 有利于强势群体的制度变化

博弈者A	博弈者B	
	L	L'
R'	ΔA, ΔB	$x+\in A'$, x
R	$x+\in A$, x	ΔA, ΔB

接下来，对可行治理秩序分配结果的变化效应加以分析。例如，如果我们设：

$$\frac{\partial_{P_c}}{\partial_{\in B}} = \frac{(\Delta B - x)}{(2x + \in B - 2\Delta B)^2}$$

即将看到，正因为$x>\Delta B$，于是，在新治理秩序的利益分享成果的增长与起点值之间，出现负相关的关系。也就是说，对一种新治理秩序的利益分享结果的增加，是博弈者B选择对策R以获得较高预期效用的必要条件，此时博弈者A选择对策L的起点值也会降低。

对于衡量这些关系的普遍含义，必须考虑两类不同的情形。一类是当前情况的改变，如引入新的公司治理秩序以使目前的优势产权主体得到更大的收益。这个互动结构，如表4.2（a）中所示：当前的规则具有策略组合（R, L）；而将给博弈者A提供额外收益的新治理秩序，具有策略组合（R', L'）。第二类情形是，现有一种规则将为目前的弱势产权主体提供了更大的利益。这种互动的基本架构，如表4.2（b）中所示：当前的规则拥有策略组合（R, L）；而将给博弈者B提供额外收益的新治理秩序，则拥有策略组合（L', R'）。在上述前提下，这种治理秩序改变产生的收益增加越多，实现这些变革所需要的起点值也更低。

表4.2（b） 有利于弱势群体的制度变化

博弈者A	博弈者B	
	L	R'
L'	ΔA, ΔB	x, $x+\in B'$
R	$x+\in A$, x	ΔA, ΔB

当判断哪种类型的分散变化更有可能时，最关键的问题就是：分配结

果的改变在这两种情形之下,是否效果大小都不同。结论依赖于两类变化的起点值的比较:

$$Pc=(x+\in A-\Delta A)/(2x+\in A'+\in A-2\Delta A)$$

现状受益者的起点值,也就是表4.2(a)所示:

$$Pc=(x-\Delta B)/(2x+\in B'-2\Delta B)$$

有关现状并不偏向的起点值,也如表4.2(b)中所示。当这些起点值都相等时,分配结果所改善的效果便一致。即可看出,在所有从治理秩序变动中所取得的相关利益都相等时,这些起点值相等。也就是,如果:

$$[(x+\in A)-\Delta A]/[(x+\in A')-\Delta A]=(x-\Delta B)/[(x+\in B')-\Delta B]$$

那么,增加的分配结果的效应,对于两种情况而言都一样。

但在它们不相等时,从公司治理秩序演进中获取较大收益增加率的产权主体,有较低的变化起点值。这也就说明了,在当前状况下的物质资本产权主体相对于人力资本产权主体而言,为了使变动起点价值相同,就需要新的公司治理秩序产生收益更大的绝对增量。假设现在已经将协议力量相对变动的效应提取出来,可行的公司治理秩序分配结果的相对变化效应,就决定于收益潜在增加的程度。那么对于当前状况下的处于弱势地位的人力资本产权主体,将会需要潜在收益的较小绝对增量来实现变动起点值的相应下降。但是在当前状况下,对于协议力量占优势的物质产权主体,在一定程度上存在着更大的风险,这种分析指出,分配变化更加能够产生有利于当前状况下的弱势人力资本产权主体的公司治理秩序。总而言之,分散的公司治理秩序演进都是困难且复杂的。变化预期的复杂性也意味着公司治理秩序演进滞后于二元产权主体利益分配的变化。而公司治理秩序是否能够分散化演进,取决于二元产权主体是否认同新秩序形成预期收益的分配结果。现在不得不承认,这个问题的复杂化程度,让人们已经无从判断分散化的公司治理秩序演进将何去何从。不过,基于外部条件对策略决策逻辑影响的简单分析表明,由于协议力量与利益分配结果的变动,对目前处在相对劣势地位的公司产权主体,将会形成较为迅速和积极的正面影响。

4.5 小结

本章第一部分以艾思特、肖特、谢林的演化博弈理论为基础，将化解非利益冲突的协调型（战略）失序和利益冲突的合作型（战略）失序，作为协议力量不对等主体面对差异化利益分配时所追求的目标。法学对于策略人行为的价值判断是基于"人性"的本质，而人性本质多隐藏于经济学视域与社会学视域，笔者结合二维视域中"人性"的特质，确定二维信息空间不对等博弈分析框架。在第二部分中，笔者借助制度分散形成与变迁理论，将二元产权主体利益分配冲突和力量不对等性，融入于公司治理秩序自发形成博弈过程之中，解析制约公司治理秩序分散形成的条件。并在第三部分中具体阐述，随着二元产权主体分散博弈中逐渐得到彼此的承诺，并意识到履行约定是自身对其他人行为的良好回报时，双方便会慢慢产生制度化的合作冲动，扩展进程也随之进行。制度化已成为公司二元产权主体间对行动策略规则的确认过程。而第四部分重点在于刻画公司治理秩序的演进环节，即当二元产权主体进行不对等博弈时，将不断产生冲突，规则的稳定也将受到威胁，虽然秩序本身具有很强的弹性区间，但如果博弈冲突跨越临界点，此时均衡结果的改变将启动公司治理秩序的演进程序。

5 国家权力介入与公司治理秩序的稳定与演进

秩序的意思就是指有条理、不混乱的情形，与"无序"相反。根据《辞海》的释义，"指人或事物存在的地方，含有整齐守规矩之意"。从法理学视角出发，美国法理学家博登海默认为，秩序意指事情在自然发展过程与人类社会发展过程中，具有一定程序的统一性、连贯性与确定性。本书所指的公司治理秩序为自发形成的，它提供产权主体预期行为的相关信息，稳定主体行为并构建公司生活。公司治理秩序自我实施的有效性，在于二元产权主体要相信，依据秩序行事对他们是有好处的，能够给他们带来所预期的利益。在一定的情况下，如果产权主体违反规则或者试图去改变规则，以取得或增加自身的预期收益，且这种情况为普遍现象时，那么其结果势必会动摇，甚至威胁公司治理秩序的稳定性。

5.1 公司治理秩序稳定性威胁因素分析

笔者谈及的公司治理秩序演化动因隐含在前面几章论述中：即公司治理秩序的形成动因在于二元产权主体协议力量的不对等所出现的秩序利益分配差异的弈局；公司治理秩序稳定动因为二元产权主体秩序利益分配优势的保持；公司治理秩序演进的动因为二元产权主体秩序利益分配冲突。事实上公司治理秩序不稳定性在于，二元产权主体协议力量变化时，差异化利益分配弈局被打破，优势的一方没有足够的力量维持现有秩序分配的格局。此时，二元产权主体的惯例利益与行动利益所合成的利益向量之间的夹角已超过90度，或者更大。此时，二元产权主体矛盾冲突激化，治理秩序混乱，公司处于无序状态。如果我们采用逆向思考问题的方法，要想维持现有公司治理秩序的稳定性，就必须保证协议力量不对等的二元产权主体的其中一方，如果其作为秩序利益分配的优势方必须能够维持现状。

二元产权主体利益分配所带来的紧张关系，引发了公司治理秩序如何长久稳定的问题。如果说公司治理秩序演进主要满足了分配优势方，并限制其他产权主体的行为，那么就需要着力探究在哪些情形下，公司治理秩序可以实现这样的一种做法。但当无法实现时，我们需要探究在哪些情形下，公司中产权主体有动力去争取政府的干预，以维护自身的特定权益。这需要我们探讨一个问题：公司章程何时会被填补到公司法中去，即实现法规化。该问题可以从两方面进行说明：一方面是与当前公司治理秩序的稳定和维持相关的问题，而另一方面是与公司有意改变现状相关的问题。

阿克塞尔罗德（Axelrod，1984）把"稳定性"问题，界定为人类社会中各成员间双边相互作用的结果；泰勒（Taylor，1987）则建立了一种咒人的弈局，在该弈局模型中，合作关系是社会成员之间相互依赖与选择的必然产物。从本书第三章对二元产权主体协议力量的不对等博弈解析中，可以发现，稳定公司治理秩序的原因在于对二元产权主体秩序利益分配优势的维持，所以人们就需要对稳定公司治理秩序现状中的优势产权主体与弱势产权主体之间的互动加以分析。但要实现这一点，就必须考虑维持现状的三个主要威胁因素：信息、动机与权力结构。

5.1.1 公司治理秩序现状保持的信息威胁[1]

公司治理秩序维持的基石就是信用，而信用这一个词语英文为credit，来源于拉丁文credere，原意是信任（trust）。[2]如果说一个要信任别人的话，那就也许是出于法律的因素信任他人；假如他不守信用，不遵守他所作出的诺言，司法就会惩罚他；又或者基于他的声誉考虑，此时法律没办法惩罚他，而他本人想要树立一个良好的声誉，不想破坏自己的信誉，他就会履行自己的诺言。所以有了基于法律和名誉的信任，两种信任都离不

---

[1] [美]杰克·奈特：《制度与社会冲突》，周伟林译，上海人民出版社2009年版，第181~184页。

[2] 参阅MacDonald and Gastmann（2001）。中文"信用"一词的含义比英文要宽一些。日常生活中人们讲"信用"是指"言而有信""说话算数"。

开信息,[①]本书此处所要研究的问题是,没有政府参与的情况下,公司内部如何实现产权主体之间的信任,虽然信任离不开信息,但信息确是一把"双刃剑",如果使用不当或超出其作用范围,同样会适得其反。就公司治理秩序现状保持的信息威胁而言,应从信息共享与信息获取两个方面加以分析。信息共享对公司治理秩序稳定性的最大挑战,就源自于公司章程的"公司共享"这一特征。产权主体是否对规则的基本内涵有一个必要的认识,以便使他们能够把公司章程当成对其作出预期的基础呢?假如二元产权主体双方都不知道制约交易的现行规定,他们通常无法依照章程中所设定的方式行动。比如公司股东与管理人员产生委托——代理关系,如果治理秩序有关的信息并非企业所共有,那么股东和管理人员就很有可能出现与自身期望相悖的情况。在这个情形下,预期建立的过程将会失效,公司治理秩序的效能也就降低。造成企业内部治理共享信息不完整的因素是很多的,在这里涉及两点最重要的原因。第一,该公司治理秩序规则含义表述不清楚,界限也不清晰,因此可能面临着诸多解释。下面我们就来考察这么个案件:首先原告和被告某股份公司达成了咨询服务合同,后来原告就担任了该公司的监事会成员,并成为监事会主席。再后来,原告脱离监事会,并于当天取消了和被告公司的咨询服务合同。之后原告提出诉讼,要求咨询服务报酬。针对一家股份公司和一名监事会成员之间订立的咨询服务合同来看,假如提供咨询服务的当事人的咨询服务都是涵盖了在所担任监事会成员的监督工作过程中而形成的咨询义务的话,那么该咨询服务合同就是无效的。[②]现在问题就出现了,在公司治理过程中,原告作为人力资本产权所有者,其咨询服务内容,能否通过公司治理秩序意思表达进行清晰界定呢?难度之大可想而知,此时仅仅依赖公司治理秩序,很难形成共同的预期,这不仅降低了公司治理秩序的效能,其本身也受到了威胁。

影响信息共享的第二个因素是企业规模的大小。信息供给的品质好坏以及解读的困难程度等问题,会随着相关企业的规模大小的变化而改变,

---

[①] 张维迎:《信息、信任与法律》,生活·读书·新知三联书店2003年版,第255页。
[②] 参见BGHZ114, 127.

形成多样性的规则。对于在某企业中哪些规定还在起作用之类的提问，可能影响到非正式规范的安全稳定性。但是在较小的企业中，这就不太可能成为一个难题了。在这些小型企业中，由于人际关系的较为持久，使得行为人更有机会意识到自我实施规范的存在，从而更能够得到规范所带来的有关信息。而随着公司规模的扩大，人员数量的增加，不确定的问题也将更加突出。在一家规模很大的企业中，一旦无法判断二元产权主体之间能否共同掌握制约其互动的有关规定，也将会影响到产权主体的预期。信息的共享则主要根据人们共同的生活经历而来：随着公司行为人数量的增多，与同一人保持互动的可能性也会降低。由此产生的影响是，在构建预期时，人们会降低对公司治理秩序的依赖性。

  影响信息获取的第三个因素是公司信息传递与发布问题。在这里笔者想就公司监事会的信息获取请求权来解析此问题。从公司治理秩序自我监督方面来说，其关键意义在于作为公司监督机构的监事会是否更有效掌握董事会的业务信息，从而完成监事会监管职责，核心要件在于为其清晰地界定信息收集的法律基础和适用范围，但监事会在获取信息中所遇到的困难也是很明显的。联邦德国最知名的公司法专家Lutter曾明确指出："监事会早已出现一百多年了，只要监事会存在，监事会就会面临一个问题，它的主要任务是监管董事的活动，但是监事不能获得有关企业运作的全貌，所以监事会就自身力量来说不能做到这点"，学者Lutter还把这种问题形容为一种很奇异的现象，即有人把自己缝制的衣服提交给了别人，然后又由该人将衣服退回给自己。即董事会把一套自己缝制的衣服送给了监事会，由监事会再把这件衣服返回给董事会，供其穿着。[①]协议力量的不对等性会让实际情形更加恶劣，在现实生活中，特别是针对一些弱势的监事们而言，董事会或者通过股东大会，或者直接对监事会施加压力，并引导监事们实施相应限制性的条款，意在减少监事接触和获得有关报告信息的机会，而这些约束措施有时不仅符合董事会的利益，而且也符合监事会的利益，但确有可能使公司的利益受损。监事会制度的"空转"与"虚置"必

---

① 参见Marcus Lutter, Information umd Vertraulichkeit im Aufsichtsrat, Koln: Carl Heymanns Verlag, 2006, S.1.

然降低公司经营信息的披露效率,经营的真实信息无法在公司内部与外部有效传递与沟通,股东与公众对公司实际营利情况知之甚少,若公司长期处于此种状态,必将出现"有制度,无秩序"的局面。①

5.1.2 公司治理秩序现状保持的动机威胁②

一旦公司治理秩序通过产权主体互动而产生了一种均衡的结果,这种制度便是可以自我实施的。而一旦产权主体无法通过选择其他策略来提高自身的收益——即使在其他行为人策略已经确定的前提条件下——那么,他或她也将继续按照这种制度行动。同时,行为人还会持续服从于该制度的约束,哪怕他在该制度中所获取的收益远低于其他行为人也是这样。其中的原因,就是他无法协调其他人的策略以获得一个新的利益均衡,于是乎他就别无选择了。但这是暂时性的,如果产权主体对未来预期打折的程度较高,如果违反规则所获取收益远超过遵守规则的收益,或者如果违反规定的行为对其他行为人未来行为作用较大,具有较强的示范效应。三个"如果"条件假设,威胁着公司治理秩序的稳定性。此时,公司治理秩序的受益人和非受益人按照该规定各自所获得的收益就是不同的。而一旦现行规定的受益人和非受益人均会违反此规定,他们的行为动机也会各不相同。规则非受益人只要稍有其他方法,他就会选择违反该规定。公司可以作为股东获取收益的工具,当企业经营赢利时,股东(物质资本产权所有者)取得大部分利润,而董事(人力资本产权所有者)却只能通过合同获取回报;当企业经营失败时,股东受到了有限责任原则的保障,但董事却要对企业经营的失利负有无限责任,而且,必须因经营失败对公司承担全部责任,这其实是规定董事必须承担保护股东利益,保障其只赚不赔的义务。董事就会寻找机会违背规则,获取利益。③由于协议力量不对等,公司二元产权主体互动中,治理秩序稳定性不断受到威胁。以公司自我交易为例:

自主交易主要有以下三类形式:(1)董事与所在公司的签约,一般

---

① 周梅:《论监事会的信息获取请求权》,载《南京大学学报》2013年第3期。
② [美]杰克·奈特:《制度与社会冲突》,周伟林译,上海人民出版社2009年版,第184~188页。
③ 罗培新等:《公司法的法律经济学研究》,北京大学出版社2008年版,第188页。

是指通过董事会与企业间签订合同,以实现企业财产的转移或受让;(2)董事向从其所属企业贷款,以形成自身贷款或准贷款,一般表现在企业给董事提供贷款或准贷款,或为董事的贷款或准贷款进行担保;(3)自我雇佣,是指企业聘用董事为企业提供劳务服务,如聘用董事为企业的法律顾问、审计师、拍卖师、经纪人等。公司法在原则上严格限制了董事的自我交易,这是因为董事与其任职公司之间交易的公正性是非常令人怀疑的。当董事与所在公司自我交易时,受到利己思维影响,很可能利用所掌握的权力侵犯股东利益,损害公司利益以谋取私利。其实,唯有在彼此关系独立的各方当事人之间,根据其能合理掌握的信息,采取自主谈判或以谋求各方共同利益为目的交易才有可能是公正的,而这些条件在董事与所在公司的自我交易过程中是不具备的。董事既是保护自身权益的当事人,也是交易企业中的内部人,因此自我交易先天存在双方协议力量的不对等性。体现为:第一,董事的权益由其自身维护,而公司利益确由包括董事在内的他人监督;其次,在自我交易过程中,虽然董事可以了解公司的信息,但公司作为交易主体确无法掌握董事的信息;第三,董事与所在公司谈判时,其对象或者是同僚,或者是自己的朋友,这种被情感绑架或是在上下级压力下进行的谈判,并不是自由或平等的对话,公司一方难以在自我交易中独立出来维护自身权益。[①]董事作为企业管理人员,所掌握的知识,掌握经营信息数量,均要高于企业的所有者和分散的小股东,由此可见,自我交易中他们之间是一个"不对等的关系",身为企业内部人的董事往往占有更多的信息资源。董事在代理股东经营公司时,由于他并不是企业的主人,只能负担企业的部分成本费用,在关乎自己权益的交易过程中,很可能为了谋求自己收益最大化而忽视企业利益。此时的公司利润,与预期中假定董事为所有者时带来的最大利润之间的差距,就是人们常说的"代理成本"。[②]实事上利益均衡是公司治理的宗旨,在这一点上笔者也是赞成的,企业价值衡量的关键就在于人们对未来收益的预期,而博弈者越关注未来收益,选择坚持规则并视为长远战略的概率也就越高(Taylor,

---

① 罗培新等:《公司法的法律经济学研究》,北京大学出版社2008年版,第179~180页。
② 罗培新等:《公司法的法律经济学研究》,北京大学出版社2008年版,第188~189页。

1987）。行为者对未来利益的考虑，在较大程度上决定于其选择与同一基本群体的行为者进一步交往的可能性。至于这一可能性，则受其时间视域（即该行为人确认其将留在该群体内的持续时间）及其群体中行为人总量与分布情况的影响（Hardin，1982）。

假如产权主体认为，他现在开展的相对而言是一种匿名和孤立性的自我交易过程，将来和中小股东的交易概率也很小，那么，他就有违反公司治理秩序来获取利润的动机。不过，一旦他在未来有机会多次和中小股东多次交易时，他就会去思考其行为的长远影响。就长期而言，任何一次违反规则而取得的利益，都可以被对方使用报复性策略所抵消。对方针对违反规定的欺骗性自我交易所进行的惩罚行动有许多形式，从一般的惩戒措施到中止未来合作等。这种惩罚行动最主要的结果就是减少了对违反规定的预期收益，但同时使博弈者认为，遵守规则在长时间里也是有好处的。惩罚和威慑的能力很大程度，决定于企业规模的大小，而由于企业的规模增大，群体内一个人遭遇某一个惩罚其违反规定行为人的概率会大大降低。原因有二：一方面，互动产权主体的数量与产权主体交互频率紧密相关。产权主体数量越多，在未来交互中出现同一产权主体的概率也就越低。一旦你是董事，你将会通过在未来交易中受到惩罚的可能性，来衡量自己在交易过程中"败德行为"的长期获益。假设在未来互动中你遇见一个人的可能性较低，那你受到惩罚的可能性便相应减少，而采取"败德行为"的收益也将会提高，打破现有公司治理秩序的动机就越强。另外，企业规模大小与非正式惩罚行动的后果之间也有一些关联，其原因是威胁采取惩罚措施是否存在合理性：随着公司规模不断扩大，惩罚他人的动机也将相应降低。实际上，惩罚本身需要支付一些代价，除非这种代价在未来可以得到补偿，不然采取惩罚威胁是一种不合理的策略。而代价的补偿则源自，通过威胁制裁行为而导致与其他行为人实施合作行动时所产生的未来利益。但是，除非制裁者在今后继续和被制裁者实施合作交易，不然的话，他们将永远无法使用长期利益来补偿实施制裁所花费的代价。

5.1.3　公司治理秩序现状保持的权力结构威胁

权力概念在学界有着较多争论，年代不同，赋予其意义亦有所不同。德国社会学家、政治学家马克斯·韦伯主张权力是一种能够直接支配别人的力量，"权力是把某个人的意志强加于其他人的行为之上的能力"。在法学领域，权力是指"某一人通过做或不做某一给定行为从而改变某种给定的法律关系的能力"。[①]权力成为一个主动性的指令是不同于作为被动要求的权利，因为权利和相应人之间的关联是"我可以、你必须"。[②]权力主要来自组织，在现代社会中的公司机构往往可以在一定程度上取代传统市场定价机制，从而实现了分配资源的功能，但由于公司内部所依靠的是类似于行政命令与指导的运作方式，它以持久性、继续性、集体性的合同取代了短期性、一时性、个别性的合同，这将会大大降低市场经济中个人契约谈判的履行成本，而且，由于自由与效率都是公司机构设计的核心理念，所以相比较传统市场机制，公司机构在融通资本、分散经营风险等方面都具有很大优越性，所以随着市场经济的发展，现在不断涌现的公司机构已越来越成为权力的集装器。加尔布雷思认为："一旦人类要执行某些权力，它就不得不借助于组织。"因此，在不同的经济理论中，作为一种契约集合的经济机构，企业契约的核心概念并不总是完全一致。Alchian和Demsets指出，由于要素所有者在合作过程中可能会发生偷懒情况，所以，计量各种要素的贡献是十分关键的，企业需要某个中心的监督者负责监督，而又有谁监督监督者本人呢？因此为了激励监督主体，就将企业的剩余索取权赋予了监督主体。也就是说，在Alchian和Demsets看来，企业契约的核心内容就是剩余索取权归属。和他们不同，Grossman和Hart则主张公司契约的核心内容是剩余控制权的归属问题。但不管哪种看法，保证这种交易方式高效运作是形成企业契约的初衷。为此现代的公司治理理论认为，剩余索取权与剩余控制权之间的对应关系和配合，才是企业契约交易方式正常高效运作的关键，协作生产、共同受益是企业契约交易方式的

[①]　Black's law Dictionary, West Publishing Co., 1979, P.1130.
[②]　沈宗灵：《西方法理学》，北京大学出版社1986年版，第150页。

特点，由此可见，生产要素的利益分配决定于企业契约的分配机制。事实上，各种生产要素的拥有者在长期博弈中的强弱地位，最终决定了企业契约的分配状态，当然生产要素的市场供求状况及其自身特性，同样是其拥有者在博弈过程中的主要筹码，这其中包括各种生产要素在协作生产过程中的重要程度及其可替代程度等。很明显，在此时资源的掌控方，信息的掌控方将成为合同谈判流程中最具影响力的主体，而达成合同的条件也自然就会有利于资源与信息的所有者，同时谈判的主导地位也将使其在整个公司中掌握着更大的权力。企业契约是在生产要素所有者之间博弈和较量过程中形成的，并确定了公司剩余控制权和剩余索取权的分配与归属问题，当帕累托改进和优化的条件逐渐成熟时，或公司中一方博弈能力提升时，其内部权力架构出现了变化，必将引发其中一方主动提起企业契约调整的谈判，以获取更多利益，此时缔约双方当事人出于各自的利益，就决策权问题展开谈判，并再次定义和细化公司剩余控制权和剩余索取权的利益分配和归属问题，公司的剩余控制权和剩余索取权也将调整，直至利益分配架构与内部权力架构保持一致。标准囚徒困境模型中强调最终合作收益的大小取决于合作利益的分配，笔者是支持此看法的，但要强调以下两点：一方面，本书以二元产权主体协议力量不对等为着眼点，解析公司治理秩序演进问题，自然笔者将把分析的重点置于二元产权主体利益分配结构之上；另一方面，本书的研究特点在于利益分配与秩序自发演进的综合性思考，即秩序利益分配差异与分配冲突，如何推动公司治理秩序稳定与演进。二元产权主体权力结构的改变要求利益分配格局的相应调整，至于权力结构改变所引发的利益分配结果是否合理，并没有绝对的标准，只要参与公司经营活动的二元产权主体都认可，那就是合理的，被认可的新的生产关系和分配结构就是新秩序，此时，新的秩序就会代替旧的秩序。[①]鉴于本书以法与制度经济学为专业视角，研究协议力量不对等条件下，公司治理秩序保持的权力结构威胁问题，笔者希望通过以下关于权力与权利之间关系的论述，实现公司权力结构的经济维度研究的与法律维度研究的"无缝对接"之目的。

---

① 金成晓、李政、袁宁：《权力的经济性质》，吉林人民出版社2008年版，第9~10页。

与权力含义最相似,但更易于混淆的一词便是"权利",而二者的不同之处表现为:权力属于实然的范畴,是实际力量的对比,强调现实存在。而权利则处于应然领域,是对现实力量关系的客观评判,并强调对现实存在的价值判断,这里面涉及评价主体对现实力量的态度与价值追求。个人、团体、社会在某种物质生活水平条件下,就产生了彼此之间实际力量的比较关系,即在实际力量对比关系中,处在各个地位的社会主体,因为利益差别,价值观的差异,各方将对他(或他们)个人有好处的权力或行为自由,认为是"正当的",即确认权利。此时,权力也就被人们认为是可以做的、正当的、被允许的活动。根据现代的法律制度和立法准则,权利是权力的基础。但是,不可否认权利的产生和实现都要取决于社会中实际权力构成的情况,因为人类社会常常经过权力的斗争才实现权利的确立与分配。马克思就反驳了"天赋人权"观念的虚幻性。[①]"权利并非天赋的,它的形成也并非自动的、无价的,而恰恰相反,它是人们在特定的社会物质生存条件下,进行权力竞争的产物。当然,权力的存续与发展并不能仅仅依靠单纯的强力。只有具备正当性基础的权力才能在社会生活中持续地、稳定地存在下去。换句话说,只能通过某种社会选择和社会共识,使一定的权力关系转变为权利关系,权力才能克服自身的局限性而得到大多数社会成员的服从。"[②]

传统公司机关最初权力的源泉和基础就是物质资本财产权利,财产权利既可由授权或委托而取得,又可依照各国的规定、法律而取得。作为公司投资主体的股东,是其将物资资本产权的部分权利以委托方式暂时让渡给企业,从而投入公司运营并取得一定利润;但必须注意,以物质资本所有权为基础的权力并不是持久和稳固的,尽管从理论上来说,股东大会是最高权力机构,并拥有最高权威和最大约束力,但实际问题是股东大会不是常设机构,随着公司融资的社会化程度日益提高,导致企业股权持有日益分散,进一步降低了中小股东参与股东大会的积极性,股东大会的"空壳化"也开始成为一个世界性趋势。但与此同时,由于知识经济的出现,

---

[①] 《马克思恩格斯全集》第2卷,人民出版社1965年版,第146页。

[②] 《马克思恩格斯全集》第2卷,人民出版社1965年版,第78~82页。

以人力资本产权为基础的权力范围日益扩大，现实生活中表现为各国都在提高和完善董事会的地位，由董事会及其指导下的经理也逐步成为了企业的最高权力中枢，职权架构的变化也最终改变了公司二元产权主体的协议力量，利益分配格局随之发生变化，此时，公司治理秩序的保持必然受到威胁。笔者之所以将权力结构作为中间变量，①是因为其同时具有经济维度、法律维度与政治维度等多重释意。当然，寻求公司治理秩序的政治求助，笔者也是要谈及的，其内容涉及各国政治环境对公司治理秩序演进影响的比较，公司治理秩序演进的政治维度分析将主要集中于本节第二部分。

笔者在这里思考的问题，在于公司治理秩序面对如此威胁，为什么不引入外部实施机制呢？且在没有引入外部实施机制的情况下，为什么仍能持续稳定呢？其成因或许就是通过引入外部实施制度，而改变现状的交易费用也可能高到令人望而却步，其中的主要交易费用包括了将国家行为人及其利益引入制裁流程中所耗费的成本。因此现存的受益产权主体寻求将此公司治理秩序正式化之前，他们能够容忍违反该秩序的行为。当违反规则所带来的预期损失超出了建立和维持外部法律实施机制需要耗费的所有成本时，现有秩序的受益者们将向国家要求法律保护，并维护其分配优势。违规行为所带来的损失程度，随着现行公司治理秩序下的分配优势以及违规互动次数的比例而变化。这两种因素的增加，都将使违反规则而带来的损失进一步增加。而一旦损失大大超出了寻求国家介入而耗费的成本，人们就会预期现行公司治理秩序将会变成正式制度。否则，尽管面临着一定程度的违规行为，非正式制度约束仍然会继续存在下去。

5.2 利益冲突加速公司治理秩序演进的价值维度解析

公司治理秩序的稳定性和有效性遭遇威胁之际，二元产权主体企图通过引入国家力量实施制度改革，以构建起为自身利益提供分配优势的机制

---

① 即信息威胁、动机威胁通过权力结构的变化引发协议力量的改变。

约束。但是，国家权力的引入改变了公司治理秩序的根本性矛盾。公司治理秩序的制度化（如公司章程、契约合同、交易要约）目的是通过自身的合理承诺来制约别人的行为，本书第三章博弈分析中，二元产权主体彼此之间，基于协议力量的差异，产权主体之间形成对彼此行为的合理预期，以实现公司治理秩序制度化之目的；但若将公司治理秩序纳入制度化的议程，其目的是要借助第三方的参与，来制约别人的行为。不可否认，公司治理秩序自发形成制度化确认过程是一种散乱无序的过程，与之不同，一个公司法规的确认过程则是一种有序的制度化过程。

5.2.1 利益冲突为国家权力介入的"导火线"

利益是受客观规律约束的，或为实现生存与发展目的而产生的，满足特定对象的某种客观要求。当人们获得利益时，会感到快乐，人们在利益的驱使下，充满动力去创造美好与幸福的生活。显然，在社会生活中，利益可以时时扣动人的心灵，从而充分调动人的积极力量、充分调动人的创新能力、推动社会不断进步，正像法国思想家爱尔维修所说的："如同物质世界为运动所支配，精神世界为利益规律所统治。""河水不会向河源倒流，人们不会逆着利益的浪头走。"[1]利益意识的觉醒，是我们人类思想史上的一次巨大进步。联邦德国法理学家耶林指出"人们奋斗所争取的一切，都同他们的利益有关"。[2]马克思说："每一个社会的经济关系首先是作为利益表现出来。"[3]对资源的控制权成为获得利益的最主要前提条件，而对资源控制权的多少则成为影响所得利益大小的最主要原因，而笔者认为，公司二元产权主体的利益分配结果取决于其自身的协议力量，也就是说二元产权主体协议力量的改变，将导致博弈各方对利益分配预期的改变，人们关于分配预期的改变构成了利益冲突的基本原因。依据利益相关者理论：现代公司实质上是由利益相关者缔结的契约，股东的物质资本投入和雇员投入的专用性人力资本，均成为公司创造利润的源泉。但是，股票的分散化使企业中绝大多数中小股东只关注自身所持有股份的短期收

---

[1] 《西方哲学原著选读》下卷，商务印书馆1982年版，第537页。
[2] [英]罗素：《西方哲学史》下卷，马元德译，商务印书馆1976年版，第82页。
[3] 《马克思恩格斯全集》第18卷，人民出版社1965年版，第307页。

益状况，而不在乎企业的长期发展前景，这些股东早已成为事实上的资本市场"寻利者"，已不再是倾心于耕耘事业的企业家。在企业面临运营困难之际，这些寻利的小股东们出于避险，往往会很快地采取"用脚选举"的方法，集体抛售企业股份，然后套现走人，而企业内投入了专用性人力资本的经营者和技术创新者，当公司业绩下降甚至倒闭之际，其自身的人力资本价值很可能会迅速贬值，或者损耗殆尽，而企业内部裁员所导致的失业也将直接威胁其家人的生活。由此可见，对公司投入的物质资本和员工投入的专用性人力资本，都要在企业运营中承担风险，且投入人力资本的主体所承担的风险也更大，若根据"谁承担风险高，谁多拥有剩余"的观点，人力资本产权主体不仅有权共享"企业剩余"，而且应拥有更多的"企业剩余"，尤其是随着现代科学技术的起步，人力资本产权所有者在企业中的协议力量也会提高，企业内部的智力资本、智慧资源和知识积累已成为其获得更高利润，始终保持自身竞争优势的关键。现代公司中，尤其是以高新技术为核心竞争力的公司，向其投入物质资本的股东数量越来越多，股权分散化程度非常高，此时每个股东权力已被削弱，而作为人力资本产权主体的董事会及其领导下的经理人，逐渐掌握了公司的剩余控制权。这样一来，二元产权主体协议力量的改变，必然引发利益分配结构的改变，利益冲突随即产生。

怎么化解利益冲突呢？制度经济学理论的奠基人康芒斯曾这样生动地比喻："假如说支配人类活动的利益是'蒸气能源'的话，那么引导动力的便是制度这架发动机。"正是由于这样，利益便成为法律中的核心范畴。英国功利主义法学家边沁指出：立法者的主要职责便是调和公共利益与私人利益。[①]德国法学家赫克认为，法制就是对不同利益的平衡。而法制的最大任务，就是平衡利益。社会法学派杰出代表庞德认为："法律作用与任务是为了确认、实现与保障利益，以最小限度的阻碍与浪费，尽可能解决相互矛盾的利益冲突……当调节、调和与调解各种错杂与冲突的利益时，……使各种利益中大部分或我们文化中最重要的利益得以满足，并

---

① ［英］罗素：《西方哲学史》下卷，马元德译，商务印书馆1976年版，第329页。

使其他的利益最少牺牲。"①假如将企业视为人力资本和物质资本两种生产要素的集合,二者都必须以一定的方式向企业索取,同一企业中利润多样化的索取方式便成为利益冲突的源头,因此企业规模越大,参与者就愈多,而利润的寻求方式愈复杂化,则矛盾也就愈频繁、越剧烈。对企业劳动者有益的决定,不一定对资金投入者有益,怎样来解决这种利害关系,使企业能够和谐、有效运作,是现代企业存在的一种共性问题,也是公司治理所要解决的基础性问题。日本学者大隅健一郎认为:"不管在理论上,还是在实践中,股份公司都是股东利益、公司债权人利益、社会公共利益等不同利益的错综物,不但这些利益本身屡有冲突矛盾,同时在各利益内部也还包含了利益对抗的可能性……在这种矛盾对抗中努力探索真正的形式,乃是为股份公司立法的任务。"②公司治理上从"股东中心主义"向"董事会中心主义"的转变,将导致股东、董事会、监事会和管理者之间权力的重新配置,当企业经营者的权力过度扩张时,董事会和监事会甚至被经营者完全架空,或沦为大股东驯服的工具,公司权力架构出现了失衡。20世纪80年代开始,世界20多个国家和地区在轰轰烈烈的股东主权运动背景下,相继修订公司法,并制定了有关公司改革的具体原则、规定和报告,旨在增强股东大会对企业的控制力,同时加大了董事会和监事会对经理的监督力量;"资本雇佣劳动"是传统公司治理模式的主要特点,在这样的治理模式下,相对于雇员,股东拥有很大的协议力量,而此时股东拥有公司的剩余控制权和剩余索取权,而受雇于资本的员工则人轻言微,缺少相应的权益保护机制,因此与资方关系比较紧张,企业绩效也深受负面影响,为了平衡主要股东和雇员之间的利益冲突,公司共同参与制在欧洲大陆开始推行,以让雇员具有积极参与企业管理的机会,使其在日常企业运营过程中,可以和股东共享控制权,全美29个州修订了公司法,先后出台了鼓励雇员积极参与企业运营决策,共享公司控制权的法律条文,指出雇员作为"利益相关者"同样是公司治理的参与主体,人力资本是公司可持续获得竞争优势的重要财富,要求提升员工在公司的地位,至此公司

---

① 马新福:《法律社会学原理》,吉林大学出版社1999年版,第65页。
② 转引自《外国法译评》1996年第3期,第92页。

治理发展已趋向于以人为本的管理层级制和治理结构。[①]

二元产权主体借助公司组织实现其自身利益,而在公司内部协调利益分配的内生规则,即实然秩序,为本书研究的公司治理秩序。企业发展力量之源头就是这种内生性的实然秩序,事实上,法律条文的制定也应当以这种内生性实然秩序为基础,才能满足公司治理中对各主体利益分配调解的要求,从而为二元产权主体提供合理预期,而由于公司二元产权主体协议力量的变化,必须建立适当的法律制度,调节利益分配关系以达到有效控制公司之目的,而公司通过构建和维持妥协型机制以调和二元产权主体利益关系,实现企业二元产权主体利益主张的动态性平衡,这将成为公司赖以维持和发展的基础,也是当前公司治理制度安排中所需要处理的核心法律问题。法律作为外部实施规范的确认机制,原则非常简单,就是各国官员采用规范程序制订规则,并确保其为社会所接受(Hart,1961)。[②]信息、动机与权力结构三大"威胁"因素导致二元产权主体之间协议力量与公司治理秩序利益分配预期的改变。问题是二者的改变与国家权力介入关系是怎样的呢?二元产权主体协议力量的变化与国家权力介入的关系,将决定该变化的走向。如果这些变化只是增加了对现有秩序受益者的协议力量,他们将毫无动力引入国家实施机制,除非他们的权益受到了如前文提及的,来自信息、动机、权力结构等方面的威胁。一旦通过协议力量的改变,有利于现有秩序的非受益人,那么,他们将面对如下选择:他们能够运用这一力量来增强自身在交互中的优势地位,并由此可能导致交互中相应的非正式规则自发性的演进;又或者说,他们也能够组织力量并试图改变现状,从而产生出新的正式规则,以便改变其利益分配结果。而相对比,通过公司治理秩序利益分配结果的变化,有机会激起二元产权主体修改现有准则的动力。或者说不管是秩序的受益产权主体还是非受益产权主体,只要通过另一个秩序安排能够提高自身的利益,他们就有意愿去谋求改善。一旦他们不想再通过独有的策略谋求其在交往中的优势地位,他们将有动机实现新秩序的正式化,表现为通过国家权力介入来改变现状。

[①] 于群:《上市公司治理的法学视角》,人民出版社2008年版,第126~131页。

[②] Hart.H.L.A.1961. The Concept of Law. Oxford: Clarendon Press.

5.2.2 国家权力制衡公司二元产权主体协议力量

国家权力的介入，将影响二元产权主体之间剩余权利的划分与归属，并最终体现为权力配置方式的差异与协议力量的改变。面对人力资本产权主体协议力量不断增强，而物质资本产权主体协议力量的弱化，二元产权主体协议力量失衡问题随之出现，此时国家权力介入，意在实现对二元产权主体协议力量的制衡。而针对股东"被架空"问题，股东对董事会权力的监督与控制，最终需要借助诉权来实现，而股东对董事有效控制必须依靠司法机关加以保障。基于各国司法经验，直接诉讼与派生诉讼是股东实施司法救济的主要手段，而股东直接诉讼则是指公司股东纯粹地出于保护自己的权益，向公司或其他董事提出的要求实现其作为股份所有者拥有的某种权利的诉讼。"直接诉讼范围围绕着法规和章程等所赋予的股东权而进行，主要包括的对象是股东、股份和与股份所有权相关的权利，如股东提出的行使其检查公司名册权和记录权的诉讼、行使表决权的诉讼、行使优先购买权的诉讼、强制宣布派发股息的诉讼、使公司解散和清算的诉讼等。"[①]而股东代表（派生）诉讼，则是指由于董事、监事、支配股东等基于自身在企业中的独特地位，在行使职权的过程中触犯法规或章程，给企业带来经济损失，或企业怠于或抗拒向违法行为人要求损害赔偿时，企业股东有权代表其他股东，代替公司提起诉讼。大致上，董事会违反注意义务和忠实义务均可形成股东代表诉讼，如严重玩忽职守、浪费公司财物、过度的补偿费和篡夺公司股东机会等。[②]大陆法系国家中，一般都将这个特殊制度视作"代表诉讼制度"。1993年日本调整商法时，将由股东代表诉讼的案件受理费按照非财产请求权的案件受理费来计算，从而减少了进行诉讼的股东风险，为股东代表诉讼的行使提供了必要条件。股东代表诉讼制度由于各国和地域差异，内容亦各有不同，但其已成为各国公司法中一项普遍的法律规定。[③]股东派生诉讼制度的设立，为法院创造了一种机制来为那些由于企业内部被不忠实董事、管理人员和多数股东所操控，而又投

---

① ［美］罗伯特. C. 克拉克：《公司法则》，胡平等译，工商出版社1999年版，第547页。
② ［美］罗伯特. C. 克拉克：《公司法则》，胡平等译，工商出版社1999年版，第547页。
③ 于群：《上市公司治理的法学视角》，人民出版社2008年版，第103~104页。

5 国家权力介入与公司治理秩序的稳定与演进

诉无门的被欺压的股东主持正义。①

国家权力来源于国家权利，国家权力的介入必然产生于国家利益的追求，因此国家权力制衡公司二元产权主体协议力量，表现为国家利益嵌入于公司二元产权主体利益的平衡之中。国家有着自己的切身利益，都应当在正式制度的协议过程中得到充分考虑。而这些收益，在合同中主要有两个表现：作为外部实施行为者所获得的直接收益，以及正式制度分配结果的影响对国家长远利益所形成的间接收益。直接利益简单明了。对于违规行为的行政惩罚，包括了法律解读、执行监督和采取制裁措施等，花费高昂。外部实施制度的基本逻辑是，这种成本费用并非由这种行为者负责分摊，同时，请人来执行这种任务也需要支付其劳动报酬。因此，外部实施所支付的行政费用就是外部实施者的直接收益。但作为创建正式制度的解释来说，间接利益则更为重要。回顾一下诺斯（North，1981）教授关于国家与经济资源拥有者间利益冲突的分析。各方均在社会产权结构中获得一份收益，经营活动中行为人所期望获得的权利可以使之在互动中获得利益分配优势；而国家等所期望创造的权利则可以提高其收益，包括来自税收的经济收益等，从而使其维持一定的增长速度。只要经济资源的拥有者必须通过国家来外部实现这些权利，最终的各种产权结构就会从某种程度上体现出国家的经济利益。②

在诺斯的分析中得到的常规结论是，国家利益的介入削弱了整个社会的运作效率。但是，实际并非如此，国家的参与同样有可能提升公司治理效率。如果国家所偏好一种正式规则，一方面能够提升国家收益，另一方面，其治理效率远超过个人行为人所偏好的规则，那么，新的规则将有可能比现有的公司治理秩序更加合理。如此，在建立公司治理正式制度的过程中，国家关注的是公司的整体利益，而不仅是那些直接受到公司已提规则影响的人们利益。不受规则影响的产权主体当然会偏好于治理效率较高的规则，而并非仅仅赋予特定产权主体分配优势的规则。但如果说，这些产权主体是国家行为人重要支持力量，那么，他们对于公司治理效率较高

---

① Frank H. EasterIbrook&Deniel R Fishel, supra, p.100.
② North, Douglass C.1981. Structure and Change in Economic History. New York: Norton.

规则的偏爱，在分量上将高于那些直接受影响产权主体的分配偏好，进而对正式制度形成了重要影响。公司股东通过诉权对董事会权力的监督和制衡过程中，二元产权主体协议力量发生了变化。在公司权力分配的调整过程中，有关公司治理秩序的协议结构所产生的重大改变，已凸显出新的协议方——国家的重要性。

国家权力介入公司二元产权主体的分配矛盾中，改变了协议力量对公司治理秩序运行结果的影响方式。在公司治理秩序渐进形成的情况下，假如二元产权主体互动而未获成功，则产权主体的行动力量基于可选择的方案：当国家通过制定法律创建制度时，产权主体的相关力量将基于其可以提供给国家权力资源，满足国家利益的程度。国家权力介入对于公司二元产权主体权力配置的影响应从两个方面来看待，一方面，国家决策将会受到产权主体资源积累程度的影响，公司治理秩序长期的分配结果，对于国家所颁布的制度产生重要影响。在处理股东与董事之间关系时，公司治理秩序长期受益者为物质资本产权主体，他在与人力资本产权主体权力制衡中，无论是在欧美法系还是大陆法系相关法律的颁布中，秩序的长期分配结果的影响作用已经显现出来。国家力量的介入，将导致公司治理中二元产权主体间协议力量对比的改变。其程度决定于国家介入法律协议的补偿效应的相对大小。另一方面，国家的加入，也能够增强那些公司治理秩序中弱势产权主体的协议力量。首先，国家行为人可以在与公司强势产权主体的博弈中，与这些弱势产权主体形成利益联盟，进而提高弱势产权主体的协议地位，当这些弱势产权主体的利益和国家利益保持一致时，那么，最终的新制度就很可能代表了弱势产权主体的利益。

5.2.3 国家权力介入与公司治理秩序演进[①]

公司治理秩序演进的集中化，可以使集体行动问题简单化。本书第四章关于公司治理秩序的博弈分析中的渐进式变迁，即利用分散机制来改变二元产权主体的预期存在着一些困难，而通过协调足够数量的产权主体

[①] [美]马克·罗伊（Mark J Roe）：《公司治理的政治维度：政治环境与公司影响》，陈宇峰、张蕾、陈国营、陈业玮译，陈宇峰校，中国人民大学出版社2008年版，第59~62页。

的个人决策来改变集体预期,则必须耗费大量的资源与成本。学者哈丁(Hardin,1982)指出,集体行动问题得到解决的一个前提是外部资源的存在,使得所有人群都能够在这些资源中寻找他们的集体利益。通过这些外部资源,为组织该群体提供一个核心,且能够减少该人群为达成目标而耗费的成本。此时,国家可以成为追求改变的人群的核心,并以此提高他们成功的概率。[1]

  国家作为群体的核心简化了集体行动,分散的个人被组织起来形成利益群体,并利用集体行动增强了群体的协议力量,与前文提及的个人协议不同,却又与之相互关联,在收入分配的协议中具有一个不同的却又与之相互关联的矛盾,即集体行为人之间的矛盾。在无国家权力介入的状态下,形成的公司人力资本个体与物质资本集团之间的冲突。人力资本个体为提升其协议能力,在公司成立了人力资本所有者的工会机构。另外,物质资本所有者个体为了提高协议力量,结成了物质资本产权所有者联盟组织。由于协议力量的对比,对收入分配的最后结果起到了关键性作用,这些集体联盟的范围与性质产生矛盾的可能性都相当之大。为了从国家利益角度,分析国家权力介入对于公司秩序演进问题,在此我们以敌意收购行为为样本,通过比较欧洲社会民主主义模式与美国的平民主义模式,解析产权主体联盟组织冲突中,国家是如何通过改变产权主体联盟协议力量,获取国家利益,并同时扮演推动公司治理秩序演进的角色。笔者之所以选择以敌意收购行动作为样本,原因在于它是可以影响到整个劳动力市场的行动,即在物质产权主体和人力资本产权主体所采取的各种对策中,那些可以影响到劳动力市场的策略,对集体协议而言最有价值。对劳动力供给和就业市场的控制,往往可以让各参与者承担很大的代价。而事实上,也就是因为这种极大的代价,才使人们有理由去限制这些操控活动,国家行为人也是非常清楚这一点的。

  敌意收购将有助于降低公众企业的代理成本。管理不好的公司,其股价会走低,其他企业的收购专家和管理人员也能够廉价地购入此类公司股票,通过改变目标企业的经营情况而从中获益。但是在美国,20世纪90

---

[1] Hardin, Russell. 1982.CollectiveAction. Baltimore: Johns Hopkins University Press.

年代，对这个争议非常普遍，争议的焦点是有关收购是否是主要目标和结果。的确，这是个非常好的结果，以股东利益为宗旨的收购政策也就能够很好地剔除外界各种因素的干扰与影响。这就和十几年前时断时续的代理竞争那样，也扮演着同样的重要角色。敌意收购在欧洲大陆地区会比在美国和英国这些国家艰难得多。但实际上，在欧洲很少有完全的公众企业，这也必然会使敌意收购的比率降低。尽管在德国也会有一些敌意收购的企图，不过在整个社会民主主义的社会中，敌意收购的始作俑者必须，而且也必须预料到可能会产生的政治压力；如果员工们同时进行了阻止收购的运动，政治家们通常都会支持员工，而反对资本拥有者。[①]例如，在德国，直至1999年，"无敌意的收购案例才在德国获得了成功。"[②]沃达丰收购了德国的曼内斯曼曾经被某些人认为是取得成功的先例。不过它早已逐渐消失于人类历史的长河之中了，并不能让人们充分的注意。正像当时流行的说法对曼内斯曼收购描述的一样：它可以反过来影响着德国的商业领导者、工人和政治活动者重新反省，他们千方百计地阻止迅猛发展的商业购并行动是不是确实有效。德国反对欧盟减缓收购的努力——曾经被看作是符合传统交易的努力行为——也充分表明了这个反应。[③]收购在社会民

[①] 具体可见Michael Woodhead, A Pyrrhic Victory for Germany, Sunday Times (London), 1997年3月30日，第7版(对于社会舆论，Kruppr 叶形出价就是一个成功)；Frederick Studeman, Steeled of a Battle, Fin, Times (London), 1997年3月22日，第9版(一家德国的主流报纸在头版头条质询，寻求购并的管理是否会向德国进军)。德国的政治家们部分地打破了偏向雇员的部分兼并条款。可参见Richard Halstead, Steel is put to the Sword, Indepernent (London), 1997年3月23日。德国最大州——威斯特伐利亚洲(North Rhein Westphalia)的州长把德国公司恶意入侵者推给与赛森的谈判中；Greg Steinmetz & Matt Marshall, Krupp Suspend Hostile Bid for Thyssen, Wall.St.J., 1997年3月20日，第A13版(钢铁的购并者往往比全能的购并者更缺乏吸引力，但是小购并者在政治上往往会更加容易被授予……)。

[②] William Boston, Hostile Deal Could Breach German Resistance, WallSt.J., 1999年11月17日，第A17版。沃达丰对曼内斯曼的购并改变了这些。

[③] Paul Meller, European Parliament Rejects Measure to Ease Takeover, N.Y.Times, 2001年7月5日，第C1版；Europe's Capital Markets: Tskeover Troubles, The Eonomist, 2001年5月12日，第14—15版，德国暂时性同意实质性的正面并购制度，但是这也拖延了很久。在这期间，要么适应并接受，要么找到更好的办法阻止购并者。但是，在欧洲议会的提议出现之前，德国代表以压倒性的优势投了反对正面收购的票，因而，提议也就失败了。参见Jacpues Docpuiert, En raison be I' oppostion des Allemands-Le Parement europeen rejette I' harmonisation des OP, Les Echos, 2001年7月5日，1—10。

5 国家权力介入与公司治理秩序的稳定与演进 》》》

主主义的法国也经常发生。不过，在历史上，政府部门的授权往往是必要的。有时作为一项官方的规定，有时作为一项正式的约定。[①]假如没有裁员政策是收购所必须付出的代价，将认为这个收购并没有什么价值。原因很简单，重组本来就非常麻烦（重组常常要导致更多的失业），同时在收购以后员工的激励很有可能会更加困难。法国财政部长对高价收购一直提出了质疑，正如他所指出，从1998年制止了一个高价购买计划的实际情况来看，"高价购买通常意味买方必须立刻寻找更高的利润来偿付这笔买卖，这很可能会对就业直接形成负面的作用"。[②]直至1999年，国家政策仍常常决定收购的结果，政府会不断减少伴随着"大量失业"的收购项目。[③]

　　当然，这种力量在美国也一样存在。工会因为反对收购，而不断进行着各种活动，而工人的力量可以影响到政治家的选票。[④]不过，由于工会和以工人利益为宗旨的党派在美国并不是像在欧洲大陆那样强大。许多美国政府行为人及机构常常忽视工人和劳工政党，但他们却还能很好地"生存"；并且，工人对美国公司法的影响也是间接的，由于较低的关联度，导致国家并不会把管理者和股东们的利益紧密地捆绑在一起。不过，由于其强大的管理措施——薪酬、股东财富、收购、透明的证券市场——让管理者能够对股东保持足够的信任，进而让代理成本维持在足够低的水平上。欧洲社会民主主义模式与美国的平民主义模式相比较，欧洲公司的代理成本高得多，在欧洲社会民主主义模式下，国家权力介入促使了不受约束的企业管理者与员工实际合作，人力资本产权主体协议力量得以进一

[①] 可比较Banque; Le Coup de Poker de la BNP, Le Mondem, 1999年3月11日，第1版（在法国，为了建立世界上最大银行而进行的敌意收购案例中，对方公司的CEO立即承诺不解雇任何一个法国员工）。政府部门的建议是对国内企业发起的购并进行强制性托管。法国政府通过曾经一度是国有企业的金融机构对权力部门施加政府影响。

[②] Alan Katz, Shareholders Gain Voice in Fran; ce, but Socialist Tradition Talks Back, Wall St.J., 1998年2月13日，第B7E版（引证了法国总理施特劳斯·卡恩（Domimique Strausee-kahn）的观点）。

[③] Martine Orange, La Fin de I'Exception Francaise?, Le Monde, 1999年3月30日，第19版。

[④] Smuel H. Szewczyk and George P.Tsetsekos, State Intervention in the Markte ofr Corporate Control: The Case of Pennsylvania Senate Bill1310, J.Fin.Eon, 31, 3, 5, 1992; Management and Labor Join Forces to Stiff-Arm Raiders in Pennnsylvania, Corp.Control Alert, 1990年1月，1—8; Lesie Wayne, Takeovers Face New Obstacles, N.Y.Time, 1990年4月19日，第D1版。

步提升，而此时大股东作为物质资本产权主体协议力量被进一步弱化，较高的代理成本和股东相对弱小的协议力量，导致了欧洲企业的大股东们不得不采取集中股份的方式，以获得控制权：采用控制性所有权架构来直接控制公司。美国的平民主义模式与欧洲的社会民主主义模式，是同一枚政治硬币的不同面。政治目标的深层结构——控制资本——在方式与程度上都具有差异[①]，而这些差异已深刻影响着不同所有权和治理结构的发展走向。[②]

前文已经谈到，公司治理过程中，二元产权主体协议力量的改变，引发利益分配的冲突，此时国家权力为平衡二元产权协议力量伸出了"橄榄枝"，促进了集体行动，实现了权力的制衡。国家权力介入的目的在于捍卫国家的利益——国家直接利益与国家间接利益。因此国家权力介入必然要限制二元产权主体在公司活动博弈中的策略选择。而这种限制在某种程度上影响着公司治理秩序演进的方向与进程。策略限制措施对公司二元产权主体利益冲突所产生的影响，可以用对敌意收购的限制措施这一例子加以说明。如果将股东视为物质资本产权主体的代表，而把员工视为企业人力资本产权主体的代表，则国家权力介入就约束了企业敌意收购策略，从而通过增加股东收购成本，减少股东获得的利益，企业此时尽管在表面上维持着员工集体的工作岗位，但在实际上，企业员工集体却已经承担了隐性的"代价"：代价一，由于国家权力介入，在反对敌对收购的同时，为了制衡协议力量，必然要限制工会的罢工行为，这样一来，雇员就等于被集体所"俘虏"，从而自动放弃了取得高额薪酬的可能性；代价二：如果国家有权反对敌意收购，这将要求企业在"生存边缘"上挣扎，此时员工往往可以拿到低水平的薪酬，也自然而然拿不到企业被收购后，再经过裁员，所可能获得的较高薪酬；代价三：国家在有权反对敌意收购的同时，也约束了劳动力雇佣市场中相关策略的运用，因为这种制度结果将阻碍雇员对其协议力量的使用。从上面分析中，不难发现，似乎国家权力介入，

---

① ［美］马克·罗伊（Mark J Roe）：《公司治理的政治维度：政治环境与公司影响》，陈宇峰、张蕾、陈国营、陈业玮译，陈宇峰校，中国人民大学出版社2008年版，第288页。

② ［美］马克·罗伊（Mark J Roe）：《公司治理的政治维度：政治环境与公司影响》，陈宇峰、张蕾、陈国营、陈业玮译，陈宇峰校，中国人民大学出版社2008年版，第61~62页。

5 国家权力介入与公司治理秩序的稳定与演进

反对敌对收购,保护了雇员的工作岗位,"提升"了雇员的协议力量,但却实实在在削弱了雇员对劳动力市场的控制能力。而此时,物质资本产权主体雇主,却从国家权力介入中,获取了大量可供选择的协议策略,透过现象看本质,资本主义国家,无论是平民主义模式,还是社会民主主义模式,其国家权力介入的核心目的是保护资本与控制资本,以实现国家核心利益。

综合"敌意收购"的个案分析,由于国家权力的介入,正式制度安排作用于二元产权主体的期望而形成两种矛盾的影响。其矛盾主要形成于对集体行为人组织的作用和对个人收入冲突的影响二者之间。一种影响在总体上有利于人力资本产权主体,并提高了他们成功处理集体行动问题的概率,进而增强了其相对于雇主的协议力量;但第二种影响却使平衡的结果更利于物质资本产权主体,却不利于人力资本产权主体劳动者的收益。现在问题是,公司秩序演进中,基于价值维度,引入国家权力,对于平衡二元产权主体协议力量,制衡权力配置,"利"与"弊"如何权衡呢?对人力资本产权主体来说,国家权力介入的价值,就在于它化解因"搭便车"而导致集体行动低效的问题。人力资本产权主体组织还不是很完善的国家,缺乏相应制度保障的集体行动,其效率是难以提升的。相比较,此时制度化要比无制度的自由市场更有利,这是因为,协议力量通过国家权力介入的增加程度,远超过了制度束缚对其力量的削弱程度。但对于工人阶级力量强大且团结的国家,集体行动问题便可自行解决。人力资本产权主体面临着集体行动的问题,因此二元产权主体之间的治理关系如果经过外部推进而规范化,就可以产生很大的社会效益。国家权力的介入,使得公司二元产权主体可以让出有利于自身决策行为控制的某些方面。这也意味着,在追求分配优势与为依靠国家确保这种优势所支付的代价之间,存在着利益分配和外部制裁所带来成本之间的权衡。在得益较少但相对稳定的公司治理秩序和得益较多且需要为外来力量推动而支付成本的正式规则之间,强势产权主体通常首选前者,而对于弱者,这种选择则需要对其利弊加以判断。

5.3 权力转移推动公司治理秩序演进的历史维度解析

信息、动机与权力结构三要素威胁着公司治理秩序的稳定性，从中不难发现，信息为核心要素，为衔接动机与权力结构的中介桥梁。信息可分为价值信息与历史信息，笔者在上一节中主要从价值维度解析国家权力介入改变了二元产权主体协议力量，及由此引发的公司治理秩序在二元产权主体利益冲突中不断演进的过程。本节笔者将解析公司发展的历史背景信息特质，在比较中刻画这样一个过程，即伴随着二元产权主体权力的转移、配置的变化，公司治理秩序是如何演进的？演进趋势是怎样的？

5.3.1 公司治理秩序演进的历史性信息特质

历史就如同诗歌，并没有重复本身，只是有不同段落，历史事件赋予各个国家的每个片段不同的起点，但总有共同点。理念、家族商业集团、法律、政治等历史信息元素都深刻地影响着各国公司治理秩序的演进，事实上，这些历史性信息元素体现于各国差异化的公司治理秩序演进过程之中。

5.3.1.1 历史性理念信息特质[①]

战火、骚乱以及其他自然灾害影响了许多国家，但在不同的国家却引起了不同的反应，这种反应是基于当时某种意识形态得到接受的程度所决定的。在全球各国经过了20世纪30年代的经济大萧条，形成了差异化公司治理道路直至今天。对于在1920至1930年发生在世界很多国家的金融危机，各国的意识形态反应也各有不同，这都深深影响着公司治理的发展进程。

在整个20世纪30年代，美国受到了进步思潮的强烈影响。在经济大萧条摧毁了人们对其信心的时候，罗斯福新政重新调动了美国人以适应意识形态。尽可能广泛地分散股权是其重要的举措。在此后，美国采取了限制大金字塔式集团控股的公共事业公司、对公司股利收入征税和加强公众股

---

① [加] 兰德尔·K.莫克:《公司治理的历史》，许俊哲译，格致出版社2011年版，第29~31页。

东投资产权保护等各种举措，开始逐步打碎美国这个国家的庞大金字塔企业集团，创建了在美国自主的广泛持股的大公司。在瑞典，类似的经济大萧条确产生了完全不同的后果。等待着激发的意识形态是社会民主主义。在瑞典选民普遍对他们传统制度缺乏信心的时候，社会民主党人先获得了权力，然后，激进地采取两种方法集中了经济权力。首先，国家在瑞典国民经济中占据主导地位。第二，大量企业破产导致由Wallenberg一样的大家族掌控的大商业银行，可以保持对大部分瑞典公司的控制力。于是这些商业银行重新组织了这些企业，形成金字塔式的大企业，而这个架构即使在当前瑞典也是如此。Hogfeldt认为，社会民主党人已经与其他权贵家族发展出了伙伴关系，这些富有家族将全力支持社会民主党人，而社会民主党人也将制订政策支持这些大家族，并限制与约束新兴企业的形成。

德国、日本、意大利等国的兴起掺杂了社会主义与国家主义的意识形态，使得激进的国家主义者在这三个大国中获得了胜利，但是他们并没有采取许多社会主义政策。在整个20世纪20—30年代，大部分的德国商业银行为保持自身的股票价值，而购买了很多他们自己的股票。德国国家社会主义党人收回这部分股份，实质意义上国有化了商业银行，并利用代理投票权实施党的控制。正是利用了这个方法，Reich国有化了大部分德国企业，并从形式上保持了私有股权的存在。意大利的法西斯政府国有化商业银行，是通过获取破产商业银行的股份而实现的。而战后意大利当局仍然延续了一些墨索里尼时代的经济体制，包括大批金字塔式公司，但这种公司实际上都是由国家直接控股的。

5.3.1.2　历史性家族商业集团特质[①]

基于全世界各国公司治理的历史演进情况。Shleifer（2003）认为，全球许多大企业是"由他们的创建者以及创建者的家族和继承者所掌控"。Hamilton（1981）指出人们先天就倾向于利用血缘关系架构来进行社会活动。虽然不具有生物学上的紧密联系，但是这个组织趋势持续时间很长、而且延伸到经济活动。家族血缘组织或许是最悠久、最普遍的团体现象。Palepu（2000）从经济的视角把家族集团界定为"某种激励机制，这个机

---

① ［加］兰德尔·K.莫克：《公司治理的历史》，许俊哲译，格致出版社2011年版，第31~33页。

制鼓励集团公司间的交流，降低了团体内部之间的交流成本，进而减低长期争端的概率，并且创造一种廉价的争端解决机制"。实际上，即便在今天，多数发达国家中都有强大的家族公司，借助大量持股掌控着公司，并利用控股公司金字塔架构以及特殊投票权掌控各级股票。即使在股权分散的美国公司治理的历史演进过程中，家族性商业集团也曾占据了非常重要的地位。70年代前，美国企业是其股东的工具。那些名字——卡纳基、洛克菲勒、哈利曼、梅隆、古根海姆、福特——众人皆知。对20世纪中期的美国人来说，"古根海姆"是一座艺术博物馆——而非矿产与自然资源家族王朝。"洛克菲勒家族"是政治家，是流浪银行——而非石油业与运输业之王。"卡纳基"则意味着国际和平，包括多座图书馆的捐赠——而非钢铁产业的实际控制者。[①]

从理论上说，如果贸易可以延伸到血缘关系之外，同时在彼此不熟悉的人之间开展贸易，经济利益可以大大增加。一些利用公开筹集资金的公司能以更低廉的成本快速发展壮大，比一些利用家族财产发展的公司更快。家族控股的金字塔式公司在许多地区出现，并且大规模地利用公众股权获得资金，但却一直维持着重要决策的控制权。大部分德国企业，甚至在股票交易所挂牌的公司，都有平均至少50%的股票被集中拥有。德国如今许多公司依然保留了家族所有制。德国21位大富豪（20世纪90年代拥有超过30亿马克的资产）中十七位都是通过家族企业发展起来的。在第一次世界大战前形成的企业中，家族所有制十分重要。在第二次世界大战以后，在企业所有权方面，家族的重要性确实有所下降，但是它们仍然是相当值得注意的势力。[②]

5.3.1.3 历史性法律信息特质的比较[③]

一个国家的法律体系往往和公司股权结构具有很强的正相关性，分散的股东要求有对他们投资的法律保障体系。这是Porta的基本论点，这个论点很难被挑战。Porta（1997）认为，股票市场的发展和对股东利益的法律保障成正相关性。Shleifer和Wolfenzon（2002）用一种模型将这种理论正

---

① [加]兰德尔·K.莫克：《公司治理的历史》，许俊哲译，格致出版社2011年版，第573页。
② [加]兰德尔·K.莫克：《公司治理的历史》，许俊哲译，格致出版社2011年版，第161页。
③ [加]兰德尔·K.莫克：《公司治理的历史》，许俊哲译，格致出版社2011年版，第35～40页。

式化了，在这种模型中，如果作为机构投资人的股东权益可以受到法律保障，则控股股东会出售他的股票以分散投资。要不他们还是会继续持有没有分散的股权，以及通过消费从公众股东身上获得的私人利益。Porta通过聚焦美国的股东权利的六大特殊保障，并计算其中有哪些权利在其他国家内也受到了保障，由此来评估股东权利。研究发现，到了20世纪90年代，拥有较强股东权利保障的国家，一般都有较大型的证券市场和比较分散的股份持有人，而这些国家更趋向于采取来自英国共同法系的法制系统。实施共同法系的国家和区域，主要有澳大利亚、加拿大、爱尔兰、新西兰、英国、美国及中国台湾地区。他们往往比其他国家有更加普遍的大众持股的公司。尽管民法国家和共同法国家都形成了巨大的股票市场，不过长远而言，共同法国家更能将市场维持下去。或许有时候，民法国家的未来会摈弃老一代的建议，而增加对股市的投入。但是如果他们的权利维护得不好，投资就会失败，而下一代就会离开金融市场，直到集体记忆的消失，新一代才能诞生。但是，究竟共同法制度的哪些要素使得大规模股票市场得以延续，并使股权的分散化成为可能呢？其实，共同法区别于民法最重要特点有以下三个方面：

第一，民法体制主要以条文形式加以实施，执行国家的政令。若将英国与法国作以比较。18世纪末的法国大革命使公众不相信司法裁量权，由此，拿破仑用了最新的拿破仑法典代替革命之前的法典。他的军队也将这个法典推广到了整个欧洲。与此同时，英国政府自己发展出了另一种司法独立体系——共同法体系法院，体现了英国议会与君主之间的权力斗争中，英国议会获得了胜利。而英国法院也由此独立于行政权，仅仅服从于议会。这是英法两国司法架构的重要差异。简单而言，法国的法院就是遵从国王的意志，而英国的法律是保护英国人免受国王的摧残。

第二，民法系统为法官给出了详尽的条文，告诉其怎样去判案，并试图预判到每个可能发生的案例，进而给每个案例提供了指导：法官为每个案例寻找司法条文。Merryman说明了由此产生的教条主义的流行和对司法审判怎样听起来"更像法规条文的摘抄，而非对案件的司法判断"。而在共同法下，法官按照一般的原则和以往的判例及司法条文作出判决。相对而言，独立于政治干预的司法审判，反映在各个共同法法院中。判决并不像法律条文的琐碎表达，更像是一种理性人的思维逻辑推理。公司内部人对公众股东权利实行了隐秘的侵害，即使这些侵害并不是在法律条文上有明确指示，通过司法判例和法律原则依然可以制裁其行为，保护公众股东权利不受侵害。

第三，司法判决的品质。共同法和民法都可能有很高的品质。民法体制三个倾向性应格外注意。首先，由于民事法官是行政官员，所以法院很可能会在行政压力下作出裁决；其次，由于审判结果是由复杂的法律条文而不是更广泛的道德准则来决定的，所以一个存在"漏洞"的民法体制或许会被熟知法律规则的人加以不合理利用；其三，由于前例并不具备参考性，所以法官可以不考虑他的裁决如何影响人们未来的行为。笔者在这里并不是强调法律体制方面的不同。而是阐述一个不争的事实，公司股权结构与国家历史形成的法律体制是紧密相关的。

5.3.2　公司治理权力转移动机的历史维度

显然，全球各国有着差异化的公司治理架构。21世纪伊始，人们常常讨论的一个议题是，全球化造成了企业的趋同性。笔者认为这里面的最关键一点体现为世界各国公司治理权力结构出现了转变，而关于这些权力转变目前已经出现了多种流行的解读：经济、科技发展水平、市场随机扰动以及专业的企业法律特性，这些因素虽然重要，甚至不容忽视，但显然是不充分的，学者们很少提出一种综合性解读，即所谓二元产权主体协议力量的不对等性变化，将促使企业权力的转移以及权力分配结构的改变，而其动机恰恰是基于理念、家族商业集团、法律、政治等历史信息元素的变化，并不断改变着二元产权主体的协议力量，深刻影响着二元产权主体的收益预期，收益预期的变化直接挑战现有公司治理秩序稳定性，并不断为公司治理秩序的演进注入持续的动力。

5.3.2.1　公司家族治理预期的淡化

不论是英美公司，还是欧洲公司在其产生初期，都具有"金字塔"型架构：它的最顶层往往是相当富裕的家族，具有公司的控制权。而这家公司又控股着一家或多家上市公司，进而控制更多的公司。这个架构包括几百家上市的企业，因而使国家的绝大部分经济体都掌握在某个家族手里。

从七国集团各国的公司治理发展历程来看，第一大公司通常都是家族企业。[①]对于工业史相对较短的大国，家族企业也通常都占据着经济主导地位。此时，物质资本产权所有者占据了协议力量的强势地位，人力资本产权所有者则占据劣势地位，自然而然，公司天生带有的基于血缘关系信任的合作行为，为其家族治理行为奠定了基础。这种企业家族治理行为在创业之初，优越性是显而易见的，因为企业的拥有者掌控了企业的实际控制权，具备动力和压力，有力量对自身的实际经营流程进行更有效的监督，在公司家族治理中，经营者和公司所有者之间要么是完全合一的，要么是具备亲属关系，并没有委托代理关系，经营者对其实际权力的预期比较稳定，减少了因信息不对称而产生的道德风险问题和逆向选择问题，从而实现了责、权、利的高度统一，促进了公司凝聚力和竞争力的形成。但是由于企业规模的不断扩大，更广泛的高度信任合作行为对一大型组织的有效治理来说更为重要。

由于企业规模的不断扩大，如何实现这种更加广泛的信任呢？共同法系下的美国与英国，激励性薪酬、透明性财务以及强大的公司财富最大化准则，使管理者和分散化股东的目标保持一致，强化公司权力向人力资本产权所有者转移，并为其提供良好的预期收益与足够的处罚，以提升委托代理效率，保证股东的利益，公司家族企业集团的控制已经逐渐摆脱金字塔式家族控制，而被职业经理人团队所替代。英美公司这种超越家族成员的广泛信任已在自我强化中形成。笔者在这里所要强调的是民法下的德国，不同于企业股权比较分散的英美两国，德国企业所有权比较集中，[②]商业与政治领导人沃尔特·罗森纳主张公司中间道路思想，[③]正是这种共同决

[①] [加]兰德尔·K.莫克：《公司治理的历史》，许俊哲译，格致出版社2011年版，第7~8页。

[②] Charles S.Maier, In Search of Stability 165(1987).

[③] Maier, supra, note1, at 142.更为严格的是，罗森纳企图在私人财产与社会资本之间寻求商业产权(Maier, supra, note3, at 40(1987)); Walter Rathenau Die NeueWitschaft (1981); Walter Rathenau, Vom Akienwesen(1922)。罗森纳是一个先驱性的思想者和政治领袖，他来自创建德国领先电器公司的家族，他负责了战时的生产，后来他也成为了德国的外务大臣。

策制的发展成为德国人引以自豪的治理制度。①而实事上,在第一次世界大战以后,德国的社会发展与政治经济条件也恰好适应了共同决策制度,在共同决策的法律中,②股份制企业的管理人员不但要对企业股东负责,而且还要对企业的其他利益相关者负责。在股份公司中,员工们也会选派代表进入公司监事会。赋予没有实际所有权的员工以话语权,共同决策制度的引入主要是为了使监事会能够维护员工的权益,而不考虑是否对股东的权益产生负面影响。共同决策制的产生也往往与公司有限的股权分散程度相联系,由于股东会力图平衡员工之间的权益,以避免在管理者和员工之间串通时可能对其权益带来的巨大损失。③但不可否认,共同决策机制推动公司治理中权力向人力资本产权主体的转移。德国最近制定的相关规定要求通过向监事会提供更多的信息来增强监事会的作用。其根本目的就是让德国的企业体系能够与各国接轨,并以此提升德国公司在世界市场中的吸引力。

5.3.2.2 两大法系权力转移保障预期的趋同

英美法与大陆法在董事会内部制衡与外部制衡的治理秩序上的趋同性表现突出,董事被赋予了广泛的权力,且通过预期利益的获得,及相应的惩戒条文,以保障权力转移后,拥有权力的董事不会损害股东的利益,由于董事在企业管理中处于重要地位,对外是公司的代表,事关企业的兴衰成败,因此为了避免董事拥权自重,滥用企业权力,两大法系的经营思路趋同于一方面通过股东会、监事会,对董事进行外部监督,另一方面是利用董事会内部的监督与约束制度来制衡董事权力。④

就董事会内部权力制衡机制而言,主要体现为以下三方面:分别是对

---

① 参见Jean-Marie Colombani, Eric Le Boucher, and Aranud Leparmentier, [Interview with] Gerhard Schroder's Jene pense plus souhaitable une society sans inegalites, Le Monde, 20 Nor.1999, at3(中间援引了德国大臣Chancellov Schroder)的论断,即相比于美国的模式,德国的模式是建立在工人参与的基础上,不仅包括利益分配的参与,还包括决策的参与,也就是所谓的"共同决策制"。

② [美]马克·罗伊(Mark J Roe):《公司治理的政治维度:政治环境与公司影响》,陈宇峰、张蕾、陈国营、陈业玮译,陈宇峰校,中国人民大学出版社2008年版,第42页。

③ [加]兰德尔·K.莫克:《公司治理的历史》,许俊哲译,格致出版社2011年版,第187页。

④ 于群:《上市公司治理的法学视角》,人民出版社2008年版,第106页。

董事会内部结构的优化,独立董事监督职责的强化,进一步明确董事义务与责任。第一,从优化董事会结构来看,当今世界上各国董事会的体制设置均具有一定差异性,其主要原因在于政治与文化上的区别。董事会通常有两个模式,一是单轨制,即企业的唯一管理机构就是董事会;另一种则是双轨制,企业经营中的事务由董事会与监事会共动管理。在实施单轨制的国家,企业管理中,董事会拥有比较高的权限,同时具备决策与监督职权,而在实施双轨制的国家,企业中的董事会则主要承担决策的职责。在单轨制国家中,董事会人员构成主要包括执行董事和独立董事,其中,执行董事主要履行企业决策职责,而对经营者的选择、评估与监督职责则主要由独立董事来担当,实行单轨制国家,在公司缺乏专业监督机构的情形下,设立独立董事,并有较具体的条文规范,而在董事会组成中,独立董事比例也应当占绝对的多数,以实现其对企业经营活动的评估和监督,发挥其监督功能,从而减少"单轨制"公司的代理成本。近年来,随着现代公司治理制度在世界各国的演进,采取双轨制的法国,其外部董事的比重约占29%,而日本的现代企业治理则明确要求引入外部董事。第二,独立董事的功能主要起咨询、顾问与监督等功能,并不具体承担企业的日常管理工作。虽然各国独立董事在不同的传统文化和产权结构背景下,所起到的作用也不相同,不过在监督制约权力,以及提供处罚措施等方面,独立董事所起到的作用确是一致的。第三,大陆法系国家和普通法系国家,均具体规定了董事的忠实义务、注意义务和违反忠实义务而承受的惩罚,因此世界各国企业董事在享有权力的同时,不管该国立法结构上是成文法还是判例法,都对现代公司董事的职责作出了极为严格的规定,较完备的法律系统也已逐步建立起来。[①]

  从董事会外部监督角度来看,伴随企业股权的分散,以及公司内部股东权力的逐渐弱化,董事会和经理层权力范围逐渐扩大,对其实施有效的监督和控制尤显关键,因此各方都在寻求通过立法,在企业中设定适当的常设机构来行使监督权,这里面涉及"单轨制"模式下外部独立董事对企业内部董事的监督;"双轨制"模式下监事会对董事会的监督,前者主

---

① 于群:《上市公司治理的法学视角》,人民出版社2008年版,第106~120页。

要体现于英美法系，后者主要体现于大陆法系，以德国为代表。各国企业监事会模式尽管有很大不同，但它们的共同之处在于监事会应当具有独立性，如此就可以有效强化监事会权力与责任，如在美国上市公司，强制规定企业审计委员会应当由独立的外部董事构成，并要经过仔细核对美国证券交易委员会的条文，确定外部董事的独立性地位，以保证审计委员会对董事会监督的自主性。而在德国，公司内部存在着双层董事会架构，包括监督董事会和执行董事会，监督董事拥有巨大的权力，其权力超过执行董事，以实现监督执行董事的职责。监事会（监督董事会）有对企业内主要事项的决定权和执行董事会的人事权，并能够任用执行董事会成员，确定其成员的报酬，评估和考察执行董事会的工作状况，对其职权的落实情况作出有效监督，强大的职责和权力保证了德国企业监事会的独立性。保证企业监事会的独立性则是实现其监督职能客观性和公正性的重要前提条件，这已成为各国的共识。公司必须通过监事机构的独立性，有效防止经营者的权力膨胀，约束执行董事会及其下属经理的经营行为，平衡二元产权主体的利益分配，并提供充分的惩罚性预期，保证二元产权主体权力转移过程有利于公司未来的发展。[①]

5.3.3 权力配置与公司治理秩序的演进趋势

按照劳方（职工）对公司运营管理参与程度的差异，即公司二元产权主体权力分配的差异，世界各国的公司治理架构主要可分为以德国、日本为典型代表的大陆法系型和以美国、英国为典型代表的英美法系型。但是，无论大陆法系型公司治理结构，还是英美法系型公司治理结构，二元产权主体协议力量均发生了不断地变化，权力在二元产权产权主体之间进行着再配置。此时，各国历史性信息元素嵌入于权力的再分配过程之中，形成差异化的公司治理秩序，但总体趋势，表现为权力由物质资本产权主体向人力资本产权主体转移，该趋势源于权力再配置形成的生产关系变化，必须与现实生产力发展水平相匹配，而匹配的冲突将推动公司治理秩序演进。笔者下面将从历史维度解析德国公司与美国公司治理过程中，权

---

① 于群：《上市公司治理的法学视角》，人民出版社2008年版，第120~125页。

力配置不断调整的客观现实，并作以比较性分析。

5.3.3.1 德国公司产权主体权力配置历史性解析

德国公司所有权与治理权的发展历程中，有两个主要类型。首先，管理控制权的形成，逐步适应与推动股份公司的发展。第二，更多的小企业联合起来以促成跨股权、合并收益的企业集团，最后逐渐发展为金字塔式的公司结构。第一种模式推动了第二种模式的发展。法人企业和有限债权公司的产生，都包含着企业所有权与管理控制权相互分离的基本内涵。[①]

19世纪之前，私营的无法人地位的小公司远远没有大公司重要，公司管理权的安排与配置全部掌握在大多数股东、股东的代表人和高层经理人的手里。到19世纪，一小部分的企业由经理人掌控。这样，多数股东以及他的代理人都保留着对企业的基本控制权，而经理人则在领导方面享有重要而有限的权力。在德国企业发展的早期，股东处于主导地位。这一时期的制造业巨头像Krupp，Thyssen，Stinnes，Wolff，Stumm，Klockner，Siemens和Boshch—都拥有必要的股权，以保证其对公司的所有。但在公司主要股东以外，专业经理人也开始出现。进入20世纪以后，所有权的分散和公司之间的合作两大发展趋势有了新的进展。在第一次世界大战以前，德国股份公司的总量已经增加，有限公司在德国公司中的比例保持稳定。1907年，全国80%的大公司都采取了股份公司的组织形式。所有权较为分散与职业经理管理的公司，到了战前时，其重要性已明显增强。[②]随着公司的高度集中、企业之间合作和企业规模迅速扩大，大型股份公司逐渐占据主导地位。第一次世界大战成为企业规模迅速扩大的驱动力，由于在20世纪初期，政府影响与干预推动了卡特尔的形成与发展，同时也特别重视在供应商和生产商之间形成的纵向联盟，在一战后，到了20世纪30年代，经理型公司继续得到发展。更多的情形是，公司的实际领导者通常是没有任何背景的经理人，而企业的创始人或是拥有股权的大股东则进入监督委员会，充当着监督者的角色。二战后，受战乱影响的德国，1943年仍然有5000多家股份公司，到1960年有2627家，同时私人家庭也逐步从股票市场上撤

---

① ［加］兰德尔·K.莫克：《公司治理的历史》，许俊哲译，格致出版社2011年版，第150~151页。

② Siegrist, Hans. 1980. Deutsche GroBunternehmen vom spaten19: Jahrhundert biszur Weimarer Republik. Geschichte und Gesellschaft 6: 88.

出：在股票市场上家庭投资比重逐步减少，公司投资则逐步上升，然而，由于家族企业和个人投资者依然是重要的大股东，所以德国如今的企业依然保留了家族所有制。在德国企业的所有者，往往采用代理投票权的形式把企业控制权转让给金融机构——全能银行。德国全能银行通过股权掌握公司的控制权，德国全能银行所持有股份占公司总股本比例较高，从而使得德国大银行在公司投票权的比重也较高，据统计，1986年，在德国排行前100名的大公司中有33家企业监事会中股东投票权占比64.49%，德国政府并未限制银行拥有的公司股票数量，因为商业银行除直接持有之外还代表公司中小股东保管股票，而这些代理投票权也使得商业银行能够直接参与公司监事会成员的选拔，通过对公司最高层管理者的选择进行间接管理，从而增强了德国商业银行对公司的控制权力。① 从论述中不难发现，德国公司如今虽然保留家族所有制，但公司控制权已逐渐趋向于股权控制（银行控制）与经理控制。

德国公司发展至今，其治理架构为大陆法系型的代表。大陆法系型治理结构表现为双层委员会制或双轨制，以吸纳劳方（员工）参加企业管理为其主要特点，并强调了企业的稳健发展。在公司治理结构中，股东会是企业的权力机构，并在股东会之外，设置专门执行企业监督职责的监事会或监察人，部分监事或监察人是由员工推选的。在董事会和监事会之间的关系上，又有两种模式。在欧洲大陆，如联邦德国、奥地利等，由监事会推选董事组成董事会，负责企业的具体运营管理工作。在监事会和董事会的双层结构中，反映了民主管理的监事会高于董事会。而在东亚，如中国、日本，股东会选举产生监事会、监察人或董事，在公司双层结构中居于并列地位。大陆法系国家中的企业活动视为员工和管理人员之间的合伙行为，这也是公司治理结构的理念基石。尤其是在二战后的德国和日本，这种合伙意识在国民经济恢复过程中得以更加巩固。在德国，员工是企业利益共同体的一部分，作为高度专用资本（人力资本）的供应者，在公司的治理结构中享有合法地位，并积极参与公司的投资决策。②

---

① ［加］兰德尔·K.莫克：《公司治理的历史》，许俊哲译，格致出版社2011年版，第151~163页。
② 石少侠，蔡立东：《论公司的治理结构》，载《社会科学战线》2000年第4期。

5.3.3.2 美国公司产权主体权力配置历史性解析

为什么在美国大量持股的情况如此少见？事实上，美国公司发展历史进程中，并不缺少有权势的家族企业，他们可以掌控着母公司，或者掌控着金融服务中介机构。而1900年以后，企业所有权的分散和管理权向受薪经理的转移进程便开始了。1929年底，全美二百余家最大的企业仅有11%由股东所掌控，而44%则由在任者掌控。1879年，摩根大通顺利地把威廉·范德堡所拥有的纽约中央铁路的大部分股权向市场出售。（Chernow，1990：42）。钢材产业，在1901年美国钢铁公司成立之时，安德鲁·卡内基钢材公司的大部分股份已经卖出。Mark Roe（1994）则指出美国发展了无大量持股的方式，并将其形成归因于"政治"。从19世纪30年代安德鲁·杰克逊的时代开始，喜欢通过竞争获利，而讨厌垄断是美国人表现出的特质。Roe认为，所有主张约束金融集中和控制的人形成共鸣，并和美国人对待世界想法相符。通常宣称有一个"资金托拉斯"，他们鼓动美国政治家摧毁了可能拥有大量股份，并行使控制权的金融机构。就Roe的观点而言，美国对成千上万的小股东的需求源于技术的创造，并以政治途径降低了大量持股机构存在的可能，使机构难以阻碍公司股权分散的趋势。[①]

与大陆法系不同，英美法系"单轨制"公司治理结构的特点体现在权力集中于资方，认为促进资本的流动是提高企业运营效率的关键。在这种治理架构中，由股东选出的董事拥有很大的权力，企业的重要事务、最高层管理者的聘用等都由董事会作出选择，而企业内部一般也不设专职的监事会。在英美法系国家，资方和劳方（职工）之间没有构成利益共同体，且存在等级差别。员工和公司之间为雇佣关系，为公司提供服务的员工，只可以通过工会组织或政府的管制措施，对资方施加一定影响。[②]

5.3.3.3 公司治理秩序演进趋势的透视

股东会、董事会、监事会"三会"共存是现代公司治理结构的基本框架，以此为基石，公司内部建立了彼此制衡的组织系统。通过公司治理架构中的职权分立和权力制衡，一方面达成了公司内部各个主体的意愿与利

---

① [加]兰德尔·K.莫克：《公司治理的历史》，许俊哲译，格致出版社2011年版，第572~575页。
② 石少侠，蔡立东：《论公司的治理结构》，载《社会科学战线》2000年第4期。

益的均衡，提升了公司的运作效率；另一方面，公司各组织机构的职权设置所产生的彼此制衡的格局，使独立于股东会、董事会、监事会的公司意志与利益得以形成，实现了企业效益与股东利益的最优化。而公司的运营管理由于社会分工的细分以及社会角色的分化，现在已经变成了一种职业化活动。

德国与美国作为大陆法系与英美法系的代表，从其公司产权主体权力配置历史性解析中，可以清晰地看到，公司的三大权力——决策权、执行权、监督权——配置均在向人力资本产权主体倾斜，这与生产力发展是相适应的。[①]人们走过了工业文明，来到了现代知识文明，物质资本因为其本身的特点，难以通过某种渠道转化成企业异质性资源，无法形成企业独有的竞争力，而人力资本则不同，其所承载的技术知识、创新能力具有创造性、异质性、边间收益递增性、专用性等属性，很难被模仿与取代，是知识文明中企业核心竞争力的主要源泉。未来企业对资源的整合能力，体现于企业的产品开发、制造、营销等环节，而核心人力资本的价值则贯穿于企业的全部生产流程之中，推动着企业技术能力、产品市场占有率不断提升。[②]从上面历史事实阐述中，不难发现无论是德国公司的全能银行控制，还是美国公司的经理人控制，均体现出权力在公司二元产权主体之间进行再分配，人力资本在公司控制方面协议力量的增强，推动了生产关系发生改变以适应现代生产力水平。

公司治理结构的基本价值取向是效率居先与兼顾公平，在公司中，随着权力分配的不断变动，各组织机构之间不可避免地面临着矛盾与冲突，而效率居先和兼顾公平则是化解矛盾与冲突、科学地配置公司权力的基本原则，在公司各组织机构之间权力分配出现矛盾与冲突时，就应当以效率居先和兼顾公平的原则加以解决。由于不同的权力配置方式会形成不同的价值，因此公司合法权利的初始界定就会影响其运作的效率。[③]由于公司是以盈利为目的的社团法人，因此提高其盈利能力的另一项主要手段，便是调节公司内在各组织机构之间的权力分配。面对瞬息万变的现代商业活

---

① 石少侠，蔡立东：《论公司的治理结构》，载《社会科学战线》2000年第4期。
② 周游：《人力资本产权让渡与经营》，中国社会科学出版社2012年版，第151~154页。
③ [美]科斯：《企业、市场和法律》，上海三联书店1990年版，第95页。

动，公司治理秩序要满足市场对决策高效的需求。现代公司运营实践强调效率居先，相应的公司治理秩序演进趋势体现为：一方面，股东职权被逐步削弱，而董事职权得到逐渐加强，董事权力中心主义也已逐步代替了股东权力中心主义；另一方面，也显露出了董事会职权也在减弱，而经营者（董事长、经理）职权却在逐渐加强的端倪。[1]

5.4 小结

该章第一部分结合二元产权主体的行为选择，解析信息、动机与权力三大要素对公司治理秩序稳态的威胁机理。当公司治理秩序的稳定性与有效性受到威胁时，二元产权主体试图引入国家权力，以此建立起为他们带来分配优势的制度约束。笔者在第二部分中，比较欧洲社会民主主义模式与美国的平民主义模式，从价值维度解析产权主体联盟组织冲突中，国家是如何通过改变产权主体联盟协议力量，实现国家利益，并同时扮演推动公司治理秩序演进的角色。该章第三部分从历史维度分析权利转移对于公司治理秩序演进的推动作用，并着力运用理念、家族商业集团、法律等历史性信息元素，析理各国差异化的公司治理秩序。笔者认为在差异化历史信息元素的作用下，二元产权主体协议力量的改变，将推动公司权力的转移和权力的再分配，引发各自收益预期的变化，这种变化将直接挑战现有公司治理秩序的稳定性，并不断为其演进注入持续的动力。

---

[1] 石少侠，蔡立东：《论公司的治理结构》，载《社会科学战线》2000年第4期。

结　论

笔者遵循由理论的梳理到框架的形成再到问题解析的逻辑进路，以二元产权互动冲突为视角，揭示由下至上的公司治理秩序演进规律。将公司自治的法律问题，以法与制度经济学的思维框架再度演绎，从微观层面展现出二元产权主体彼此约束条件下，基于协议双方力量差异，为获得预期的分配利益所作出的理性选择过程，解析该过程中公司自治秩序的分散形成、制度化与演进的机理。并从宏观层面描绘出二元产权主体在历史信息与价值信息作用下，如何通过国家权力的介入与制衡，实现公司治理效率的提升。

本书以元社会秩序为背景，解析二元产权配置属性特征，比较与梳理产权主体行为策略选择利益理念的学理基础。二元产权主体秩序利益分配冲突不可避免，面对冲突，他们都会结合自身获取的历史信息与价值信息，取得惯例利益与行动利益的合成利益，二元产权主体对于两类信息的获取能力、偏好、占有水平的差异，不仅会导致他们制度收益分配的不同，而且会引起彼此制度收益向量的不一致性。其根源于二元产权的来源、构成与交易特征，相比较，物质资本产权主体更加偏好于历史信息的获取，并逐渐提升自身对历史信息的获取与分析能力，因此物质资本产权主体多通过历史信息，按照惯例而行动，以获取惯例利益，相反，由于人力资本产权高速折旧等特征，其时间性、连续性都不显著，当出现利益冲突时，人力资本产权主体多通过市场价值信息，获取行动利益。

书中第四部分从微观层面解析公司治理秩序演进的博弈分析中，指出认为协议力量、制度收益与获取信息的能力是正相关的，原因有三：首先，公司二元产权主体因在均衡结果上未能合作，而承担了巨大的代价，可是这些代价却并非平均承担。当产权主体彼此清楚这些差异时，他们就

结　论

可以影响某些策略的可信性。那些没有多少选择或者没有有利选择的产权主体，更倾向于尊重他们对手的承诺。在这种情况下，有力量的人的承诺，可以显著地影响均衡的选择。第二，基于二元产权主体不对等博弈而形成的公司治理秩序协议理论，解释了非正式"规则的网络"的自发形成机理，也就是说，公司治理秩序会在二元产权主体利益分配冲突中，通过不对等交易分散形成，这些非正式"规则的网络"构成了公司章程的基础。第三，协议力量和分配结果的变化引发分散化的公司治理秩序的演进，对那些目前处于弱势地位的产权主体将会产生更加迅速和正面的影响。

　　本书从宏观层面解析公司治理秩序演进问题。从价值维度来看，认为二元产权主体惯例利益与行动利益非一致性，通过不对等交易分散化形成的公司治理秩序演进是可以解决的，但如果产权主体希望以较低的成本，借助集体行动而获取更多制度收益时，则需要引入国家权力来约束他人的行为。此时，分散的个体被组织起来形成利益联盟，国家权力介入对于公司二元产权主体权力配置的影响应从两个方面来看待：一方面，国家决策将会受到产权主体的资源积累程度，以及公司治理秩序长期分配结果的影响。与此同时，国家权力的介入将引起公司治理中二元产权主体协议力量对比的变化。其程度取决于国家介入法律协议的补偿效果的相对大小。另一方面，国家的加入，同样能够增强那些公司治理中弱势产权主体的协议力量。首先，国家行为人可能在和公司强势产权主体相抗衡的博弈中，与这些弱势产权主体结成同盟，从而改善他们的相关协议地位。在正式制度冲突中，如果这些弱势产权主体的利益与国家的利益相一致，那么，最终的新制度很可能代表了弱势产权主体的利益。从历史维度来看，理念、家族商业集团、法律等历史信息元素都深刻地影响着各国公司治理秩序的演进。各国公司治理发展趋势表现为权力逐步由物质资本产权主体向人力资本产权主体转移，由此产生权力配置的变化。事实上，公司三大权力——决策权、执行权、监督权——的配置均在向人力资本产权主体倾斜，不可避免地存在着矛盾和冲突，这种矛盾与冲突推动着公司治理秩序的演进。

　　最后，必须承认，该书的形成虽然经历了细致的比较性思辨，但其中不可避免地存在着不足和漏洞，笔者试图以法学、经济学、政治学、社会学多维知识空间，解析公司治理秩序演进问题，希望探索到公司治理秩序演进规律的"本真"，但由于笔者理论水平与知识储备十分有限，特别是受限于原有经济学专业研究理路与研究方法，而淡化了法律范式上关于权利、义务、责任机制的运行在公司治理秩序演进中的作用，相关内容剖析不够深入，有待于进一步的研究。

参考文献

中文参考文献:

[1] [古希腊]柏拉图:《理想国》,郭斌和、张竹明译,商务印书馆2002年版。

[2] [古希腊]亚里士多德:《政治学》,吴寿彭译,商务印书馆1983年版。

[3] [古罗马]查士丁尼:《法学总论——法学阶梯》,张企泰译,商务印书馆1996年版。

[4] [美]E.博登海默:《法理学——法哲学及其方法》,邓正来译,华夏出版社1987年版。

[5] [美]理查德·A.波斯纳:《法律的经济分析》,(上、下),蒋兆康译,林毅夫校,中国大百科全书出版社1997年版。

[6] [美]约翰·罗尔斯:《正义论》,何怀宏译,中国社会科学出版社1998年版。

[7] [美]钱德勒:《看得见的手》,重武译,商务印书馆1987年版。

[8] [美]科斯:《企业、市场与法律》,陈郁、盛洪等译,上海人民出版社1991年版。

[9] [美]哈德罗·J.伯尔曼:《法律的革命——西方法律传统的形成》,贺卫方、高鸿钧等译,中国大百科全书出版社1993年版。

[10] [美]道格拉斯.C.诺思:《经济史中的结构与变迁》,陈郁、罗华平等译,上海三联书店、上海人民出版社1994年版。

[11] [美]R.科斯、A.阿尔钦、D.诺斯等:《财产权利与制度变迁——产权学派与新制度学派译文集》,刘守英译,上海三联书店、上海人民出版社2004年版。

[12] [美]德姆塞茨:《所有权、控制与企业》,段毅才译,经济科学出版社1999年版。

［13］［美］加尔布雷思：《权力的分析》，陶远华等译，河北人民出版社1998年版。

［14］［美］伯利：《没有财产权利的权力》，江清译，商务印书馆1962年版。

［15］［美］杰克·奈特：《制度与社会冲突》，周伟林译，上海人民出版社2009年版。

［16］［美］诺斯：《交易成本、制度和经济史》，载《经济译文》1994年第2期。

［17］［美］诺斯：《制度》，载《经济译文》1994年第3期。

［18］［美］R.科斯：《论生产的制度结构》，盛洪、陈郁译，上海三联书店1994年版。

［19］［美］诺斯：《制度、制度变迁与经济绩效》，刘守英译，上海三联书店，1994年版。

［20］［美］博登海默：《法理学：法律哲学与法律方法》，邓正来译，中国政法大学出版社1999年版。

［21］［美］D.钱德勒：《看得见的手——美国企业的管理革命》，重武译，商务印书馆2001年版。

［22］［美］亨利·汉斯曼：《企业所有权论》，于静译，中国政法大学出版社2001年版。

［23］［美］罗斯科·庞德：《法律史解释》，邓正来译，中国法制出版社2002年版。

［24］［美］奥尔森：《国家兴衰探源——经济增长、滞胀与社会僵化》，商务印书馆1993年版。

［25］［美］西奥多.W.舒尔茨：《论人力资本投资》，吴珠华等译，北京经济学院出版社1990年版。

［26］［美］理查德.R.纳尔逊、悉尼.G.温特：《经济变迁的演化理论》，胡世凯译，商务印书馆1997年版。

［27］［美］莱纳·克拉克曼等：《公司法剖析：比较与功能的视角》，刘俊海、徐海燕等译，北京大学出版社2007年版。

［28］［美］加里·贝克尔：《人力资本理论》，郭虹等译，中信出版社2007年版。

［29］［美］迈克尔·迪屈奇：《交易成本经济学》，王铁生等译，经济科学出版社1999年版。

[30][美]伯纳德·施瓦茨:《美国法律史》,王军等译,中国政法大学出版社1990年版。

[31][美]科斯,诺斯等:《财产权利与制度变迁》,黄祖辉、蒋文华译,上海三联书店、上海人民出版1991年版。

[32][美]曼瑟尔·奥尔森:《集体行动的逻辑》,陈郁等译,上海三联书店1995年版。

[33][美]肯尼斯·J.阿罗:《社会选择与个人价值》,丁建峰译,上海世纪出版集团2010年版。

[34][美]阿玛蒂亚·森:《论经济不平等/不平等之再考察》,王利文、于占杰译,社会科学文献出版社2006年版。

[35][美]阿尔蒙德、鲍威尔:《比较政治学——体系、过程和政策》,曹沛霖等译,上海译文出版社1987年版。

[36][美]乔恩·埃尔斯特:《社会黏合剂:社会秩序的研究》,高鹏程等译,中国人民大学出版社2009年版。

[37][美]詹姆斯·布坎南:《成本与选择》,刘志铭、李芳译,浙江大学出版社2009年版。

[38][美]Y.巴泽尔:《产权的经济分析》,费方域等译,上海三联书店1997年版。

[39][美]O.哈特:《企业、合同与财务结构》,费方域译,上海三联书店1998年版。

[40][美]道格拉斯·C.诺斯、罗伯斯·托马斯:《西方世界的兴起》,厉以平、蔡磊译,华夏出版社1999年版。

[41][美]马克·罗伊:《公司治理的政治维度:政治环境与公司影响》,陈宇峰、张蕾、陈国营、陈业玮译,陈宇峰校,中国人民大学出版社2008年版。

[42][美]安德鲁·肖特:《社会制度的经济理论》,陆铭、陈钊译,上海财经大学出版社2003年版。

[43][美]罗纳德·哈里·科斯著:《企业、市场与法律》,盛洪、陈郁译校,上海人民出版社2009年版。

[44][美]埃瑞克.菲吕博顿等:《新制度经济学》,孙径纬译,上海财经出版社1998年版。

[45] [美]凡勃伦:《有闲阶级论》,蔡受百译,商务印书馆1997年版。

[46] [美]康芒斯:《制度经济学》,于树生译,商务印书馆1997年版。

[47] [美]约瑟夫,熊彼特:《经济分析史》,朱泱译,商务印书馆1996年版。

[48] [美]路易斯·普特曼、兰德尔·克罗茨纳:《企业的经济性质》,孙经纬译,上海财经大学出版社2000年版。

[49] [美]布坎南:《伦理学、效率与市场》,廖申白译,中国社会科学出版社1991年版。

[50] [美]布坎南:《财产与自由》,韩旭译,中国社会科学出版社2002年版。

[51] [美]马克罗伊:《法与经济学中的混沌理论与进化理论》,载《法与经济学》2003年第1期。

[52] [英]亚当·斯密:《道德情操论》,蒋自强、钦北愚等译,商务印书馆2002年版。

[53] [英]伯特兰·罗素:《权力论》,吴友三译,商务印书馆1991年版。

[54] [英]弗德利希·冯·哈耶克:《自由秩序原理》(上、下),邓正来译,生活·读书·新知三联书店1997年版。

[55] [英]亚当·斯密:《国民财富的性质和原因的研究》,郭大力、王亚南译,商务印书馆1994年版。

[56] [英]A.J.博伊尔:《少数派股东救济措施》,段威、李扬、叶林译,叶林校,北京大学出版社2006年版。

[57] [英]艾兰·布雷克:《董事会的构建》,刘有发、肖珑等译,经济管理出版社2003年版。

[58] [英]约翰·希克斯:《经济史理论》,厉以平译,商务印书馆1998年版。

[59] [英]弗里德利希·冯·哈耶克:《法律、立法与自由》,邓正来等译,中国大百科全书出版社2000年版。

[60] [英]弗里德利希·冯·哈耶克:《通向奴役之路》,王明毅、冯兴元等译,中国社会科学出版社1997年版。

[61] [英]弗里德利希·冯·哈耶克:《个人主义与经济秩序》,贾湛等译,北京经济学院出版社1989年版。

[62] [英]弗里德利希·冯·哈耶克:《自由宪章》,杨玉生等译,中国社会科学出版社1999年版。

[63][英]弗里德利希·冯·哈耶克:《致命的自负》,冯克利等译,中国社会科学出版社2000年版。

[64][英]休谟:《人性论》,关文运译,商务印书馆1996年版。

[65][英]休谟:《自然宗教对话录》,陈修斋、曹棉之译,商务印书馆1962年版。

[66][英]霍布斯:《利维坦》,黎思复、黎廷弼译,商务印书馆1996年版。

[67][英]洛克:《政府论》,叶启芳、瞿菊农译,商务印书馆1996年版。

[68][德]康德:《法的形而上学原理——权利的科学》,沈叔平译,商务印书馆2001年版。

[69][德]艾哈德:《来自竞争的繁荣》,祝世康等译,商务印书馆1983年版。

[70][德]尼采:《人性的,太人性的》,杨恒达译,中国人民大学出版社2005年版。

[71][法]孟德斯鸠:《论法的精神》,孙立坚等译,陕西人民出版社2001年版。

[72][法]卢梭:《社会契约论》,何兆武译,商务印书馆1980年版。

[73][法]皮埃尔·勒鲁:《论平等》,王允道译,商务印书馆1988年版。

[74][法]蒲鲁东:《什么是所有权》,孙署冰译,商务印书馆1997年版。

[75][加]兰德尔·K.莫克:《公司治理的历史:从家族企业集团到职业经理人》,许俊哲译,上海人民出版社2011年版。

[76][荷]伯纳德,曼德维尔:《蜜蜂的寓言》,肖聿译,中国社会科学出版社2002年版。

[77][挪威]斯坦因·U.拉尔森:《政治学理论与方法》,任晓等译,上海世纪出版集团2006年版。

[78][日]青木昌彦:《比较制度分析》,周黎安译,上海远东出版社2001年版。

[79][日]青木昌彦、钱颖一:《转轨经济中的公司治理结构》,中国经济出版社1995年版。

[80][日]末永敏和:《现代日本公司法》,金洪玉译,人民法院出版社2000年版。

[81][美]汉森:《经济政策和充分就业》,徐宗士、朱继清译,上海人民出版社1959年版。

[82] 程恩富等:《企业学说与企业变革》,上海财经大学出版社2001年版。

[83] 蔡立东:《公司自治论》,北京大学出版社2006年版。

[84] 成晓霞:《新法人治理结构》,中国政法大学出版社2000年版。

[85] 陈郁:《所有权、控制权和激励》,上海三联出版社1998年版。

[86] 陈钊:《经济转轨中的企业重构:产权改革与放松管制》,上海人民出版社2004年版。

[87] 邓正来:《普通法法治国的建构过程》,载《开放时代》2002年第4期。

[88] 费方域:《企业的产权分析》,上海三联书店,1998年版。

[89] 傅穹:《重思公司资本制原理》,法律出版社2004年版。

[90] 范黎波、李自杰:《企业理论与公司治理》,对外经贸大学出版社2001年版。

[91] 范健等:《中德商法研究》,法律出版社1999年版。

[92] 郭道晖:《权力的多元化与社会化》,载《法学研究》2001年第1期。

[93] 高德步:《产权与增长:论法律制度的效率》,中国人民大学出版社1999年版。

[94] 甘功仁、史树林:《公司治理法律制度研究》,北京大学出版社2007年版。

[95] 顾功耘:《公司法律评论》,上海人民出版社2001年版。

[96] 郭金林:《论美国机构股东的战略转变及其公司治理原则》,载《世界经济》2002年第4期。

[97] 郭金林:《企业产权契约与公司治理结构——演进与创新》(博士文库),经济管理出版社2002年版。

[98] 郭金林:《国有企业改制中企业治理之契约配置与制度配置的非耦合性及其改进》,载《中南大学学报》2006年第3期。

[99] 郭金林:《契约配置与制度配置:功能比较》,载《学术研究》2002年第4期。

[100] 官欣荣:《独立董事制度与公司治理:法理与实践》,中国检察出版社2003年版。

[101] 何美欢:《香港代理法》,北京大学出版社1996年版。

[102] 胡鞍钢、胡光宇:《公司治理中外比较》,新华出版社2004年版。

[103] 黄明：《公司制度分析》，中国财政经济出版社1997年版。

[104] 黄乾：《我国人力资本产权制度创新问题研究》，载《社会科学研究》2002年第1期。

[105] 黄乾：《企业所有权安排的理论探讨》，载《河北学刊》2002年第2期。

[106] 惠双民：《资产专用性，网络扩展与私人秩序》，载《经济研究》2002年第7期。

[107] 惠双民：《社会秩序的经济分析》，北京大学出版社2010年版。

[108] 贺小刚：《企业可持续竞争优势》，载《经济监管》2002年第14期。

[109] 何自力：《法人资本所有制与公司治理》，南开大学出版社1997年版。

[110] 江帆：《代理法律制度研究》，中国法制出版社2000年版。

[111] 金成晓、李政、袁宁著：《权力的经济性质》，吉林人民出版社2008年版。

[112] 蒋大兴：《公司法的展开与评判》，法律出版社2001年版。

[113] 蒋大兴：《公司法的政治约束——一种政治解释的路径》，载《吉林大学社会科学学报》2009年第5期。

[114] 柯芳枝：《公司法要义》，三民书局1997年版。

[115] 郎咸平：《公司治理》，社会科学文献出版社2004年版。

[116] 雷光虎：《股份有限公司法律问题研究》，中国检察出版社1998年版。

[117] 李宝元：《人力资本论》，北京师范大学出版社2009年版。

[118] 李景春：《中国企业法人治理结构的现状与对策》，载《监管世界》2002年第8期。

[119] 李军、皮修平：《长期雇用、异质型人力资本与企业核心竞争力》，载《湘潭大学学报》2007年第9期。

[120] 李键：《公司治理论》，经济科学出版社1999年版。

[121] 李维安等：《公司治理》，南开大学出版社2001年版。

[122] 李维安：《中国公司治理原则与国际比较》，中国财政经济出版社2001年版。

[123] 李振球：《技术创新：提升企业核心竞争力的重要途径》，载《经济监管》2001年第21期。

[124] 梁能：《公司治理结构：中国的实践与美国的经验》，中国人民大学出版社2000年版。

[125] 梁宇贤：《公司法论》，三民书局印行1990年版。
[126] 梁宇贤：《股份有限公司机关之内部治理——以机关间组织体制之管控为主题》，载《21世纪商法论坛，2002年国际研讨会论文集》，清华大学商法研究中心编。
[127] 梁慧星：《民商法论丛》（第9卷），法律出版社1998年版。
[128] 林志扬：《企业中的人性假设》，载《经济监管》2002年第20期。
[129] 刘道远：《关联交易本质论反思及其重塑》，载《政法论坛》2007年第6期。
[130] 刘刚：《企业的异质性假设》，载《中国社会科学》2002年第2期。
[131] 刘连煜：《公司法原理》，中国政法大学出版社2002年版。
[132] 刘连煜：《公司法理论与判例研究》，法律出版社2002年版。
[133] 刘连煜：《公司治理与公司社会责任》，中国政法大学出版社2001年版。
[134] 刘立民：《完善我国公司治理结构法律制度的对策与建议》，载《行政论坛》2003年第1期。
[135] 刘俊海：《建立健全公司治理结构的若干思考》，载《法学论坛》2002年第6期。
[136] 刘俊海：《股份有限公司股东权的保护》，法律出版社1997年版。
[137] 刘俊海：《公司的社会责任》，法律出版社1999年版。
[138] 刘诗白：《产权新论》，西南财经大学出版社1993年版。
[139] 刘伟：《经济改革与发展的产权制度解释》，首都经济贸易大学出版社2000年版。
[140] 刘元春：《国有企业的"效率悖论"及其深层次的解释》，载《中国工业经济》2001年第7期。
[141] 卢昌崇：《企业治理结构》，东北财经大学出版社1999年版。
[142] 卢代富：《企业社会责任的经济学与法学分析》，法律出版社2002年版。
[143] 卢现祥：《西方制度经济学》，中国发展出版社1996年版。
[144] 罗培新：《公司法的法律经济学研究》，北京大学出版社2008年版。
[145] 罗培新：《公司法的合同解释》，北京大学出版社2004年版。
[146] 吕振宇：《公共物品供给与竞争嵌入》，经济科学出版社2010年版。
[147] 马晓平：《核心员工对高新技术企业核心竞争力和效率的影响研究》，博

士学位论文，华中科技大学，2008年。

[148] 梅慎实：《现代公司法人治理结构规范运作论》，中国法制出版社2001年版。

[149] 宁成金：《公司治理结构：控制经营者理论与制度研究》，法律出版社2007年版。

[150] 倪建林：《公司治理结构：法律与实践》，法律出版社2001年版。

[151] 年志远：《企业所有权内涵和主体演进》，载《当代经济研究》2004年第10期。

[152] 年志远：《企业所有权安排理论评析及发展》，载《税务与经济》2004年第1期。

[153] 年志远：《企业所有权概念辨析——兼与张维迎教授商榷》，载《吉林大学社会科学学报》2003年第2期。

[154] 年志远：《二元产权经济学研究》，经济科学出版社2008年版。

[155] 年志远：《也谈人力资本产权特征——兼与刘大可和王建民商榷》，载《财经科学》2002年第4期。

[156] 年志远、杨春霆：《企业所有权与财产所有权》，载《社会科学战线》2004年第6期。

[157] 年志远：《论人力资本产权流动》，载《四川大学学报（哲社版）》2002年第5期。

[158] 年志远：《企业所有权的激励功能》，载《当代经济研究》2002年第10期。

[159] 芮明杰等：《现代公司与运行》，山东人民出版社1998年版。

[160] 商晨：《利益、权力与转型的实质》，社会科学文献出版社2007年版。

[161] 盛洪：《中国的过渡经济学》，上海三联书店、上海人民出版社1994年版。

[162] 盛洪：《分工与交易：一个一般理论及其对中国非专业化问题的应用分析》，上海三联书店1992年版。

[163] 孙永祥：《公司治理结构：理论与实证研究》，上海三联书店、上海人民出版社2002年版。

[164] 盛昭瀚、蒋德鹏：《演化经济学》，上海三联书店2002年版。

[165] 沈宗灵:《比较法研究》,北京大学出版社1998年版。
[166] 汤欣:《公司治理与上市公司收购》,中国人民大学出版社2001年版。
[167] 王爱冬:《政治权力论》,河北大学出版社2003年版。
[168] 王保树:《股份有限公司组织机构的法的实态考察与立法课题》,载中国(海南)改革发展研究院编:《中国公司治理结构》,外文出版社1999年版。
[169] 王红一:《论公司自治的实质》,载《中山大学学报》(社科版)2002年第5期。
[170] 王红一:《公司法功能与结构法社会学分析》,北京大学出版社2000年版。
[171] 王峻岩:《我国公司治理结构的主要问题和改进意见》,载中国(海南)改革发展研究院编:《中国公司治理结构》,外文出版社1999年版。
[172] 王继远:《控制股东对公司和股东的信义义务》,法律出版社2010年版。
[173] 王利明:《论股份制企业所有权的二重结构》,载《中国法学》1989年第1期。
[174] 王绍光:《分权的底限》,中国计划出版社1997年版。
[175] 王学义:《高新技术产业人力资源研究:基于理论支持体系构建与实践范式塑造》,西南交通大学出版社2006年版。
[176] 王彦明:《德国法上多数股东的忠实义务》,载《当代法学》2004年第6期。
[177] 汪太贤:《论中国法治的人文基础重构》,载《中国法学》2001年第4期。
[178] 魏杰:《关于改制后国有企业的股权结构优化》,载《经济纵横》1998年第3期。
[179] 魏杰、赵俊超:《人力资本应作为企业制度要素》,载《经济消息报》2001年5月21日。
[180] 魏杰:《产权制度的设置必须注重人力资本》,载《经济纵横》2000年第2期。
[181] 韦森:《社会秩序的经济分析导论》,上海三联书店2001年版。
[182] 温世扬:《财产支配权论要》,载《中国法学》2005年第5期。
[183] 吴冬梅:《公司治理结构——运行与模式》,经济管理出版社2001年版。

[184] 吴淑昆、席酉民:《公司治理与中国企业变革》,机械工业出版社2000年版。

[185] 吴敬琏:《现代公司与企业改革》,天津人民出版社1994年版。

[186] 席酉民、赵增耀:《公司治理》,高等教育出版社2004年版。

[187] 夏勇:《人权概念起源》,中国政法大学出版社2001年版。

[188] 夏勇:《法治是什么——渊源、规诫与价值》,载《中国社会科学》1999年第4期。

[189] 谢立中:《西方社会学名著提要》,江西人民出版社1998年版。

[190] 谢鹏程:《基本法律价值》,山东人民出版社2000年版。

[191] 谢哲胜:《法律经济学基础理论之研究》,载《中正大学法学集刊》2001年第4期。

[192] 许光耀:《经理越权代理行为的法律后果与责任》,载《中南大学学报》2003年第2期。

[193] 许和隆:《冲突与互动》,中山大学出版社2007年版。

[194] 许美丽:《控制与从属公司(关联企业)之股东代位诉讼》,载《政大法学评论》2000年第63期。

[195] 徐克:《英国公司法改革》,载《经济导刊》2005年第1期。

[196] 闫世平:《论塑造新型企业文化的前提》,载《社会科学家》2003年第3期。

[197] 杨春学:《经济人与社会秩序分析》,上海三联书店1998年版。

[198] 杨德华:《权力问题笔谈》,载《国外政治学》1988年第5期。

[199] 杨继:《公司董事"注意义务"与"忠实义务"辨》,载《比较法研究》2003年第3期。

[200] 杨瑞龙、周业安:《论利益相关者合作逻辑下的企业共同治理机制》,载《中国工业经济》1998年第1期。

[201] 杨瑞龙:《国有企业治理结构创新的经济学分析》,中国人民大学出版社,2001年版。

[202] 杨瑞龙、周业安:《企业的利益相关者理论及其应用》,经济科学出版社2000年版。

[203] 杨瑞龙、周业安:《企业共同治理的经济学分析》,经济科学出版社2001

年版。

[204] 杨瑞龙:《企业理论：现代观点》，中国人民大学出版社2005年版。

[205] 杨通轩:《劳工参与企业经营在德国所引起之劳工法问题》，载《法学丛刊》1997年第2期。

[206] 于群:《上市公司治理的法学视角》，人民出版社2008年版。

[207] 袁东:《权限与权威——私权与公权的经济学思考》，经济科学出版社2007年版。

[208] 于克信:《国有企业困境的体制原因思考》，载《经济问题探索》2001年第1期。

[209] 曾世雄:《企业设计法》，中国政法大学出版社2001年版。

[210] 张波:《论法治价值目标及其结构》，载《徐州师范大学学报》2002年第1期。

[211] 张春霖:《公司治理改革的国际趋势》，载《世界经济与政治》2002年第5期。

[212] 张春霖:《破产程序的经济学分析》，载《经济社会体制比较》1998年第1期。

[213] 张建琦:《人力资本交易与国有企业的契约关系》，载《中山大学学报》2000年第2期。

[214] 张慕濒:《公司控制权市场治理效力论》，商务印书馆2008年版。

[215] 张开平:《英美公司董事法律制度研究》，法律出版社1998年版。

[216] 张维迎:《所有制、治理结构与委托——代理关系》，载《经济研究》1996年第9期。

[217] 张维迎:《企业的企业家——契约理论》，上海三联出版社1995年版。

[218] 张维迎:《信息、信任与法律》，生活·读书·新知三联书店2003年版。

[219] 张维迎:《企业理论与中国企业改革》，北京大学出版社1999年版。

[220] 张维迎:《博弈论与信息经济学》，上海三联书店1994年版。

[221] 张维迎:《产权·激励与公司治理》，经济科学出版社2005年版。

[222] 张五常:《租佃理论》（中文版），易宪容译，商务印书馆2001年版。

[223] 张文显:《二十世纪西方法哲学思潮研究》，法律出版社1996年版。

[224] 张文显:《法理学》，法律出版社2005年版。

[225] 张文显:《当代西方法哲学》,吉林大学出版社1987年版。

[226] 张文魁:《大型企业集团所有权、占有权、经营权委托代理关系矛盾研究:组织结构、监管控制与公司治理》,载《改革》2003年第1期。

[227] 赵旭东:《公司资本制度改革研究》,法律出版社2004年版。

[228] 赵增耀:《董事会的构成与其职能发挥》,载《监管世界》2002年第3期。

[229] 赵晓云、尚晓鹏:《信息不对称导致人力资源管理风险的成因及对策》,载《山西煤炭管理干部学院学报》2007年第4期。

[230] 赵继新:《人本管理》,经济管理出版社2012年版。

[231] 郑若山:《公司制的异化》,北京大学出版社2003年版。

[232] 郑玉波:《公司法》,三民书局印行1980年版。

[233] 郑育家:《企业性质、政府行为与真实控制权安排》,上海交通大学出版社2010年版。

[234] 周梅:《论监事会的信息获取请求权》,载《南京大学学报》2013年第4期。

[235] 周游:《人力资本产权让渡与经营》,中国社会科学出版社2012年版。

[236] 周其仁:《公有制企业的性质》,载《经济研究》2001年第1期。

[237] 周其仁:《市场里的企业:一个人力资本与非人力资本的特别合约》,载《经济研究》1996年第6期。

[238] 周其仁:《"控制权回报"和"企业家控制的企业"——"公有制经济"中企业家人力资本产权的个案研究》,载《经济研究》1997年第5期。

[239] 周其仁:《产权与制度变迁》,社会科学文献出版社2002年版。

[240] 朱慈蕴、郑博恩:《论控制股东的义务》,载《政治与法律》2002年第2期。

英文参考文献:

[1] A. Alchian and Harold Demsetz, Production, Information Costs and Economic Organization, American Economic Review 62(1972).

[2] Alchian, Arnen A. and Sone, Economics of Property Rights, Politico Vol. 30(No. 4) 1965.

[3] Anabtawi, Iman&Lynn Stout, Fiduciary Duties for Activist Shareholders,

Stan. L. Rev. Vol. 60, 2008.

[4] Andrews, K. r., Corporate Strategy as a Vital Function of the Board, Harvard Business Review, June, 1939.

[5] A. Sheleifer and R. Vishny, Management Entrenchment, The Case of Manager Specific Investments, Financial Economics,Vol. 25,November 1989.

[6] A. Sheleifer and R. Vishny, A Survey of Corporate Governance, The Journal of Finance, June 1997.

[7] Berle Adolf and Gardiner G. Means, The Modern Corporation and Private Property, Macmillan, New York Press, 1932.

[8] Black's law Dictionary, West Publishing Co,1979.

[9] Block&Prussin, The Business Judgment Rule and Shareholder Derivative Actions, 37 Bus. Law. 27,32 (1981).

[10] Boyle & Bird's Company Law, Jordan & Sons Ltd., 1987.

[11] Brckley, James A., On Corporate Governance, A Study of proxy Contests, Journal of Financial Economics, 1986.

[12] Brudney, Corporate Governance, Agency Costs, and the Rhetoric of Contract, Colum. L. Rev, 1404-1406 (1985).

[13] Cindy A. Schipani & Junhai Liu, Corporate Governance in China: Then and Now, Colum. Bus. L. Rev. 1, at 33 (-2002).

[14] Claessens, S., S. Djankov, L. P. H., Lang, The Separation of Ownership and Control in East Asia Corporations, Journal of Financial Economics, 2000, 58 (6), 81-112.

[15] Craig W. Palm and Mark A. Kearney, A Primer on the Basics of Directors' Duties in Delaware: The Rules of the Game, 40Vill: L. Rev., 1307-1308 (1995).

[16] Creighton Condon, Keeping the'Good'Faith: TheYale Law Journal-Press. 91,1982.

[17] D. Andrews, The Stockholder's Right to Equal Opportunity in the Sale of Shares, 78 Harv. L. Rev. 505, 506 (1965).

[18] DeLarme R. Landes, Economic Efficiency and the Corporate Opportunities

Doctrine, Temple Law Review (Winter2001).

[19] Demsetz Harold and Kenneth Lehn, The Structure of Corporae Ownership: Causes and Consequence, 1985.

[20] Demsetz, H., Toward a Theory of Property Rights, American Economic Review, May 1967.

[21] Dennisi J. Block, Nancy E. Barton and Stephen A. Radin, The Business Judgement Rule, Fiduciary Duties of Coporate Directors 3rded. Practice hall Law and Business Press, 1989.

[22] D. Michael、C. Jensen and Willian H. Mecking, Theory of the Firm: Managerial Behavior, Agency costs and Ownership Structure, Journal of Financial Economics, Vol. 3, No. 4, 1976.

[23] Dooley & Veasey, The Role of the Board in Derivative Litigation Delaware Law and the Current ALI Proposals Compared,44 Bus Law,503,522 (1989).

[24] Donald H. Chew, Studies in International Corporate Finance and Government System:A Comparison of ten U. S., Japan, Europe, Oxford University Press, New York 1997.

[25] Easterbrook, DanielFischel. Corperate Control Transactions.

[26] Eilis Ferran, Company Law and Corporate Fiance, Oxford University Press, 1999.

[27] Einer Elhauge, Toward a European Sale of Control Doctrine, 41 Am. J. Comp. Law 627, 636 (1993).

[28] Enhancing Corporate Governance for Banking Organizations, Basel Committee on Banking Supervision, Basel, September 1999.

[29] E. Norman Veasey, State-Federal Tension in Corporate Governance and the Professional Responsibilities of Advisors, 28 J.Corp. L. 441, at 447 (2003).

[30] Esterbrook & Fischel, The Economic Structure of Corporate Law, Harvard University Press, 1991.

[31] E. S. Herman, Corporate Control and Corporate Power, Cambrige Press, 1981.

[32] Fama, E., Agency Problems and the Theory of the firm, Joumal of Political

Economy, 88, 1980.

[33] Fama, E. and Jensen, M. C., Separation of Ownership and Control, Journal of Law and Economic, 26, 1983.

[34] Frank H. Easterbrook and Daniel R. Fischel, The Corporate Contract, Columbia Law Review Vol. 89.

[35] Gordon, The Mandatory Structure of Corporate Law, Colum. L. Rev. 1556 (1989).

[36] Harry G. Henn, Handbook of the law of Corporation, 2nd edition, West Publishing Co., 1970.

[37] Hart Oliver, Corporate Governance. Some Theory and Implications, Economic, the Journal of the Royal Economic Society [ECJ], 1995, 5.

[38] Hayek, The Constitution of Liberty, The University of Chicago Press, 1960.

[39] Icholas Wolfson, The Modern Corporation, Fee Markets versus Regulation, The Free Press, 1984.

[40] Jensen Michael C. and Ruback R. S., The Market for Control, The Scientific Evidence Journal of Financial Economics, 1983, 11.

[41] Jensen Michael, Agency Costs of Free Cash Flow Corporate Finance and Takeovers, Economic Review 1986, 76.

[42] John Pound, Empomise of the Governed Corporation, Harvard Business Review, March-April, 1995.

[43] John H. Lanabein, The Contractarian Basis of the Law of Trusts;105 Yale. L. J. 625(December 1995).

[44] John H. Matheson and R. Kevin Maler, A Simple Statutory Solution to Minority Oppression in the Closely Held Business, 91 Minn. L. Rev. 657 (February, 2007).

[45] John Lowry, The no Conflict-No Profit Rules and The Corporate Fiduciary, Journal of Business Law, 2000.

[46] Jonathan R. Macey, Fiduciary Duties as Residual Claims: Obligations to Non-shareholder Constituencies from a Theory of the Firm Perspective, 84 Cornell L. Rev. 1266(1999).

[47] Joseph F. Johnston, Natural Law and the Fiduciary Duties of Business Managers, The Journal of Markets & Morality, Vol. 8, No. 1 (Spring 2005).

[48] Karl Hofstetter, Parent Responsibility for Subsidiary Corporation: Evaluating European Trends, 39 I.

[49] Klein, "Firm Performance and Committee Structure", Journal of Law and Economics,1998 (April).

[50] Leonard W. Hein, The British Business Company: Its Origins and Its Control, The University of Toronto Law Joumal,Vol.15, No.1, 134-154.1963, p.137.

[51] Liver E Williamson and Sidney C Winter, The Nature of the Firm, Oxford University Press, New York, 1991.

[52] L. G. B. Gower, Cower's Principles of Modern Company Law, Sweet & Max-well Press, 1992

[53] Lyman Johnson, The Modest Business Judgment Rule,627, Bus. Law., Vol. 55,(Feb. 2000).

[54] M. Jensen and W. Mecking, Theory of the Firm: Managerial Behavior, Agency costs and Owership Structure, The Journal of Financial Economics. 3, 1976.

[55] Margaret M. Blair, Ownership and Control: Rethinking Corporate Governance for the Twenty-First Century, Washington, DC, The Brookings Insititution, 1996.

[56] Marleen O'Connbor, Restructuring the Corporation's Nexus of Contracts: Recongniaing a Fiduciary Duty to Protect Displaced Workers, North Carolina Law Review.6,1991.

[57] Matthew R. Salzwedel, A contractual theory of Corporation Opportunity and a proposed statute, Pace Law Review (Winter 2002).

[58] Michael A. Collora, David 'M. Osborne, A Derivative Claim by Any Other Name: Direct Claims to Remedy Wrongdoing in Close Corporations. Securities News, 2000 (2).

[59] Michael C. Jensen and Willian H. Mecking, Theory of the Firm: Managerial

Behavior, Agency costs and Ownership Structure, Journal of Financial Economics, Vol. 3, No. 4, 1976.

[60] OECD Principles of Corporate Governance, June 21, 1999.

[61] O'Sullivan M, Corporate Governance and Globalization, Working Paper, INSEAD, 1999.

[62] Paul. J. Gudel, Relational Contract Theory and the Concept of Exchange, 46B. L. Rev.(Fall,1998).

[63] Pound, Introduction to Philosophy of Law, Yale University Press, 1954.

[64] RalphD. Ward, 21st Century Corporate Board, John Wiley&Sons. Inc. Press,1997.

[65] R. C. Clark, Agency Costs Versus Fiduciary Duties, in Principals and Agents: The Structure of Business 55,1985.

[66] Richard Smerdon, A Practical Guide to Corporate Governance, Sweet& Max-well Press, 1998.

[67] Robert Cooter and Bradley J., The Fiduciary Relationship: Its Economic Character and Legal Consequences; 66N. Y U. L. Rev.1045, 1046-7 (1991).

[68] Robert Charles Clark, Corporate Law, Little Brown and Company Press, 1986.

[69] Robert W. Tuttle, The Fiduciary's Fiduciary: Legal Ethics in Fiduciary Representation, 1994 U. Ill. L. Rev. pp.889-890, 953-954.

[70] Robert W. Hamilton, The Law of Corporations, West Publishing Company, 1999.

[71] Rodney Clark, The Japanese Company, Yale University Press, 1979.

[72] R. Scott, Institutions and Organization, Thousand Oaks, 1995.

[73] R. W. Hamilton, The Law of corporations, Fourth edition, West Publishing Co. Press, 199

[74] Sandra Berns and Paula Baron (1998): Corporate law and Governance, Oxford University Press.

[75] Sarah Helene Duggin and Stephen M. Goldman, Restoring Trust in Corporate Directors: The Disney Standard and The "New" Good Faith, 56

Am. U. L. Rev. 211, at 218.

[76] Shael Herman, Utilitas Eccleasiae: The Canonical Conception of the Trust, 70 Tul: L. Rev. 2239, 2275 (1996).

[77] Sheila M. Puffer: The Emergence of Corporate Governance in Russia, Journal of Word Business 38 (2003).

[78] Smith Adem, An Inquiry Into the Nature and Cause of the Wealth, Chicago Press, 1976.

[79] Stephen M. Bainbridge, The Case for Limited Shareholder Voting Rights, 53 UCLA L. Rev. 601, at 605 (2006).

[80] The ABA's Committee on Corporate Laws, Other Constituencies Statutes: Potential for Confusion, 45 Bus. Law.2253-2270, 1990.

[81] Tracie Woidtke (2002): Agents Watching agent? Evidence from pension fund ownership and firm value, Journal of Financial Economics.

[82] Trever Buck, et al: Different Paths to Economic Reform in Russia and China: Causes and Consequences, Journal of World Business, 35 (4), 2000.

[83] Victor Brudney, Contract and Fiduciary Duty in Corporate Law, 38 B.C. L. Rev.595 (1997).

[84] William A. Gregor, The Fiduciary Duty of Care: A Perversion of Words nl, 38 Akron L. Rev. 181 (2005).

[85] William Klein &John Coffee, Jr., Buisness organization and finance: legal and economic principles, Foundation Press, 173 (2004).

[86] William P. Hackney, et al, Shareholder Liability for Inadequate Capital, 43 U. Pitt. L. Rev.837, 876 (1982).

[87] William T. Allen, Contracts and Communities in Corporation Law, 50Wash.&Lee L. Rev. 1395 (1994).

[88] Williamson, Oliver E., The Mechanisms of Governance, Oxford University Press, New York, 1996.